Eternos

Simeone y Aragonés

Eternos
Simeone y Aragonés

Iván Vargas y Rubén Uría

Primera edición: mayo de 2025

© 2025, Iván Vargas y Rubén Uría
© 2025, Roca Editorial de Libros, S. L. U.
Travessera de Gràcia, 47-49. 08021 Barcelona

Roca Editorial de Libros, S. L. U., es una compañía de Penguin Random House Grupo Editorial que apoya la protección de la propiedad intelectual. La propiedad intelectual estimula la creatividad, defiende la diversidad en el ámbito de las ideas y el conocimiento, promueve la libre expresión y favorece una cultura viva. Gracias por comprar una edición autorizada de este libro y por respetar las leyes de propiedad intelectual al no reproducir ni distribuir ninguna parte de esta obra por ningún medio sin permiso. Al hacerlo está respaldando a los autores y permitiendo que PRHGE continúe publicando libros para todos los lectores. De conformidad con lo dispuesto en el artículo 67.3 del Real Decreto Ley 24/2021, de 2 de noviembre, PRHGE se reserva expresamente los derechos de reproducción y de uso de esta obra y de todos sus elementos mediante medios de lectura mecánica y otros medios adecuados a tal fin. Diríjase a CEDRO (Centro Español de Derechos Reprográficos, http://www.cedro.org) si necesita reproducir algún fragmento de esta obra. En caso de necesidad, contacte con: seguridadproductos@penguinrandomhouse.com.

Printed in Spain – Impreso en España

ISBN: 978-84-10442-17-7
Depósito legal: B-4641-2025

Compuesto en Fotoletra, S. L.

Impreso en Unigraf
Móstoles (Madrid)

RE 42177

Dedicatoria de Rubén Uría:
Para Felicidad, Sara y Llara.
Papá, siempre con nosotros

Dedicatoria de Iván Vargas:
A mis cuatro mujeres: la que me dio la vida,
con la que crecí, mi mitad y mi todo

Índice

Prólogo, por David Villa.................... 13

PARTE I. LUIS ARAGONÉS
1. Del tú al usted 19
2. ¡Fraguas! 22
3. Un motín que pasó factura 25
4. El gallego 28
5. Por Pizo 31
6. La promesa de Mijatović 34
7. Una prueba de amor....................... 37
8. El origen de la Roja 40
9. Los tres trenes al Real Madrid 43
10. El primero para la historia 46
11. Maldito teléfono.......................... 50
12. *El día después*........................... 53
13. «Wallace»................................ 56
14. 007, licencia para matar 59
15. El nieto.................................. 62
16. La bicicleta............................... 65
17. Diez japoneses 68
18. «No digáis lo que habéis visto» 71
19. «Míreme a los ojitos»...................... 75

20. Por lo civil o por lo criminal 79
21. El momento del Niño 82
22. «Dígale al negro» 86
23. El perfume 89
24. A la mierda 92
25. El Porsche de Dani 95
26. Cuestión de códigos 98
27. ¡Guapo! 101
28. Expulsión 104
29. ¡Que sales! 107
30. Garbanzos 110
31. El cura y los penaltis 113
32. Puro cine 117
33. Vaya bronca 120
34. Calentamiento en Burgos 123
35. El pirata Morgan 126
36. Madrugones 129
37. Cincuenta mil por los que morir 132
38. Del sexador de pollos a la pipera 135
39. Mano a mano con Pelé 138
40. Las botas de Collar 141
41. El padre de Tirapu 144
42. Botas de madera 147
43. Gil se acojona 150
44. La pasión turca 153
45. Juveniles y jaulas 156
46. Un pato mareado 159
47. El «penalti del Cojo» 162
48. Combate en el baño 164
49. Tablillas 167
50. «Y usted, no pise ese escudo» 170
Las 25 mejores frases de Luis Aragonés 173
Las 25 mejores frases sobre Luis Aragonés 175

PARTE 2. DIEGO PABLO SIMEONE
1. ¿Por qué «Cholo»? 181
2. Dos hombres y un destino 184
3. «Hijo de puta sí, muerto de hambre no» 188
4. Un equipo de cagones. 192
5. Director de orquesta. 195
6. Romário, rey del KO 198
7. Supersticiones. 201
8. «Vamos a salir campeón». 205
9. De Ginola a Moacir 209
10. Macarra, rojiblanco y goleador 212
11. Contra Maradona, de rojo y con el 9 216
12. La charla de Irene. 219
13. El sueño imposible 222
14. Charla en el Colombino 224
15. Prohibido dormir 226
16. No se lo consiento ni a mi padre. 229
17. Resurrección. 232
18. El que no sepa, a la calle. 234
19. «Tu vida somos nosotros» 237
20. Historia de un pisotón 240
21. La profecía del Cholo 244
22. La primera charla. 247
23. Fracasar y el luto de Milán 252
24. El fichaje por el Sevilla 255
25. Y el Cholo se bajó del caballo. 258
26. «¿Y a qué está usted esperando?» 262
27. A punto de ser del Madrid 265
28. La número 10. 268
29. Soldado del cholismo 272
30. Ronaldo y el derbi *della Madonnina*. 276
31. Diego al cuadrado 280
32. La mesa chica. 283

33. «A mí esto no me gusta, no lo siento» 286
34. Especialista en «milagros» 289
35. «Sacá el palo». 292
36. Pisa. 296
37. La primera entrevista 299
38. Un auténtico líder. 303
39. «Cabeza dura» 308
40. Equipo 311
41. «Siempre hay que creer». 315
42. Una saga de récord........................ 319
43. El Imperio romano 323
44. Renunciar................................ 328
45. Saber enseñar y saber aprender. 332
46. Diez heroicos leones y un estúpido 337
47. Bielsa y un silbido. 341
48. Saber irse para poder volver 345
49. La gran fiesta 350
50. Simeone 355
Las 25 mejores frases de Diego Pablo Simeone 359
Las 25 mejores frases sobre Diego Pablo Simeone..... 362

Prólogo

¿Cómo explicarle a un niño qué es la felicidad?, le preguntaron a la teóloga Dorothee Sölle, que respondió: «Basta con darle una pelota para que juegue». Hace muchos años, cuando yo era un «guaje» en Tuilla y apenas levantaba una cuarta del suelo, alguien me tiró un balón y descubrí la felicidad. La pelota me ha hecho feliz toda la vida. Echo la vista atrás y contemplo mi carrera con orgullo. Debuté en el Sporting de Gijón, equipo de mi tierra, que me dio la oportunidad de nacer futbolísticamente cuando era apenas un crío.

Tuve la oportunidad de defender los colores de otros dos históricos de nuestro fútbol, como Real Zaragoza y Valencia, donde logré dos inolvidables Copas del Rey, antes de formar parte de esa máquina que era el F. C. Barcelona. Ocho títulos en tres temporadas y ser campeón de Europa fue algo inolvidable, y casi lo logré nuevamente con el Atlético de Madrid, donde pasé únicamente un año, tiempo que quedó marcado a fuego en mi corazón, como aquella liga que ganamos. Todo antes de cerrar el círculo con unas experiencias en Nueva York, Melbourne y Kōbe que me dieron la oportunidad de conocer una nueva dimensión a todos los niveles. Mención aparte merece la selección española y aquel ciclo irrepetible con Eurocopa, Mundial, Eurocopa: todavía se me eriza la piel al recordarlo.

¿Quién se lo iba a decir a aquel chaval de Tuilla que soñaba dándole patadas a un balón? La pelota me descubrió el camino hacia la felicidad. Y, en ese camino, hubo dos personas realmente especiales en mi vida: Luis Aragonés y Diego Pablo Simeone.

Durante mis años sobre el césped, tuve la oportunidad de estar a las órdenes de varios de los mejores entrenadores. Tantos que sería injusto si tuviera que decir quiénes fueron los mejores. Pero entre los más especiales están ellos dos. Si hay una palabra con la que definir a Simeone, esa es *diferente*. Tan solo pude jugar un año en el Atlético de Madrid, pero hacerlo fue uno de los hitos de mi carrera. Durante mis prácticamente veinte años como profesional, disfruté de muy buenos momentos. Inolvidables. Uno de los que perdurarán en mi memoria será formar parte de aquel equipo con el que pudimos levantar un título de liga y alcanzar la final de Champions League. Él fue una de las claves para que yo llegara a Madrid aquel verano de 2013, debido a la confianza que mostró en mí desde el primer momento y que dio al equipo una mentalidad ganadora. Es pura energía y sabe transmitirla.

Luis Aragonés merece un capítulo aparte. Él y solo él cambió por completo la mentalidad del fútbol español en los campeonatos de selecciones. Nadie creía que España podía ganar, ni siquiera nosotros. Y fue Luis quien se encargó de repetir un mensaje ganador. Muchos decían que era un loco, y él se encargó de demostrar que los locos éramos los demás. Todavía recuerdo muchas de aquellas charlas, esa complicidad y cómo él fue el primero en ver que Fernando Torres y yo podíamos compartir ataque en la selección. Nos dijo que Fernando tenía unas cualidades, y yo, otras; nos podíamos potenciar cuando jugáramos juntos, él se encargaría de que todo saliera bien.

También es inolvidable aquella tanda de penaltis frente a Italia en la Eurocopa de 2008, cuando por fin rompimos nues-

PRÓLOGO

tro famoso techo de cristal. En ese momento previo a los lanzamientos, cuando se acumula la adrenalina, Luis se me acercó y me dijo: «El penalti más importante en una tanda es el primero, así que va a lanzarlo usted». Eso me llenó de seguridad para enfrentarme a Buffon y tiré uno de los penaltis más tranquilos de mi carrera. Pero Aragonés no era solo un maestro del fútbol, sino también de la vida. Nos supo dar una serie de herramientas muy valiosas para la vida, y puedo decir que él ha sido el entrenador que más me ha influido fuera del campo.

¿Quién es realmente Diego Simeone? ¿Y Luis Aragonés? Rubén Uría e Iván Vargas recogen en este libro varias experiencias vitales y deportivas que acercan la figura de estas dos piezas tan importantes y que tanto han aportado desde el césped y en los banquillos a la historia del deporte que amamos. Los lectores que tengan la oportunidad de sumergirse en estas páginas podrán conocer mucho más de estas dos figuras emblemáticas de nuestro fútbol y saber un poco más sobre sus trayectorias, acerca de su vida y de su personalidad.

David Villa

PARTE 1

Luis Aragonés

1
Del tú al usted

Todo fue muy rápido. Fugaz como un fuego artificial. Hacía apenas cuarenta y ocho horas que se había puesto las botas para saltar al Vicente Calderón y enfrentarse al Sporting de Gijón en un encuentro que terminó con 2-2. Aquella mañana del martes 26 de noviembre de 1974, Luis Aragonés llegó al entrenamiento y, como cada día, entró en el vestuario. Sin embargo, algo había cambiado, pues en esta ocasión lo hizo vestido de traje y con una cartera en la mano derecha. «¡Como si fuera un ministro!», recordaba divertido Javier Irureta.

Todavía con la cornada de doble trayectoria que supuso la final de Copa de Europa ante el Bayern Múnich y el fatídico gol de Schwarzenbeck, el Atlético de Madrid no había comenzado bien la temporada 1974-1975. En apenas dos meses y medio de competición, el equipo andaba dejado de la mano de Dios en la liga, después de dos victorias, cuatro empates y tres derrotas, y acababa de caer eliminado por el Derby County en dieciseisavos de final de la Copa de la UEFA. La tendencia no invitaba al optimismo, la lucha por la liga parecía una quimera y la directiva encabezada por Vicente Calderón decidió dar un giro radical a la situación y destituir al técnico, Juan Carlos Lorenzo. Tras acordar la salida del argentino, el presidente lo apostó todo por el que era uno de los grandes referentes dentro del campo y lo llamó por teléfono para proponerle que cambiara el césped por el banquillo. La situación pilló al de Hortaleza con el pie cambiado, pero acabó aceptando. Tenía treinta y seis años, y aunque le quedaban dos años de contrato como futbolista, tocaba ponerse a trabajar desde otra parcela para ayudar al equipo.

Tan solo los más veteranos, Gárate, Ufarte y Adelardo, lo sabían desde la noche anterior, pero la noticia no tardó en correr como un reguero de pólvora y sus ya excompañeros se arremolinaron en torno a Luis para felicitarlo. Él se encargó de parar en seco la algarabía: «Bueno, como verán ustedes, soy el nuevo entrenador del club. Y cuando quieran dirigirse al entrenador, le llaman de usted, que yo haré lo mismo con ustedes». Fue una fórmula que heredó de su padre, quien ya usaba el «usted» cuando tenía que regañar a sus hijos.

Fue la primera charla de Luis Aragonés como nuevo entrenador a los que habían sido sus compañeros durante tantos años. Ya vestido de chándal y con un silbato al cuello, el Sabio les pidió corazón, respeto, entereza y amistad antes de saltar al césped y ser captado en una imagen icónica en la que se le veía —patillas anchas y frondosas— dando un apretón de manos al entrenador saliente.

¿El reto? Mayúsculo. Sin embargo, Luis siempre lo tuvo claro: «No sentí vértigo porque ya tenía en la cabeza entrenar, aunque iba a dirigir a los que habían sido hasta hace poco mis compañeros», desvelaba cuatro décadas después en una entrevista a *El País*. Ya en su etapa como jugador podía adivinarse cuál iba a ser el siguiente paso. Era habitual verlo debatiendo sobre distintas cuestiones tácticas, colocando a sus compañeros sobre el terreno de juego o sabiéndose ubicar en la zona en la que más daño podía hacer al rival. «La personalidad que tenía era muy importante, ese aire especial. Todos pensábamos que Luis tenía don de entrenador», reconocía Adelardo.

De hecho, los primeros entrenamientos sorprendieron a los propios futbolistas, pues estaban muy preparados, eran innovadores y reflejaban perfectamente el sello que el técnico quería dotar al equipo: un fútbol rápido y de contragolpe, que ya se vio en el partido de liga frente al Valencia en el Luis Casanova, que finalizó con empate a uno.

Las primeras palabras oficiales del flamante entrenador fueron de agradecimiento al club. «Para mí es un alto honor que el Atlético me llame, esto demuestra que en el club hay quienes confían en mí. Que la situación es difícil es un hecho claro que no hay por qué ocultar. Pero confío en mis compañeros, porque hay una buena plantilla; una plantilla que puede rendir al máximo. No nos va a faltar interés, desde luego», señalaba antes de apelar a la afición como motor para cambiar la tendencia que venía siguiendo el equipo: «La afición siempre me trató bien: ahora yo pido a esa misma afición atlética que nos apoye como nunca, porque el equipo lo necesita. Nosotros vamos a trabajar con todo entusiasmo para que el Atlético recupere su posición y su categoría».

El resto es historia.

2
¡Fraguas!

Juan Sabas se curtió en el barro. Sobre aquella tierra que raspaba las rodillas y alimentaba el alma. Esos campos de sueños y bocatas de panceta en el descanso. Se crio en Leganés, pasó por todas las categorías, brilló en el Pegaso junto a su amigo Alfredo Santaelena y dio el salto a primera división en el Rayo Vallecano. Luego apareció el Atlético de Madrid. Su Atleti. Cuando llegó la oportunidad de vestir la rojiblanca, no lo dudó ni un momento: por fin podría jugar en ese Vicente Calderón al que le llevaba su difunto padre cuando era apenas un niño. En cuatro años en el equipo de su corazón, el que fuera bautizado como «el vaquerito más rápido al Oeste vallecano» por el recordado Gaspar Rosety disputó más de ochenta partidos, superó la decena de goles y se ganó a la afición por su facilidad para revolucionar los partidos saliendo desde el banquillo cuando las cosas se ponían complicadas y había que abrir defensas.

Mucho menos jugó con la casaca rojiblanca Rafael Prado Fraguas. Espigado defensa de buen juego aéreo, potente y no falto de técnica, el orensano llegó al Atlético de Madrid en 1973 y con diecisiete años ya había debutado con el primer equipo. Con el paso de las temporadas fue ganando protagonismo, pero una grave lesión de tibia y peroné en un partido ante el Salamanca en febrero de 1976 truncó una carrera que prometía y ni siquiera llegó a despegar. A pesar de que regresó a los terrenos de juego después de este duro golpe, el zaguero nunca se recuperó plenamente y acabó retirándose de forma prematura.

Muy del gusto de Luis Aragonés en su primera etapa en el banquillo rojiblanco, lo que pasó con Fraguas dejó muy marcado al entrenador madrileño. De hecho, es precisamente así como empezó a llamar al bueno de Juan Sabas ya desde los primeros entrenamientos en verano de 1991 cuando volvió a entrenar al Atleti: «¡Fraguas!». Los lapsus del entrenador, intencionados o no, unidos a sus reiteradas suplencias, fueron haciendo mella en el atacante. El punto culminante fue en un partido ante el Cádiz en el Vicente Calderón, cuando Juan Sabas calentaba en la banda junto a Gabi Moya y Luis empezó a llamar a Fraguas para que entrase al terreno de juego.

—Te está llamando —avisó Moya al atacante.

—Yo no voy a ir, yo no me llamo Fraguas —respondió Sabas a su compañero mientras seguía estirando.

A la vista de la situación, el siguiente en acudir corriendo para dar un toque al de Leganés fue el utillero, Ramón Llarandi: «Sabitas, que te está llamando». Después del segundo aviso, el delantero fue a reunirse con el técnico, y mientras este le daba las indicaciones de lo que quería dentro del césped en los minutos que iba a estar, él le respondió: «Míster, ¿cómo voy a jugar algún partido de titular si no te sabes ni mi nombre?».

Al escucharlo, Luis Aragonés paró su explicación, miró a los ojos a su pupilo y lo agarró por la solapa: «¡Salga ahí y cambie el partido, que es lo que tiene que hacer!». El propio Juan Sabas lo recordaba: «¡Uf! ¡Si ves la furia que salió por esa boca! Tenía una buena relación con él, aunque al final es normal que tengas esos rifirrafes, pues te enfurruñas porque te llama por otro nombre y piensas que no te quiere poner, pero luego me tenía cariño».

En la temporada y media que fueron maestro y pupilo, mantuvieron una relación de cercanía y cariño. «Luis era un entrenador que, si te veía mal o tenías algún problema, no tenías que dudar nunca en llamar a su puerta». ¡Y ay de ti si no lo hacías! El propio Sabas recordaba cómo era el día a día con el técnico: «Todas las mañanas, cuando íbamos a entrenar al Calderón, para entrar al vestuario tenías que pasar por el despachito que tenía allí, saludabas; él estaba escribiendo sus cosas y no te contestaba. Hubo un día en el que yo estaba con Tomás y le dije: "Mañana no le voy a saludar". Él me respondió rápido: "Te equivocarás. Va a haber lío, tú salúdale" [risas]. Pues pasé, no le saludé y el míster pegó un grito: "¡Buenos días! Me cago en...". Fíjate en cómo son las cosas: él no te saludaba, pero estaba pendiente».

Después de cuatro años en el Atleti, Sabas se marchó al Real Betis para continuar con su carrera profesional. Tuvo la oportunidad de volver a coincidir con Aragonés cuando este llegó al Benito Villamarín en el verano de 1997 para entrenar a los verdiblancos..., pero el delantero decidió hacer las maletas y marcharse al Mérida. Segundas partes nunca fueron buenas.

3

Un motín que pasó factura

Corría el mes de septiembre de 1987 cuando Josep Lluís Núñez llamó a Luis Aragonés para que entrenara al F. C. Barcelona. Todavía estaba en el recuerdo la final de Copa de Europa perdida en Sevilla frente al Steaua de Bucarest, el 7 de mayo de 1986; el equipo venía de cerrar una temporada sin títulos y el inicio de la nueva campaña tampoco hacía presagiar nada bueno: el ciclo estaba acabado. Un vestuario fragmentado, mal juego y unos resultados para olvidar terminaron por costarle el puesto a Terry Venables después de tres derrotas en las primeras cuatro jornadas de liga; el presidente del equipo culé se decantó por Luis para recuperar el pulso de un equipo enfermo. El 24 de ese mismo septiembre, el entrenador firmaba hasta el final de curso, aunque no descartaba «la posibilidad de estar mucho más tiempo en el club».

Una de las primeras cosas que llamó la atención al técnico a su llegada al F. C. Barcelona fue encontrarse a jugadores en un estado anímico muy bajo a consecuencia de los resultados adversos, por lo que la labor psicológica resultaba fundamental para enderezar el rumbo. Eligió como ayudante a Charly Rexach, hombre de la casa al que ya conocía, después de haberse enfrentado a él en el césped y coincidir en la selección; su carácter frío equilibraba la energía y la pasión de Luis.

ETERNOS. SIMEONE Y ARAGONÉS

Pese a la llegada de Aragonés, la irregularidad se convirtió en lo habitual, el cemento de las gradas era el gran protagonista en los encuentros del Camp Nou y el poco público que acudía al estadio azulgrana lo hacía para girarse al palco, protestar y pedir elecciones. El Barça caminaba sin rumbo en liga y cayó eliminado en los cuartos de final de la Copa de la UEFA a manos del Bayer Leverkusen. En medio de tal vorágine, Aragonés también había pasado por un momento delicado de salud y tuvo que estar un par de semanas sin entrenar, en las que Rexach fue el primer entrenador. ¿El motivo? Un cuadro de ansiedad derivado del desgaste, las fricciones entre directiva y algunos jugadores, la tensión reinante y el sinfín de especulaciones que hablaban de la sombra de Johan Cruyff como relevo.

Lejos del líder de la clasificación, la única vía para que el F. C. Barcelona pudiera estar en Europa la temporada siguiente era ganar la Copa del Rey. El rival en la final era de aúpa, nada menos que la Real Sociedad. Pese a que los vascos llegaban como favoritos, Luis Aragonés tiró de personalidad y lanzó un órdago en la previa: «El Barcelona tiene más posibilidades de ganar a la Real Sociedad a partido único. La única forma de jugarle a la Real es hacerlo como lo hace ella: a la contra. El problema es saber quién marcará antes».

Y Luis no falló en lo que sucedió sobre el césped del Santiago Bernabéu en aquella batalla del 30 de marzo de 1988 que acabó llevándose el F. C. Barcelona gracias a su guía. «Logró sacar todo lo malo, lo limpió todo en poco tiempo. Fíjate en qué detalles, Schuster ya tenía el precontrato firmado con el Madrid, cosa que se sabía, y mucha gente no quería que jugase la final de Copa, pero Luis dijo que era el mejor jugador y tenía que jugarla», rememoraba en *Jot Down* Ramón Calderé, uno de los ganadores del trofeo. El centrocampista también desvelaba que antes de la llegada de Luis estaba viviendo «la peor experiencia de toda mi vida en un vestuario. Éramos veinticuatro, y veinticuatro maneras de pensar».

Lejos de apaciguar los ánimos, el título fue prefacio de una de las páginas más negras en la historia del F. C. Barcelona. Los jugadores del equipo explotaron después de varios meses sometidos a una serie de inspecciones de Hacienda que les dejaban sin buena parte de sus sueldos. ¿El motivo? Núñez había establecido un modelo de contrato que se dividía en dos para ahorrar dinero: una parte era el contrato federativo, y otra, los derechos de imagen, que tributaban a una cantidad menor. El jueves 28 de abril explotaba todo. En la víspera de un choque de liga ante el Real Madrid, se convocó a la prensa en el hotel Hesperia. Allí, en la sala de conferencias, esperaban todos los miembros de la plantilla, a excepción de Bernd Schuster, Gary Lineker y el canterano López López. El capitán del equipo, José Ramón Alexanco, flanqueado por Ramón María Calderé y Víctor Muñoz, leyó una carta de siete puntos en la que sugería la dimisión del presidente por sus engaños y su «nefasta gestión». Junto a ellos, en primera línea, estaba Luis Aragonés. Donde otros se hubieran puesto de costado para asegurarse la renovación, él no dudó y se volcó con sus futbolistas. «Hay una verdad y hay unos puntos que se tienen que decir, dando la razón a quien la tiene. Sé clarísimamente lo que me puede costar y no me importa», afirmaba.

Nuevamente, Luis acertó en su vaticinio. Cuando concluyó la temporada, catorce jugadores abandonaron el club. Junto con ellos, también se marchó el Sabio, al que no le renovaron el contrato. Johan Cruyff lo relevó en el cargo. El mensaje en el adiós no dejaba ni gota de arrepentimiento: «Tristezas he tenido muy pocas en el Barcelona. Estoy contento con el trabajo de la plantilla, se me ha tratado bien y ganamos un título. Después surgieron esos avatares en los que tuve que pronunciarme. Me pronuncié y punto».

4

El gallego

Hace apenas unas semanas que Paloma Lago y Ramón García han dado la bienvenida al año 2001 en Televisión Española cuando Jorge Otero recibe una llamada de teléfono. Al otro lado de la línea se encuentra Luis Aragonés. El entrenador, en ese momento al frente del Real Mallorca, ha decidido volver al Atlético de Madrid y contacta con el lateral para que le acompañe en esta nueva etapa.

—Gallego, ¿qué va a hacer la temporada que viene?

—Pues no lo sé, míster, yo acabo aquí y creo que no voy a seguir.

—Bueno, que sepa que yo me voy al Atlético de Madrid y quiero que venga conmigo.

Jugador del Real Betis hasta final de temporada, el de Nigrán duda. Todavía quedan seis meses por delante y no las tiene todas consigo. «Y, si me lesiono, ¿qué pasa, míster?», pregunta antes de que Luis dé la conversación por zanjada: «Gallego, váyase a tomar por culo. Si yo le digo que se venga conmigo, se viene conmigo. No hay más que hablar». El 4 de julio, Jorge Otero ya está pasando reconocimiento médico con el Atleti para reunirse con el entrenador por tercera ocasión después de haber coincidido en sus etapas de Valencia y Real Betis. De hecho, el de Hortaleza es un hombre fundamental en la carrera del defensa, pues, a su llegada a la capital del Turia, es precisamente él quien cambia ligeramente su posición para situarle de central en una línea de tres, donde rinde a un gran nivel.

Según reconoce el propio Jorge Otero, uno de los grandes aciertos de Luis Aragonés en esta nueva etapa en el Atlético de Madrid es que sabe rodearse de gente que sabrá manejarse en segunda, pues esos futbolistas van a ir al cien por cien y a pelear por estar arriba. En palabras del defensa, el técnico ha buscado «todos esos jugadores que, además de ser buenos, pueden hacer grupo y sumar independientemente de jugar más o menos».

Una muestra de la implicación que Luis pide a los suyos es lo que sucede en el encuentro de la jornada trigésima octava frente al Nàstic de Tarragona en el Vicente Calderón, que puede suponer el regreso matemático del equipo a primera. En un lance del juego, Otero recibe un golpe de un rival, que le fractura la mandíbula y se acerca a la banda para ser atendido por los doctores. Cuando Zapatones le ve acercarse, salta como un resorte del banquillo, coge al gallego por el pecho y lo vuelve a echar al campo. «Luis, que no puede salir», le dicen todos los que están alrededor y ven los gestos de dolor del futbolista. Sin embargo, él lo tiene claro: «¡Pero si no le pasa nada! ¡Para el campo!». A la conclusión del partido, el defensa tiene que ir a la clínica Fremap, donde un par de días después lo operan. No vuelve a jugar hasta el curso siguiente.

Importante en la rotación en la temporada del ascenso, pese a que no llega a convertirse en indiscutible, Otero pierde protagonismo con el regreso a primera división, debido a la llegada de Cosmin Contra, procedente del AC Milan. El rumano también recibe algún pellizco por parte de Luis por esa tendencia suya a conducir demasiado el balón. De hecho, cierto día, en un entrenamiento, el entrenador se dirige a él para decirle:

«Contra, parece usted un cartero», situación que aprovecha el propio Otero para responder al técnico entre risas: «Coño, míster, parecerá un cartero, pero siempre es titular, me cago en la leche. A ver si cambia alguna vez de servicio de correos». «¡Gallego, es usted un cabronazo bueno!», contesta Luis.

«Era una persona muy exigente que no te permitía nada cuando estabas entrenando o en el partido que no fuera trabajo y hacer lo que tenías que hacer. Luego, en las distancias cortas, era un fenómeno. Todo ese aspecto de gruñón que podía tener en las ruedas de prensa, en el cara a cara era alguien extraordinario, con mucha guasa y tremendamente gracioso», recuerda el lateral.

La temporada 2002-2003 es la última de Jorge Otero en el Atlético de Madrid. También la de Luis. El lateral es duramente criticado por un Jesús Gil que señala en la noche de Reyes tras una derrota frente el Villarreal que tanto él como Santi y Carreras «no son jugadores de primera división, son fantasmones que no dan la talla» y no merecen cobrar. Además del malestar de los propios futbolistas, estas palabras provocan la reacción del técnico, que dice estar «un poco cansado» y a un paso de presentar la dimisión. Una reunión con el director deportivo, Paulo Futre, y el propio presidente, tras la que Gil se disculpa con los tres jugadores por petición expresa del entrenador, frena el desenlace hasta la conclusión de la campaña. Pero la suerte ya está echada.

5

Por Pizo

Paulo Futre no olvidará jamás aquella mañana del 27 de junio de 1992. La mirada estaba puesta en la final de Copa que iba a enfrentar a Real Madrid y Atlético sobre el césped del Santiago Bernabéu por la noche y él era el gran protagonista. Estaba llamado a ser uno de los hombres clave del partido, como ya había ocurrido tantas veces desde su llegada al equipo en 1987. Cómodo en la presión, el extremo estaba tranquilo y dormía a pierna suelta cuando a las nueve de la mañana se despertó sobresaltado por unos golpes en la puerta de la habitación que compartía con Manolo. El portugués, que ni sabía qué hora era, chilló desde la cama para preguntar quién estaba al otro lado mientras los golpes crecían en intensidad.

«Abra ahora mismo, soy yo», escuchó. Futre, sorprendido, salió de la cama, recorrió los ocho pasos que había hasta la puerta, la abrió y se encontró con Luis Aragonés. El míster ni saludó; entró como un torbellino, levantó las persianas para que entrara la luz del día, cogió una silla, se sentó junto a su cama y con rostro muy serio le ordenó: «Mírame a los ojos y escúcheme». El luso, aún cegado por el sol y con las pulsaciones disparadas por cómo había despertado, respondió: «¿Cómo le voy a mirar a los ojos si todavía no los puedo ni abrir? Seguro que esto que quiere decirme puede hacerlo dentro de un rato...». Manolo miraba la escena como si todavía estuviera soñando.

«Portugués, cállese y escuche. ¿Usted se acuerda de la historia de Pizo y los jugadores del Madrid?». Claro que Futre se acordaba de la historia: tiempo atrás, su compañero Pizo Gómez coincidió en un semáforo con los jugadores del Real Madrid Míchel, Ruggeri, Gordillo y Hierro cuando iba a entrenar, y estos se cachondearon de él llamándole «ídolo» y pidiéndole un autógrafo, situación que hirió profundamente en el orgullo al eibarrés.

«Hoy usted no puede fallar, ni a su familia, ni a sus compañeros, ni al presidente, ni a la afición ni a mí. Y, sobre todo, no puede fallar a Pizo Gómez. Hoy va a ser la venganza de Pizo —señalaba vehemente Aragonés—. Por eso estoy a estas horas en su habitación, para mirarle a los ojos y decirle que hoy vamos a vengar a Pizo. Esta noche usted se va a convertir en el ídolo de Míchel, Gordillo, Hierro, su amigo Buyo, y todos se van a comer las palabras que le dijeron a su compañero. Usted no puede fallar hoy, porque va a ser su día y lo tiene completamente prohibido. Esta noche, debe humillarlos en el campo igual que ellos lo hicieron con su compañero fuera de él. Ellos van a ser los que le pedirán a usted un autógrafo cuando gane el partido. Ahora, vuelva a la cama, pero esta noche no me puede fallar», remató antes de coger la puerta y abandonar la habituación.

Evidentemente, Paulo Futre no durmió más esa mañana. Era imposible: el chute de adrenalina había sido tal que la final ya había comenzado para él antes, incluso, que el desayuno. El de Montijo protagonizó uno de los partidos más recordados de su carrera, convirtiéndose en una auténtica pesadilla para la defensa del Real Madrid, y coronó su actuación con un tanto de bandera que significó el 0-2 definitivo, después de que Schuster abriera el marcador con un sensacional golpe franco. El portugués, que fue el encargado de recibir la Copa del Rey de manos de Juan Carlos I, siempre lo tuvo claro: «Gané la Copa de Europa con el Oporto, pero la Copa del Rey de 1992 contra el Real Madrid no la cambio. Cuando marqué el 0-2, entré en otra dimensión, no se puede explicar». Y gran parte de esta motivación nació en aquella charla con su técnico cuando el día acababa de nacer. «Luis fue el mejor de mis entrenadores, aquel que me marcó más durante el tiempo que estuve en España. Un grande y todo un señor», ha reconocido el portugués cada vez que le han preguntado por el Sabio.

6

La promesa de Mijatović

La conexión entre ambos es casi instantánea. Basta una conversación, un intercambio de palabras, para entenderse. Apenas han pasado un par de días de su presentación oficial como nuevo técnico del Valencia cuando Luis Aragonés se encuentra con Predrag Mijatović en la cafetería del hotel Valencia Palace de la capital del Turia. El balcánico se acerca para darle la bienvenida y presentarse: «Hola, soy Pedja». El entrenador le mira a los ojos, da un par de pasos hacia él y pone su cara frente a la suya. Prácticamente, nariz con nariz: «Sé perfectamente quién es usted. Me han dicho que es el mejor, y quiero que sepa que le voy a exigir más que a todos los demás. ¿Está usted preparado para dármelo?». La respuesta de Mijatović no deja lugar a dudas: «Y para más que eso». Desde entonces, una mirada entre ambos es suficiente para que cada uno sepa lo que piensa el otro.

Estamos a comienzos del mes de julio de 1995 y el presidente valencianista Francisco Roig ha elegido al de Hortaleza para intentar luchar por un título de liga que se resiste desde 1971. Luis es consciente de la necesidad de sacar la mejor versión de ese jugador escurridizo, habilidoso y con olfato goleador que apenas necesita un par de años para convertirse en todo un ídolo de la afición. Mijatović llega en 1993 con el título de campeón del mundo juvenil bajo el brazo por recomendación expresa de Pasiego, hombre clave también en el fichaje de Mario Kempes, su gran ídolo, y ya desde la primera temporada deja muestras de su enorme calidad con algunos tantos de bandera, incluso desde el centro del campo. En la segunda, es clave para que el equipo alcance la final de la Copa del Rey, aunque acaba cayendo frente al Deportivo de la Coruña con el tanto de Alfredo Santaelena.

Aragonés le da total libertad, deja que el balcánico se mueva por las zonas del campo en las que se encuentra más cómodo y no tiene ninguna obligación defensiva. Sin embargo, Pedja también se lleva alguna bronca. Como el día en que el equipo visita al Celta de Vigo y no salta al terreno de juego junto a sus compañeros. «Tú, portero, ¿por qué no sales?», le pregunta Luis a un Andoni Zubizarreta que intenta explicarse: «No, míster, es que falta Pedja, que ha ido a cambiarse las botas». «¡Me cago en la leche! ¿Dónde está Pedja? Dígale al yugoslavo ese de los cojones que baje enseguida», explota cuando de repente ve aparecer al atacante por las escaleras atándose las botas. «No, míster, es que me estoy atando las botas», se justifica Mijatović antes de que el técnico le interrumpa con un nuevo grito: «Váyase a la mierda, hombre. Salga al campo ya, que está el equipo esperándole, y no me joda». Así se lo desvela a Paco Polit años después José Manuel Rielo, que en esos momentos acompaña al míster en el banquillo y tras el lance le susurra: «Luis, creo que nos hemos pasado». «Yo también», reconoce el Sabio.

Hubo algunas situaciones que sorprenden, incluso a los propios futbolistas del Valencia, como aquella que todavía recuerda Vicente Engonga y relata en *Jot Down*: «Recuerdo un 0-4 en Compostela, lloviendo a mares; Mijatović metió tres goles y en el vestuario le echó la bronca del siglo porque no había hecho lo que él había querido. Pero una bronca a dos centímetros de la cara, saltándosele la dentadura en cada palabra y con la vena hinchada. Y los compañeros intentando tranquilizar al míster». Sin embargo, todo tenía una razón, como explica el propio Mijatović: «Me acuerdo muy bien. Luis lo que hacía era decirme: "Oye, hoy, independientemente de todo, te voy a pegar una bronca, porque, como eres el mejor del equipo, imagina cómo se van a quedar todos". Eso explica esa historia».

La fórmula con Pedja Mijatović funciona perfectamente durante todo el curso, el Valencia se convierte en alternativa de poder y pelea por el título con un Atlético de Madrid al que visita a cinco jornadas para el final. En la previa del choque, el técnico sube hasta la habitación del montenegrino con una edición del *Marca* en la que hay una entrevista al entrenador rojiblanco, Radomir Antić, en la que este dice que hay otros jugadores importantes en el Valencia, además de él. La charla surte efecto y Mijatović le promete dos goles a Luis, cosa que sucede. Esa es la razón por la que después de anotar el 0-1 en el minuto 11, el atacante mira al banquillo y le dice a su entrenador que poco después va a llegar el segundo. Por aquel entonces, ya hacía unas semanas que se ha destapado que Pedja ha firmado un precontrato con el Real Madrid para la temporada siguiente; tiene que ir acompañado incluso de un guardaespaldas y se ven pancartas de «Judas, el valencianismo no te quiere». Sin embargo, el técnico se convierte en su gran apoyo, confía en él sin ningún reparo y le transmite que ha tomado una buena decisión para su futuro.

El Valencia se lleva la victoria por 2-3 en el Vicente Calderón, pero finalmente la liga es para el Atlético de Madrid; el cuadro che se tiene que conformar con la segunda plaza. Sin embargo, esa temporada la afición valencianista recupera la ilusión gracias a un equipo que lucha hasta el último aliento.

7

Una prueba de amor

Un padre conduce mientras su hijo de diez años mira absorto por la ventana. Cuando llegan a un semáforo, el chaval lanza una pregunta a quemarropa: «Papá, ¿por qué somos del Atleti?». El padre masca la repuesta, mira al niño por el retrovisor y no abre la boca. El de 2001 es un verano complicado para el aficionado del Atlético de Madrid. Y no únicamente porque el «Yo quiero bailar», de Sonia y Selena, retumbe en radios, bares y discotecas. El Atleti viene de pinchar en hueso en su intento de regresar lo antes posible a primera después del descenso de 2000 y se ve condenado a vivir una segunda temporada en el «infierno».

En una situación completamente opuesta está Luis Aragonés. El técnico ha sellado una brillante clasificación para la Liga de Campeones con el Real Mallorca después de finalizar tercero en la tabla. A sus sesenta y dos años, Luis vive un momento dulce y los equipos se agolpan ante su puerta. El F. C. Barcelona duda de la idoneidad de Charly Rexach para encabezar su proyecto 2001-2002 y tantea su llegada, mientras el Valencia pone sobre su mesa un contrato millonario. También aparece en escena el Deportivo de la Coruña, donde Augusto César Lendoiro tiene el sueño recurrente de que dirija a su equipo (años más tarde, en 2020, propondrá la creación de la Liga

Luis Aragonés, en Segunda B). Sin embargo, el destino está escrito desde muchos meses atrás: devolver al Atlético de Madrid a primera división. Ese mismo Atleti por cuyos resultados pregunta nada más acabar los partidos del cuadro bermellón. Desde que se produce el descenso rojiblanco en Oviedo, con él sentado en el banquillo rival, Aragonés tiene entre ceja y ceja el objetivo de llevar al Atlético de Madrid de vuelta a la élite. Por eso, cuando firma el contrato que le iba a unir con el Real Mallorca, pide al por aquel entonces presidente, Mateu Alemany, incluir una cláusula por la que quedar libre en caso de que llamen a su puerta la selección española, el F. C. Barcelona, el Real Madrid... y el Atlético de Madrid. El máximo mandatario le responde sorprendido recordándole que el equipo rojiblanco está en segunda división, pero el técnico insiste: el Atlético de Madrid. Dice el maestro Sabina que al lugar donde has sido feliz no debieras tratar de volver, pero el corazón manda.

El acuerdo entre Luis y el Atleti es un hecho desde comienzos de 2001, aunque no se firma nada entre las partes, y el único que lo hace es su inseparable Jesús Paredes. La palabra del entrenador es sagrada, y el día 3 de julio es presentado como nuevo dueño del banquillo del Vicente Calderón. Es la primera vez en toda su carrera que va a entrenar en segunda, pero poco importa: «El fútbol es fútbol, lo mismo da en primera que en segunda, pero en cada categoría hay unas connotaciones que debemos entender. En primera no somos el equipo a batir, y en segunda sí. Debemos entenderlo para saber cómo debemos jugar», señala.

Él es precisamente el primero en arremangarse y ponerse a trabajar. Intenta las llegadas de Xavi Hernández, Luis Milla o Alfonso Pérez, convence a otros como el Mono Burgos, Movilla, García Calvo, Jorge Otero o Diego Alonso, y dispara la ilusión de una afición que bate récords de abonados para afrontar la temporada. Al poco de confirmarse su fichaje, tiene que ser operado de urgencia de una peritonitis que puede llevárselo por delante, pero apenas unos días después está nuevamente en el banquillo para un amistoso en Ávila. El equipo vence, convence y acaba llevándose el partido por 0-2, pero a Aragonés se le saltan los puntos y el doctor José María Villalón tiene que coserlo encima de una camilla mientras los jugadores observan la escena con una mezcla de pánico y estupefacción. «¡Acérquese, Mono, no tenga miedo!», le grita el míster a Burgos. «Él es un ejemplo, y, si sigue adelante a pesar de su estado, todos los demás debemos ir detrás», se murmura en el vestuario.

Y así es. Pese a que su filosofía se basa en acabar bien las temporadas como parte importante del éxito, Aragonés es consciente que después del fracaso de la temporada anterior un mal inicio de curso puede suponer un lastre complicado de sobrellevar para equipo y afición, por lo que se adapta a la situación y el Atlético de Madrid arranca a todo gas. Bastan unas jornadas para dejar las cosas claras y el equipo no tarda en presentar sus credenciales para un retorno a primera división que finalmente se logra el 28 de abril de 2002 después de la derrota del Recreativo de Huelva en casa frente al Leganés por 1-2. El ascenso es una liberación. Para Luis, no hay motivo de celebración: considera una obligación devolver al equipo de su corazón a primera, un lugar que nunca debió abandonar.

8

El origen de la Roja

El 20 de junio de 2004, España dijo adiós a la Eurocopa de Portugal en la fase de grupos. Fue después de perder en el tercer choque ante la anfitriona. Hacía cuarenta años del primer y único título de la selección nacional; había que remontarse a aquella Eurocopa de 1964 lograda frente a la Unión Soviética. Desde entonces, todo habían sido decepciones, grandes expectativas y sonoros revolcones. Del fallo de Cardeñosa en 1978 al arbitraje de Al-Ghandour ante Corea en 2002, pasando por el fiasco en 1982 en nuestro propio país, el penalti de Eloy frente a Bélgica en 1986 o el fatídico mano a mano de Julio Salinas con Pagliuca en el 94.

Considerado por todos como el gran responsable de la eliminación, el seleccionador Iñaki Sáez puso su cargo a disposición de la Federación Española de Fútbol (RFEF), y el presidente Ángel Villar comenzó a trabajar para encontrar el mejor relevo. El gran favorito era Benito Floro, con el que el máximo mandatario tenía muy avanzado un acuerdo para que se sentara en el banquillo. Sin embargo, de repente, surgió la vía que conducía a Luis Aragonés; las posibilidades comenzaron a subir como la espuma y se convirtió en el nombre al que todos los medios apuntaban. «España necesita un Sabio», llegó a publicar en su portada el diario *Marca*. Él era precisamente el entrenador que generaba un mayor consenso a todos los niveles.

Por aquel entonces al frente del Real Mallorca, Luis tenía una cláusula en su contrato por la que podía desvincularse si le llamaba la federación. Era su gran oportunidad de convertirse en seleccionador nacional después de un par de tentativas que no se habían concretado; no la iba a desaprovechar. Acababa de comenzar el mes de julio de aquel fatídico año, marcado por la explosión casi simultánea de diez bombas en cuatro trenes de cercanías en Madrid que causaron la muerte de ciento noventa y dos personas e hirieron a unas dos mil más, cuando Luis Aragonés se convirtió en nuevo seleccionador español. En la nota de prensa emitida por la propia RFEF se señalaba que la elección de Aragonés había sido «por consenso». Ángel Villar aseguraba que todos los estamentos arropaban la decisión.

El esfuerzo del flamante seleccionador también fue notable: firmó un contrato en el que ganaría un veinticinco por ciento de lo que ingresaba en Mallorca, pero, a esas alturas de su carrera, aquel era un tema menor. El reto sí que era mayúsculo: recomponer un bloque muy fragmentado por los fracasos y devolver la ilusión a unos aficionados que en nuestro país siempre habían sido más de sus respectivos equipos que de la selección. Y apenas tenía tiempo. España jugaba un partido amistoso frente a Venezuela el 18 de agosto y en el mes de septiembre debutaba en la fase de clasificación para el Mundial de Alemania 2006 ante Bosnia y Herzegovina.

Las urgencias apremiaban y había mucho camino por recorrer para recuperar la ilusión. Ya unas semanas antes de ser nombrado seleccionador, Luis había solicitado una «gran sentada» entre todos los estamentos alrededor de la selección, pues consideraba que, si no había unión, todo iba a ser más complicado. Para él, el espíritu del equipo se debía formar de manera colectiva. «En primer lugar, tenemos que saber entre todos qué es lo que tenemos en realidad y adónde podemos llegar de verdad y, a partir de ahí, empezar a trabajar», subrayaba.

Él, mejor que nadie, sabía de la necesidad de identificación con el combinado nacional y recuperar el apoyo para afrontar lo que tenían por delante. Había que dejar de ser una selección para convertirse en un equipo. Y todo equipo necesitaba una identidad, algo reconocible. Fue precisamente por eso por lo que acuñó un término que se acabó instalando en el imaginario popular, pero que antes de ese mes de julio de 2004 no había sonado: «la Roja». «Me gustaría que la selección tuviera un nombre, una identidad. Igual que Brasil es la Canarinha, o Argentina es la Albiceleste, me gustaría que España fuera la Roja», insistía.

Comenzaban, de ese modo, a sentarse las bases de un proyecto de Luis Aragonés al frente de la selección. El término fue calando, los medios de comunicación fueron también parte fundamental y su uso se generalizó. Era un sobrenombre sencillo, con carácter y natural, nacido del color de la camiseta de España y estaba completamente despojado de referencias políticas, algo que también influyó para que la denominación de «la Roja» se fuera extendiendo. De este modo, se puso punto final a esos términos añejos como aquel de la furia que se usó con la plata en los Juegos Olímpicos de Amberes 1920; llegaba un tiempo con un nuevo estilo que traería muchos éxitos. Fue la primera piedra.

9

Los tres trenes al Real Madrid

Noviembre de 1990. Después de una temporada en la que logra alzarse con el título de liga batiendo todos los registros goleadores, el Real Madrid es protagonista de un inicio de curso 1990-1991 titubeante. Una derrota en Valencia en la jornada 11 que le deja a cinco puntos del líder, el F. C Barcelona, termina costándole el puesto a John Benjamin Toshack. Ramón Mendoza busca relevo para el galés. La primera medida para calmar las aguas es confirmar la llegada del tándem compuesto por Alfredo Di Stéfano y José Antonio Camacho con carácter interino, pero su idea es otra bien distinta: el elegido es Luis Aragonés, que por aquel entonces entrena al Espanyol y es recomendación expresa de Alfredo Di Stéfano, amigo personal que reconoce que su propia presencia en el banquillo blanco «puede durar solo varios días o hasta el final de la temporada».

El presidente madridista hace todo lo que está en su mano para lograr la llegada del de Hortaleza. Desde el Santiago Bernabéu están dispuestos a pagar una cantidad al Espanyol por su traspaso, incluir en la operación a piezas como el ex de Real Betis y Atlético de Madrid Parra, jugar gratis el Trofeo Ciudad de Barcelona durante dos años e incluso abonar el coste del que sería sustituto de Luis para el banquillo españolista, Radomir Antić. Sin embargo, Julio Pardo, presidente periquito, no se baja de la burra y pide trescientos millones de pesetas, algo descabellado para un entrenador: «Hay que defender uno de los activos principales del club. Nos ha costado mucho ficharle y no queremos que se vaya. Esta decisión es definitiva hoy, pero el mundo del fútbol da muchas vueltas», subraya.

El propio Luis muestra su ambición de firmar por el Madrid, se reúne con el presidente Pardo y le transmite que es una oportunidad única para él y que su deseo es que la posibilidad fructifique. Poco después concede una entrevista al *As* y es todavía más explícito: «Este es el tercer tren que tengo en mi vida con el Real Madrid y esta vez no voy a perderlo. Voy a luchar a muerte por ser el entrenador del Real Madrid. Nunca he sido campeón de Europa y quiero serlo». Blanco y en botella.

El primer tren al que se refiere Luis se remonta a su etapa de jugador, pues, pese a pertenecer a la estructura del club, nunca llega a debutar en partido oficial con la elástica merengue y va de cesión en cesión hasta que se marcha al Real Betis. Para el segundo, hay que irse hasta el verano de 1985: Ramón Mendoza acaba de llegar a la presidencia del Real Madrid y, mientras negocia con Vicente Calderón la llegada de Hugo Sánchez, intenta convencer a Luis para que cambie de acera también. El técnico, por aquel entonces al frente del Atlético de Madrid, se siente tentado por la posibilidad, aunque al final tira más el corazón y no se mueve después de una charla con el presidente rojiblanco en la que este apela a sus sentimientos para convencerlo. Años después, el propio Ramón Mendoza, que tiene que tirar por el camino del medio y convencer a Luis Molowny para que se haga cargo del equipo, reconoce en su biografía que «le ofrecí tres años, pero al final no se atrevió a dar el salto. Estaba entonces muy ligado, de corazón y por pasado histórico, al Atlético de Madrid como para venirse al Real Madrid. Una persona que vive y siente tanto los colores de un club no podía tragar fácilmente ese cambio de casa».

Obsesionado con la posibilidad de contar con Luis en el banquillo después de la negativa de cinco años antes, Mendoza fuerza la máquina en los despachos. Reconoce contactos con su homónimo en el Espanyol, aunque se muestra evasivo al respecto: «Nos hemos interesado por Luis. Tiene contrato hasta el 30 de junio, y nada más. De momento, tenemos a Alfredo Di Stéfano». Más claro se muestra el propio Aragonés, que no quiere quedarse en el andén por tercera vez; aunque deja clara su profesionalidad, pone todo de su parte para entrenar en el Santiago Bernabéu. «Voy a cumplir con el Espanyol hasta el último día. En el Barcelona me quedé en el paro por defender a los jugadores. Soy honesto y lo seré con el Espanyol. Pero ya le he dicho al presidente que no voy a ceder en esta ocasión. Voy a luchar a muerte por entrenar al Real Madrid. No es humano que me impidan alcanzar una aspiración que llevo dentro desde hace muchísimos años. Es algo así como volver a mis raíces», reconoce sin tapujos.

Todas las partes aprietan e incluso se apunta la posibilidad de firmar un precontrato para que Luis sea el entrenador del Real Madrid al comienzo de la siguiente temporada, la 1991-1992..., pero el tren había pasado. Finalmente, la operación no se concreta porque el Espanyol se muestra inflexible. Aragonés acaba la temporada en el cuadro de la ciudad condal, se libra por un punto de la promoción y dice adiós para entrenar el curso siguiente al Atlético de Madrid. En el Real Madrid es Radomir Antić el que llega al banquillo como relevo de Di Stéfano y Camacho, cierra un final de temporada más que digno y se gana la posibilidad de comenzar la temporada siguiente, pese a que ya habían firmado a Pacho Maturana meses antes.

10

El primero para la historia

Octubre de 1966. Después de siete años de obras, el día 2 se inauguró el estadio Vicente Calderón. Denominado por aquel entonces «estadio del Manzanares», por razones obvias, la que sería casa del Atlético de Madrid durante más de medio siglo albergaba por primera vez un partido oficial con motivo del choque ante el Valencia, correspondiente a la cuarta jornada de liga. Construida gracias a la contribución de los socios con sus propios ahorros, la nueva casa del Atleti recibió a sus aficionados en una gris mañana de otoño que amenazaba con lluvia y en la que «Black is Black» de Los Bravos tomaba posiciones para alcanzar el número uno de la lista de Los 40 Principales.

Al estadio todavía le quedaba bastante para tener su aspecto definitivo; de las casi setenta mil localidades previstas, tan solo había cuarenta mil disponibles. Con una particularidad: todas eran de asiento. «Ya estamos en nuestra casa y nadie nos ha humillado. Mientras ellos van de pie, nosotros todos sentados», rezaba una pancarta escrita en letras mayúsculas sobre una sábana de cuatro metros y ubicada en la grada lateral baja. ¿El motivo? Cuando Vicente Calderón había cerrado la venta del Metropolitano a la inmobiliaria Vista Hermosa, el acuerdo incluía que el terreno tendría que estar libre el 15 de marzo de 1966, fecha para la que era imposible tener listo el nuevo estadio. Se negoció entonces con el Real Madrid para jugar en su estadio, pero el equipo blanco exigió las mismas condiciones que tuvo cuando jugó en el Metropolitano en la temporada 1946-1947 mientras construía el Nuevo Chamartín: sus socios tenían que gozar de acceso gratuito a los partidos. Esto era algo inasumible por el número de socios del momento, la imposibilidad de ingresar dinero por taquilla y el ambiente complicado que podría encontrarse el equipo en su propio estadio, por lo que Calderón rechazó tal posibilidad y anunció que se iba a llegar al Manzanares «sin pasos intermedios». El presidente logró una prórroga de Vista Hermosa hasta el final de la 1965-1966 y se despidió de Cuatro Caminos el 7 de mayo de 1966. Lo hizo con una liga bajo el brazo.

Hubo que trabajar contrarreloj, era habitual ver a obreros por la noche y el tiempo se acababa a medida que se acercaba el 7 de septiembre de 1966, fecha del comienzo del campeonato liguero. La primera jornada fue en Bilbao frente al Athletic y se logró que el que iba a ser el primer partido de liga en casa, frente al F. C. Barcelona, se aplazara hasta noviembre. El tercer partido del curso se jugó en Riazor ante el Deportivo de la Coruña. Así fue como llegó ese esperado 2 de octubre.

Pese a que el Valencia arribaba como líder invicto después de tres victorias en los tres primeros partidos y había mostrado un juego brillante, el resto de las circunstancias no acompañaron al espectáculo. Lo complicado de la hora (12.45 del mediodía), que el permiso municipal para albergar el encuentro se obtuviera apenas cuarenta y ocho horas antes del inicio previsto para el partido, el clima y la retransmisión televisiva provocaron que tan solo fueran veinte mil los aficionados que acudieran a la cita. El estadio mostraba un aspecto alejado de lo que sería años después; todavía no se habían acabado ni el primer ni el segundo anfiteatro de preferencia y se veían algunas grúas asomando por encima del fondo norte.

Los prolegómenos dejaron algunos detalles, cuando menos, curiosos. Uno muy recordado fue cuando faltaba poco menos de una hora para el comienzo y tanto los futbolistas como los árbitros saltaron al terreno de juego para inspeccionar el césped. Rodri y Pesudo, guardametas de ambos equipos, no parecían demasiado de acuerdo con la altura de las porterías: saltaban, se miraban, hablaban entre sí y se esforzaban en tocar el larguero con la punta de los dedos para calcular la altura antes de acercarse a la banda para hablar con los árbitros y el delegado de campo. Tras la charla, un trabajador del Atleti apareció con una escalera y metro en mano para medir la altura de ambas porterías. Acostumbrados a las porterías antiguas en las que los largueros estaban ligeramente arqueados y eran más bajos por el centro, los guardametas creían que los arcos tenían una altura superior a lo que el reglamento estipulaba.

Tras estas vicisitudes, ambos equipos saltaron al césped y los capitanes Enrique Collar y Roberto Gil se intercambiaron presentes mientras el presidente Vicente Calderón, sentado con el ministro secretario general del Movimiento, José Solís, y el ministro de Industria, Gregorio López Bravo, recibía los aplausos del público atlético. El primer saque de centro en el nuevo estadio fue para el Atlético de Madrid y el inicio del choque estuvo marcado por un exceso de ímpetu por ambas partes. Por si fuera poco, la lluvia comenzó a arreciar y los espectadores tuvieron que ponerse a cubierto. Cuando habían transcurrido diecinueve minutos desde el pitido inicial, el estadio del Manzanares vio su primer gol. Un centro largo de Cardona lo recogió de cabeza Luis, que remató el 1-0 del Atleti aprovechando una salida en falso de Pesudo. Poco importaba que Paquito empatara en el minuto 71 y el choque quedara con 1-1: Aragonés inscribía su nombre con letras de oro al anotar un gol de imborrable recuerdo por lo que significaba en la historia del Atlético de Madrid y en un estadio de leyenda.

11

Maldito teléfono

Luis Aragonés supo convertir a la selección española en un equipo. Desde que accedió al cargo, el Sabio dejó bien a las claras que la fórmula del éxito radicaba en eso. Trabajó mucho en este sentido y, finalmente, lo logró. Bastaba con echar un vistazo al nivel de complicidad entre los futbolistas, el ambiente en el vestuario o la implicación en el campo. Tiempo después, el propio míster reconocía en una entrevista en *Vozpópuli*: «La gente venía por ser internacional, pero por nada más. Con un compromiso frágil, no uno fuerte, como lo tuvo luego».

Tras una extensa y exitosa carrera como entrenador en clubes, Luis supo llevar esa filosofía a la selección española para convertirla en pilar de los éxitos que se cosecharon tanto a sus órdenes como a las de los que vinieron después. Transmitió una serie de normas, hábitos y comportamientos con los que sentar las bases de la convivencia, tan importantes en el día a día. «Quiero un grupo de deportistas que luchen todos por lo mismo. No quiero figuras», reconocía. Él, que fue un futbolista excepcional, nunca dudó en apoyarse en los jugadores. Y ahí estaba la importancia del grupo. Para Luis, no había secreto para lograr el éxito: solo había trabajo.

Él era un hombre en permanente estado de alerta, de los que

no quería que la mínima fisura pudiera fragmentar al grupo. Cero distracciones. Un búnker. Por eso, una de sus máximas era la prohibición de los móviles en sus charlas. Él, chapado a la antigua, quería evitar la presencia de cualquier elemento distorsionador. Directo, claro y preciso, Aragonés tenía dentro del vestuario una de sus armas más importantes para motivar a los jugadores y remar todos juntos en la misma dirección: la consecución de objetivos. Precisamente por este motivo, una de sus primeras órdenes cuando fue nombrado seleccionador fue que en las charlas no hubiera teléfonos, pues no había tenido buenas experiencias con ellos a lo largo de su carrera profesional.

Uno de los ejemplos más claros es cuando el Grupo Risa lo llamó durante dos noches para preguntarle por un tal Enrique y cuestionarle por los papeles del tractor de un tipo llamado Anselmo. Desconocedor de que se trataba de una broma, él resistió estoico, aguantó, y, harto de la insistencia, acabó respondiendo, perdiendo la paciencia, con un expeditivo: «Está llamando usted a Luis Aragonés, el entrenador de fútbol. Y no al Enrique de los cojones. Vaya usted a la mierda, señor. Es usted imbécil». Puro Luis. De hecho, el técnico llegó a dar a algunos de sus futbolistas una serie de palabras clave que debían deslizar en las conversaciones telefónicas con él para saber que eran ellos los que llamaban realmente y no se trataba de un vacile de un programa de radio o televisión. «Si no, te cuelgo», amenazaba.

Esa fue precisamente una de las razones por las que, en la previa de la final de la Eurocopa de 2008 entre España y Alemania, se limitó a responder con una serie de monosílabos al rey Juan Carlos cuando el monarca le deseaba suerte para el desafío que tenía para el día siguiente. «Es que me gustan tantas bromas que pensé que era un imitador», le confesó al monarca al día siguiente, ya con el título de campeón de Europa bajo el brazo.

El punto culminante de la mala relación entre Luis Aragonés y los teléfonos móviles llegó cuando en plena sesión técnica con los jugadores de la selección española comenzó a escucharse el típico sonido que anunciaba una llamada. Por lo menos, no era reguetón, sino una melodía de las que vienen de serie con el teléfono. Zapatones estaba dando los detalles tácticos del rival y la mejor fórmula para atacar su defensa en zona cuando el estridente y repetitivo soniquete comenzó a adueñarse de la sala. Xavi Hernández miraba a Iker Casillas con cara de sorpresa, mientras el capitán hacía lo propio con David Villa. Xabi Alonso no sabía dónde meterse y Andrés Iniesta alucinaba mientras Joan Capdevila intentaba esconder la sonrisa.

«¿De quién es ese teléfono? ¿No les he dicho que los móviles deben estar apagados?», bramaba enfadado Luis entre improperios después de cortar la explicación por culpa de aquella insoportable melodía.

Todos se observaban, incapaces de moverse, hasta que la bronca del entrenador los activó. Nadie sabía de dónde salía ese ruido que no paraba y se pusieron a investigar cuál era su origen. Fue finalmente el propio Luis Aragonés el que encontró el teléfono móvil que había interrumpido su charla: era el suyo. Lo cogió y, sin mirar siquiera quién había llamado, lo estampó contra el suelo para dejarlo hecho añicos.

12

El día después

Domingo 22 de marzo de 1998. Dos meses después de su estreno, *Titanic* sigue llenando las salas de cine de espectadores que gastan seiscientas pesetas para ver la historia de amor entre Jack y Rose. «España va bien» para José María Aznar y Darko Kovačević es uno de los delanteros de moda en la liga. Es un tanque, un ariete referencia de los que pelean por todos los balones y al que es muy difícil marcar por su potente físico y envergadura. Destaca por su remate de cabeza y aprovecha a la perfección las asistencias de Javier de Pedro para convertirse en una auténtica pesadilla para las defensas rivales. Siendo apenas un chaval, comienza a brillar en su país para acabar primero en el potente Estrella Roja y, posteriormente, dar el salto a Inglaterra y ponerse la camiseta del Sheffield Wednesday.

Es precisamente de ahí de donde lo recluta la Real Sociedad para que forme dupla de ataque con el rumano Gica Craioveanu. El serbio no tarda en mostrar su potencial y olfato goleador para cerrar su primera temporada en España con ocho goles en la liga que dejan a los donostiarras a las puertas de Europa. La siguiente campaña es todavía mejor. Ya adaptado al país y la competición, Darko arranca como un ciclón, ve puerta con mucha más facilidad y tarda poco en situarse en los primeros puestos de la lucha por el pichichi, junto a Christian Vieri, Rivaldo o Lubo Penev.

El equipo de Bernd Krauss vuela a lomos de su *killer* y se atreve a soñar con la posibilidad de colarse en la zona noble de la clasificación. Disputar competición continental está en el punto de mira y el cuadro vasco destaca por su regularidad, equilibrio y fortaleza en casa. En una situación similar se encuentra el Real Betis, que tras la salida de Serra Ferrer el verano anterior se ha decantado por Luis Aragonés para darle las riendas del equipo y tiene el objetivo de cerrar la temporada en puestos europeos. Con los dos equipos compartiendo la cuarta plaza de la clasificación y el mismo número de puntos, llega la jornada 30, un enfrentamiento directo sobre el césped de Anoeta que es clave para el futuro de ambos.

Luis Aragonés lo sabe. Como también conoce la importancia de Darko Kovačević en la Real Sociedad y que buena parte de las opciones de ganar pasan por minimizar al delantero. Este es el motivo por el que intenta desestabilizarlo ya desde los primeros minutos. Cada uno de los fallos del atacante tiene respuesta en el entrenador, que se dirige a él sin ambages. «Eres más malo que tu puta madre, eres horrible», le chilla el Sabio desde la banda después de que el delantero cruce demasiado un disparo a portería. «Además de tonto eres malo», vuelve a gritar antes de mirar a su banquillo con una sonrisa burlona e insistir en su cantinela. Sin embargo, no hay forma, porque la Real Sociedad se lleva el partido por un rotundo 2-0... y ambos goles son de Kovačević. Toda la escena la captan las cámaras de Canal Plus, que emite las imágenes al día siguiente.

Que a Luis Aragonés no le gusta que le graben es algo por todos conocido. El entrenador no duda en aprovechar los prolegómenos de los partidos para arrancar todos los cables que se encuentran cerca de cada uno de los banquillos en los que se sienta para impedir que capten sus palabras. En alguna ocasión, incluso los corta. Pero el fútbol ha cambiado. También las retransmisiones. El auge de las televisiones es cada vez más notable, hay que rellenar espacios, y Luis es protagonista habitual de programas como *El día después*, donde se le somete a un férreo marcaje para lograr las mejores imágenes. Basta con remontarse a marzo de 2001, cuando entrena al Real Mallorca y recibe al Real Madrid en Son Moix. Antes de un lanzamiento de falta, el capitán de los blancos, Fernando Hierro, se gira al banquillo local y le dice algo al técnico, que no duda en salir a la carrera para ponerse tras él y lanzarle un «viejo, viejo, más que viejo». El pique continúa en el túnel de vestuarios hasta tal punto que Iván Helguera sale a defender a su compañero y le suelta a Aragonés que el viejo es él.

También es inolvidable aquella en la que mientras se dirige al banquillo visitante de Vallecas le responde con un «eres más feo que un dos caballos, hijo de puta» a Marcos, un aficionado del Rayo Vallecano que lo llama de forma incesante desde la grada, altavoz en mano: «¡Zapatones, Zapatones!». Después de darle la mano, insistirle en su parecido con el coche de Citroën y sentarse junto a Jesús Paredes, al seguidor del equipo franjirrojo no le queda otra que reconocerlo: «Luis, no cambies nunca».

13

«Wallace»

El 29 de junio de 2008, España juega uno de los partidos más importantes de su historia. Lo hace frente a la todopoderosa Alemania sobre el césped del estadio Ernst Happel de Viena (Austria) con motivo de la final de la Eurocopa. Pese a que muchos de los jugadores ya han ganado un buen puñado de títulos nacionales e internacionales, tan solo han podido hacerlo con sus clubes. El palmarés de la selección española es un páramo yermo desde 1964, cuando se logró la Eurocopa (desde 1992, si contamos con los Juegos Olímpicos de Barcelona). Se trata de una oportunidad de oro para toda una generación de futbolistas y los nervios están a flor de piel, pero si hay un entrenador que sabe gestionar estas situaciones es Luis Aragonés.

Desde el inicio de la concentración, el técnico ha sabido quitar todos los complejos a sus futbolistas. Tras una fase de grupos inmaculada, se ha roto el techo de cristal con la victoria en cuartos ante Italia en la tanda de penaltis, una auténtica liberación. Tanto que cuando, al día siguiente, los miembros de la expedición salen a hacer la sesión de recuperación se dan un baño en el lago prohibido de Neustift a escondidas de todos, muchos de ellos en paños menores. El gol de Platini en la Eurocopa después del error de Arconada y el fallo de Julio Salinas en aquel mano a mano frente a Italia ya son historia.

«WALLACE»

También el penalti de Eloy frente a Bélgica o los de Nadal y Hierro ante Inglaterra. Estos chicos han hecho olvidar a Al-Ghandour y las semifinales ante Rusia son poco más que un trámite, dado el juego del equipo y su estado de ánimo. Todos vuelan.

Sin embargo, alcanzar la final no es suficiente. Y en eso insiste el seleccionador en una charla a sus futbolistas apenas a unos días de la cita: «Nosotros hemos venido aquí a ganar la Copa de Europa, y vamos a ir con un pensamiento positivo a por ello. Del subcampeón no se acuerda nadie. Que si somos, que si hacemos fiestas... Hacemos fiesta si les ganamos, y como somos mejores, además, les vamos a ganar». Durante esos días previos, Aragonés analiza a la perfección el juego del equipo rival: sus fortalezas y debilidades. Uno de los jugadores clave es Bastian Schweinsteiger, al que llama «Basistaiger», «el rubio del nombre tan raro», y del que señala que «le han echado ya una vez y, si somos listos, le echan otra. Le decimos alguna cosita que no le guste. Esto es de listos. Les digo yo que ya le han echado y le echan otra vez porque se calienta como la madre que le parió».

Otro de los que centra su atención es Michael Ballack, centrocampista al que se refiere como «Wallace» por un error en la pronunciación. Luis le llama así la primera vez que habla de él y, a la vista de las risas que provoca entre los miembros del grupo, no rectifica jamás. Más tarde ya ha aprendido a nombrarlo perfectamente y en las reuniones con los miembros de su *staff* técnico lo deja claro, pero cuando está con sus jugadores Ballack ya no existe y todas las charlas en las que habla del germano son para hacerlo de Wallace. Una forma desenfadada de rebajar la tensión y meterse a los jugadores en el bolsillo. Unos días antes lo hace con Arshavin y algún otro futbolista ruso en la previa de las semifinales; la fórmula funciona a la perfección. También aconseja el técnico sobre la importancia del otro fútbol: «No se puede perder los nervios, ya puede hacer el árbitro lo que haga. Como nosotros tenemos ahora jugadores más conocidos, a los árbitros les gusta una palmadita. Es igual que a los linieres, les llamas por su nombre. Tiene cojones. Le digo "Joseph". No sé ni pronunciarlo, pero él dice: "Joder, me conoce"».

Los días previos transcurren tranquilos hasta que llega la final. Y es precisamente en la última charla en la que Luis Aragonés da el empujón que faltaba a sus futbolistas. Lo hace con unas palabras que todavía perduran en las cabezas de muchos de ellos: «Nos ha llegado el momento tras dos años de lucha. Nos han metido hostias de todos los colores. Vamos a demostrarlo en el campo. Y cuando estoy cansado levanto la mano y sale un compañero». Dadas las últimas instrucciones, llega el momento de saltar al césped y enfrentarse a Alemania. Tanto los titulares como los miembros del banquillo están convencidos y sus rostros reflejan la concentración y tensión del momento al que se van a enfrentar. Con ambos equipos ya en el túnel, Luis Aragonés pone la guinda: ve Michael Ballack a apenas unos pasos de él, se acerca al centrocampista para darle una palmada en la espalda y soltarle: «¡Wallace! ¿Cómo está usted?». El alemán alucina porque no entiende nada mientras los Fernando Torres, Cesc y compañía no pueden ocultar una risa cómplice. Es el primer paso para ganar la final.

14

007, licencia para matar

El Mundial de Alemania fue un punto y aparte en la historia de la selección española. El combinado nacional comenzó como nunca, goleando a Ucrania por 4-0, y acabó como casi siempre: fuera, cuando llegó el momento de los cruces después de caer por 1-3 frente a Francia en los octavos de final. Curiosamente, fue el exitoso debut el que lo dinamitó todo. ¿El motivo? La suplencia de Raúl González. Referente tanto del Real Madrid como de la propia selección, el capitán llegó a la cita de 2006 lejos de su mejor versión. Si el buen juego le perseguía, él era más rápido. Sin embargo, su sombra todavía era muy alargada y, pese a que acabara en victoria, cada uno de los partidos que el 7 veía desde el banquillo era un trauma nacional. Él tampoco puso mucho de su parte para rebajar la tensión en el ambiente. Conmigo o contra mí. Suplente también en el choque de la segunda jornada frente a Túnez, el madrileño salió con el partido atascado y marcó un gol que no dudó en irse a celebrar con sus compañeros Míchel Salgado y Santi Cañizares en el fondo del banquillo, lo cual daba clara muestra del problema.

De inicio ante a Arabia con el resto de los secundarios debido a que la clasificación ya estaba asegurada y suplente en la eliminación frente a Francia, cuando ya tenía las maletas preparadas para volver a España en el autobús, el cisma definitivo llegó unas semanas después. Fue con la derrota ante la débil Irlanda del Norte en el segundo partido de la fase de clasificación para la Eurocopa (3-2). Antes del envite en Belfast, Raúl y otros pesos pesados lanzaron una serie de exigencias de régimen interno que Luis interpretó como una sublevación inaceptable, por lo que consideró que solo había una salida: decidió no volver a convocar al delantero del Real Madrid. ¡Ofensa nacional!

Fue precisamente este el punto de partida de una cruzada mediática que tuvo por objeto derrocar la figura del seleccionador para restaurar el antiguo régimen y mantener a las vacas sagradas. El runrún se fue haciendo más y más fuerte hasta convertirse en insoportable. Durante semanas, Luis Aragonés tuvo que desayunar leyendo portadas con una fotografía suya y titulares como «¡Fuera!», «Esto no hay quien lo aguante», «Quiebra técnica» o «Luis, vete ya». Vimos, incluso, en una primera página, a Diego Armando Maradona pidiendo que Raúl fuera convocado.

Fueron días duros para Luis. Insoportables. Un auténtico linchamiento. Una persecución que sobrepasó todos los límites. Se llegó a escuchar en un programa nocturno que Aragonés ya no era entrenador, que mentía y vivía en una farsa. «Se mea en los pantalones», «está gagá», «se está comiendo la sopa boba del asilo» o «es un despojo» fueron algunas de las lindezas que se le dedicaron en las ondas y que tuvo que escuchar no solo Luis Aragonés, sino también sus hijos, nietos y seres queridos.

La caza mediática, una de las más terribles en la historia del fútbol español, tuvo su eco social y los gritos «Raúl selección» en cada recibimiento al combinado nacional y en los entrenamientos eran tónica habitual. La Sexta grabó unas imágenes del seleccionador encarándose con unos aficionados y respondiendo a sus gritos con una frase palmaria: «¿Sabes en cuántos Mundiales y Eurocopas ha estado Raúl? En cinco. Dime en cuántos ha ganado». Los días se convirtieron en semanas, y estas, en meses. Sin embargo, lejos de mitigarse, las críticas eran cada vez más feroces y pasaron del terreno profesional al personal, afectando incluso a su familia: «¡Luis vete al casino, que estás viejo!».

«Máteme, pero no mienta», se defendía estoico Aragonés en rueda de prensa. Pero el Sabio estaba tocado. Llegó un punto en el que incluso pensó en la dimisión. Charló con sus futbolistas y llegó a preguntarles qué debía hacer, pues si el problema era él no tenía ningún inconveniente en irse. Hundido, también habló con su hijo Luis: «Hijo, tengo que dimitir». Sin embargo, fue precisamente este quien le hizo cambiar de opinión: «Él nos inculcó que teníamos que luchar, luchar y luchar. Que jamás pudiéramos reprocharnos que no peleamos por lo que creíamos. Y eso fue lo que yo hice con él durante esa conversación de quince minutos entre padre e hijo. Era mi deber [...]. Sencillamente, le devolví a mi padre todos los valores que él me enseñó durante tantos años», desveló en una charla en *ABC*, en la que además reconoció que tan solo vio llorar a su padre tres veces en su vida, y una fue en aquella conversación. Tras las palabras de su hijo, Luis cogió un pañuelo, se secó las lágrimas, antes de ponerse las gafas, levantarse del sofá y sentenciar: «A estos jugadores los hago yo campeones». Cualquiera sin su carácter hubiera hincado la rodilla ante la presión, pero no fue el caso. Raúl nunca volvió a enfundarse la camiseta de la selección española, Aragonés convirtió a España en campeona de Europa, y todos aquellos que hicieron correr ríos de tinta y emplearon horas de tertulias de radio y televisión para atizar al entrenador celebraron el éxito como propio, aunque jamás tuvieron una palabra de disculpa... ni se espera.

15

El nieto

Luis Aragonés aterrizó por primera vez en el banquillo del Real Mallorca en el verano de 2000. Lo hizo para protagonizar una temporada espectacular en la que el cuadro balear logró batir todos los registros que había cosechado a lo largo de su historia. Asombró a propios y extraños con un fútbol vistoso, rápido y efectivo en el que, además de ser el cuarto equipo más goleador con sesenta y seis dianas, también fue uno de los que menos encajó, con apenas cuarenta y tres. El inicio no fue el mejor: finalizada la cuarta jornada, los bermellones eran últimos con tan solo un punto, pero con el paso de los partidos el equipo cogió vuelo y cerró la campaña en una histórica tercera plaza con setenta y un puntos, únicamente por detrás de Real Madrid y Deportivo de la Coruña.

En una plantilla con jugadores del nivel de Miquel Soler, Nadal, Engonga, Finidi, Ibagaza o Luque, otro de los grandes nombres propios fue Samuel Eto'o, futbolista cedido por Real Madrid después de pasar por Leganés y Espanyol. Con apenas diecinueve años y unas cualidades físicas y técnicas destacadas, Aragonés vio en el delantero africano un jugador de notables recursos al que poder moldear, dada su juventud, y hacer de él uno de los mejores del mundo. Aunque la relación entre ambos no comenzó de la mejor manera posible...

Como suele pasar en estos casos, en los que chocan dos almas de mucha personalidad, los rifirrafes entre ambos estuvieron a la orden del día hasta que llegaron a su punto culminante el 3 de diciembre de ese mismo año 2000 en La Romareda. Era la jornada número 13, apenas habían pasado seis minutos de la segunda parte y Real Zaragoza y Real Mallorca empataban a uno cuando el entrenador decidió sacar del campo a Samuel Eto'o para dar entrada a Stanković. El cambio no le sentó nada bien al delantero que, pese a su edad, ya tenía un ego importante y abandonaba el verde con una cara que evidenciaba su enfado. Nada más sentarse en el banquillo junto a sus compañeros, el atacante estampó una botella de agua contra el suelo mientras gritaba: «¡Siempre cambias a los mismos!». Cuando escuchó estas palabras, Luis se levantó a por él, lo cogió de la pechera y comenzó a zarandearlo en una imagen que a las pocas horas corrió como la pólvora. Al día siguiente, más de lo mismo. Se pudo ver por televisión al técnico hablando con sus futbolistas en el entrenamiento para señalarles lo ocurrido: «Pasó por delante de mí y tiró la botella. Conmigo no, ¿se entera? Míreme a la cara. No le he dado un cabezazo de puro milagro».

No era la primera vez que había sus más y sus menos entre ambos protagonistas, pues, apenas un par de semanas antes de lo acontecido en Zaragoza, Aragonés había respondido afeando unas palabras del futbolista en las que este señaló que necesitaba descanso: «¡Qué coño descanso! Con diecinueve años lo que tiene que hacer es jugar y ganar la liga y la Copa de Europa». También estaba muy reciente el día en que el preparador expulsó al goleador de un entrenamiento. ¿El motivo? No estaba haciendo caso a sus órdenes después de verse fuera del once inicial que iba a enfrentarse al Villarreal. Sin embargo, Samuel Eto'o siempre lo tuvo claro, consultado por la prensa sobre estas situaciones argumentaba que eran cosas «entre padre y niño», y cuando el técnico se marchó de la isla a final de temporada, su complicidad ya iba más allá de lo deportivo. «Mi relación con él fue como la de un padre y un hijo. Siempre discutíamos, pero nos queríamos. Nunca le olvidaré», reconocía el camerunés años más tarde.

Y fue precisamente esta buena relación uno de los argumentos clave para que Luis Aragonés regresara a Mallorca en 2003. El equipo había comenzado muy mal el curso y Mateu Alemany contactó con el entrenador madrileño para que relevase a Jaime Pacheco. Pero fue la llamada de su «hijo» la que le convenció, tal y como señaló el de Hortaleza: «Llamó y me dijo cariñosamente "abuelo, véngase para acá", y a mí eso me hizo tilín». Fue precisamente esa la última temporada de Samuel Eto'o en Mallorca antes de dar el salto al F. C. Barcelona, algo en lo que también fue vital la figura de Aragonés.

Después de citar al futbolista en su despacho y consultarle si quería ser un buen jugador o un gran jugador, el entrenador le señaló que tenía que luchar por objetivos más ambiciosos y que su tiempo en Mallorca tocaba a su fin. Tras esto, llamó a Txiki Begiristain, por aquel entonces director deportivo del F. C. Barcelona, y le soltó a bocajarro: «¿Quieres ganar en los próximos años? Pues hay un jugador que tenéis que fichar porque os hará ganar». Apenas unas semanas después, Samuel Eto'o era presentado por Joan Laporta como nuevo futbolista del cuadro de la Ciudad Condal y decía aquel célebre: «Voy a correr como un negro para cobrar como un blanco». En Barcelona lo entrenaron Frank Rijkaard o Pep Guardiola, y años más tarde José Mourinho lo tuvo a sus órdenes en el Inter de Milán. Sin embargo, Samuel siempre lo tuvo claro. ¿Quién era el mejor entrenador que tuvo jamás? «¿Mourinho o Guardiola? Luis Aragonés».

16

La bicicleta

Ronaldo Nazario irrumpió como un ciclón en España. Fichado por el F. C. Barcelona a cambio de dos mil quinientos millones de pesetas, el delantero que por aquel entonces contaba con apenas diecinueve años fue presentado el 17 de julio de 1996 después de dos temporadas en Holanda defendiendo los colores del PSV, en las que exhibió su velocidad endiablada, excepcional potencia, facilidad en el uno contra uno y capacidad para ver puerta. Pese a que llegó en un momento complicado al conjunto de la Ciudad Condal, apenas unos meses después de la salida de Johan Cruyff, el brasileño no tardó en demostrar que se trataba de uno de los mejores jugadores (sino el mejor) del mundo.

Entre los grandes goles del astro *canarinho*, indelebles en la retina de los aficionados, está el que logró frente al Compostela en la visita culé al Multiusos de San Lázaro. Corría el 12 de octubre cuando el atacante recogió el balón en el centro del campo rodeado de jugadores del equipo rival e inició una cabalgada con dirección a la portería en la que se deshizo uno a uno de cuantos rivales le salieron al paso. José Ramón, Bellido y William intentaron robarle el cuero y el brasileño tuvo que aguantar un buen número de patadas y agarrones durante los prácticamente diez segundos y casi cincuenta metros que duró el camino a su objetivo. Una vez que llegó al área, superó al guardameta Fernando con un disparo raso y ajustado mientras el técnico inglés, Bobby Robson, que todavía no se creía lo que acababa de ver, se llevaba las manos a la cabeza ante semejante obra de arte.

Ese no fue el único tanto de bandera entre los cuarenta y siete que anotó el Fenómeno en los cuarenta y nueve partidos que disputó en su primera etapa en España antes de marcharse al Inter de Milán en verano de 1997. Y, si no, que se lo digan al Valencia. El equipo entrenado por Luis Aragonés, que venía de un brillante subcampeonato de la temporada anterior y visitó en Camp Nou un sábado 26 de octubre con motivo de la décima jornada del campeonato, sufrió en sus carnes la voracidad del de Río de Janeiro. Aquel día, la estrella rizó el rizo con una actuación soberbia..., dejando varias víctimas por el camino y dando un importante disgusto al míster madrileño.

Apenas había transcurrido un cuarto de hora cuando Ronaldo recibió el esférico en zona de tres cuartos y con un simple movimiento se quedó mano a mano con Andoni Zubizarreta antes de batirlo. Uno de los damnificados fue Vicente Engonga, que lo recordaba así en *Jot Down*: «Ronaldo apareció, tiró un pase, o eso pensamos Otero y yo [risas]; en serio, creía que era un pase, miré a ver a quién se la daba y, joder, no, resulta que era un autopase y detrás del balón iba él como un tren. Gol. Resulta que ese año habían puesto la norma de que si le dabas al último era roja, y Luis en el descanso una bronca... Yo le vi la campanilla y la bilis: "¡Eso no puede ocurrir nunca más, hay que pararlo como sea!". Y yo: "Pero...". "¡Ni pero ni nada!"».

Apenas veinte minutos después, Ronaldo marcaba otro gol y hacía un 2-0 que parecía definitivo, si bien el Valencia logró sobreponerse y empatar el partido a falta de media hora, después de una buena bronca del técnico en el descanso. Fue nadar para morir en la orilla. Corría el minuto 74 cuando Ronaldo cogió el esférico en la medular. Hacía apenas dos semanas de su genialidad en Compostela, pero, a medida que avanzaba la jugada, todo hacía presagiar el mismo desenlace. Fue una arrancada de fuerza y habilidad para no dejarse arrebatar el balón, terminar batiendo por tercera vez a Zubizarreta y convertir en protagonistas involuntarios a Ferreira, Engonga o Jorge Otero.

Bobby Robson celebraba el tanto junto a José Mourinho, mientras a Luis Aragonés se le llevaban los demonios. El técnico había visto volar una oportunidad de oro para llevarse algo positivo de Barcelona y su enfado era considerable. Cuando finalizó el choque, «Luis nos quería matar a Ferreira, Engonga y a mí», recordaba el propio Otero. El lateral gallego intentó apaciguar los ánimos poniendo como excusa la velocidad del talentoso futbolista brasileño, su facilidad para hacer bicicletas y deshacerse de rivales. «¿Muy rápido? Le meto una hostia que le saco la cadena de la bicicleta», le respondió el entrenador.

Aquel fue uno de los últimos partidos de Luis Aragonés en el Valencia antes de poner su cargo a disposición del presidente Paco Roig en la noche del 19 de noviembre después de una victoria ante el Beşiktaş en Copa de la UEFA. Los ches se impusieron por 3-1 y hubo un detalle que terminó siendo presagio de todo lo que iba a ocurrir, cuando Patxi Ferreira anotó el último gol y corrió hasta el banquillo para dar un sentido abrazo al entrenador.

17

Diez japoneses

Es la segunda semana de septiembre de 2004 cuando Luis Aragonés y Xavi Hernández se ven las caras por primera vez. El seleccionador no cuenta con el centrocampista del F. C. Barcelona en sus dos primeros partidos amistosos al frente de la selección española ante Venezuela y Escocia, y también se olvida de él para el primer choque de la fase de clasificación para el Mundial, frente a Bosnia. Ahora, la situación es distinta y el buen momento de forma del futbolista criado en La Masia acaba con su convocatoria. España juega en Santander frente a Bélgica y el seleccionador espera al futbolista en la recepción de Las Rozas antes de comenzar los entrenamientos previos.

—¿Qué pensaba usted? Que el hijo de puta del viejo no lo iba a traer, ¿eh? —le lanza a bocajarro.

—No, no, en ningún momento he pensado algo así, míster —responde Xavi asustado por la salida del técnico.

—Sí, sí, sí, a mí me va a engañar. Venga, para arriba y ya hablaremos —zanja Aragonés.

Es la primera de los cientos de conversaciones que mantienen entrenador y futbolista a lo largo del periplo de Luis al frente de la Roja. Porque el centrocampista de Terrassa ya es titular en el choque ante los belgas y se convierte en uno de los pilares de aquella selección, el eje sobre el que se vertebra el juego. En las siguientes convocatorias se suceden las charlas entre ambos y surge la complicidad. Son cada vez más habituales las visitas del técnico a la habitación del jugador y se pasan las horas muertas hablando, algo que sorprende al propio Xavi, pues es algo que nunca le ha pasado con ninguno de los entrenadores que ha tenido hasta entonces. La relación profesional va convirtiéndose en algo más familiar, como de padre a hijo. La sintonía entre ambos es evidente y el centrocampista se convierte en la extensión del Sabio sobre el césped. De hecho, siempre que habla sobre la importancia de Luis, Xavi reconoce que él es la persona que cambia su trayectoria: a esas alturas de su carrera, es un jugador importante en el F. C. Barcelona, pero no es clave debido a la presencia de piezas como Ronaldinho, Samuel Eto'o o Deco.

Desde su primera conversación, el seleccionador le transmite que él es el jefe y va a ir a muerte con él. Todo se resume en una frase que le repite en alguna ocasión cuando están cara a cara: «Usted y diez japoneses, que me dan igual, que si está usted yo estoy tranquilo. Usted no está puesto por el ayuntamiento». Pueden parecer palabras vacías, pero no es así. Por eso, cuando se rompe el ligamento cruzado anterior de su rodilla derecha el 2 de diciembre de 2005 y los agoreros afirman que se va a perder el Mundial de Alemania, Luis Aragonés no duda ni un momento: Xavi Hernández estará en la cita. Las llamadas y los mensajes de texto del seleccionador al futbolista son constantes, Jesús Paredes se desplaza con frecuencia a Barcelona para conocer de primera mano su evolución por petición expresa del míster y el seguimiento es incluso mayor que el que le hace su propio club. En sus charlas telefónicas, Luis le dice que tiene que disputar al menos tres partidos y que seguro que va a hacerlo. «Apriete, Xavi, no se duerma, que le espero». Finalmente, el de Terrassa tiene minutos en los últimos cuatro partidos de liga y disputa el Mundial.

Luis Aragonés tiene más confianza en Xavi Hernández que el propio Xavi Hernández. De hecho, durante la Eurocopa de 2008, el centrocampista duda de que vaya a ser titular en las semifinales frente a Rusia después de ser sustituido por Cesc frente a Italia en cuartos y el buen partido del centrocampista de Arenys de Mar, vital en la clasificación con su gol en la tanda de penaltis. Los miedos del jugador llegan a oídos del entrenador, que le vuelve a dejar claras sus preferencias: «Es usted tonto, ¿cómo no va a jugar contra Rusia?». Efectivamente, es titular y lo celebra por todo lo alto marcando el gol que abre el camino de la victoria. Días después, cuando se levanta la Eurocopa, su primer pensamiento es para el seleccionador: «Hostia, este tío, lo que ha logrado. Su familia iba a favor, y nosotros también, pero nadie más. Él estaba solo. Completamente solo», recuerda.

Para el egarense, la palabra *fútbol* en el diccionario tiene que llevar al lado la foto de Luis. «Luis es el fútbol hecho hombre, el fútbol hecho persona», reconoce en una emotiva carta publicada en *El País* tras el fallecimiento del Sabio. Él considera al madrileño la persona más influyente en su carrera profesional; por eso, cuando se entera de la noticia del fatal desenlace, se echa a llorar. Horas después, frente al Valencia, hace uno de los peores partidos de su vida. En los últimos meses llama a Aragonés por teléfono, pero las conversaciones son cortas y parece que el entrenador no tiene ganas de hablar. «Cuando se muere, tengo la sensación de decir...: creo que no he estado lo suficientemente cercano, como estuvo él conmigo», lamenta.

18

«No digáis lo que habéis visto»

La Recopa de 1986 fue el regreso a una final europea para el Atlético de Madrid. Habían pasado doce años de la derrota frente al Bayern Múnich en Bruselas, aquel 17 de mayo de 1974 de tan infausto recuerdo. En esta ocasión, la cita era en Lyon. Concretamente, en el estadio de Gerland, donde el Atleti llegaba después de haber dejado por el camino al Celtic de Glasgow, al Bangor City de País de Gales, al Estrella Roja de Belgrado y a los alemanes del Bayer Uerdingen. Una trayectoria intachable con trece goles marcados y solo cinco recibidos. El equipo rojiblanco disputaba la competición después de haber alzado la Copa del Rey de la temporada anterior frente al Athletic Club gracias a un doblete de Hugo Sánchez (1-2). El rival en la que por aquel entonces era la segunda competición continental era el Dinamo de Kiev.

El día de la cita, el 2 de mayo. El mundo seguía conmocionado por el accidente nuclear producido en Chernóbil una semana antes y en nuestro país se celebraba la Vuelta a España de ciclismo con Álvaro Pino y Robert Millar peleando por el maillot amarillo al ritmo del «Take on Me», de A-ha. El fútbol español vivía días de vino y rosas a apenas unas semanas del inicio del Mundial de México: el Real Madrid tenía la Copa de la UEFA al alcance de la mano después de golear por 5-1 al

Colonia en la ida de la final, mientras el F. C. Barcelona estaba ante una oportunidad histórica para levantar su primera Copa de Europa en una final que tendría lugar en Sevilla el 7 de mayo frente al Steaua de Bucarest. Alzarse con un triplete histórico español estaba al alcance de la mano y el equipo entrenado por Luis Aragonés era el primero que tenía que dar un golpe sobre la mesa.

Más de veinte mil aficionados atléticos recorrieron los alrededores de mil doscientos kilómetros de distancia a Lyon para ver la final. La ocasión lo requería. Entre estos estuvo, incluso, Roberto Solozábal, que era apenas un crío que todavía no había alcanzado la mayoría de edad y que años más tarde sería capitán del equipo. Gerland estaba teñido de rojo y blanco, parecía que el Atlético jugaba en casa y todo invitaba a soñar, pese a que el rival era de campanillas. El equipo de Valeri Lobanovski venía de arrasar en las fases anteriores al Utrech holandés, el Universitatea Craiova de Rumanía, el Rapid de Viena y el Dukla de Praga. Con la base de la selección de la Unión Soviética que disputaría el Mundial y nada menos que veintitrés goles a favor y tan solo ocho en contra, una de las grandes figuras que seguir era el sensacional Igor Belanov, que terminó llevándose el Balón de Oro de ese año 1986. Junto a él, Blokhin, Demyanenko, Zavarov y una larga pléyade de estrellas. Aquel era un equipo adelantado a su tiempo en varios aspectos de juego y que destacaba por sus cualidades físicas y técnicas.

Luis Aragonés había analizado al rival y sabía al toro al que se iba a enfrentar. Durante las semanas previas al choque, fue espoleando a toda la plantilla para afrontar el desafío que tenía ante sí. Lo hizo en aquellos entrenamientos en el Retiro y en el propio Vicente Calderón, donde se metió en las cabezas de sus futbolistas para hacerles creer que la victoria era posible. Sin embargo, los medios no eran los actuales y resultaba

«NO DIGÁIS LO QUE HABÉIS VISTO»

complicado contar con vídeos de gran parte de los partidos de los soviéticos. Por ese motivo, el técnico se quedó en la grada de Gerland para ver de primera mano cómo se desenvolvían los jugadores rivales a apenas un día de la final. Lo hizo tras dirigir la última sesión de entrenamiento del Atlético; junto a él estaban algunos de sus futbolistas, que habían decidido acompañarlo. Como buen observador, Luis tardó tan solo unos minutos en darse cuenta de que lo tenían en chino para la final y de que aquel equipo que había arrasado en todas las rondas anteriores era una especie de Terminator en el que todas sus piezas estaban ensambladas a la perfección y apenas dejaba resquicios por los que meterle mano. Quique Setién, que fue testigo directo de aquel entrenamiento junto al Sabio, echaba la vista atrás años después en *El Mundo* para reconocer que «vimos el final de la sesión y alucinamos. Hacían diagonales de ochenta metros y pases milimétricos a toda velocidad. Un entrenamiento impensable antes de una final». Cómo sería aquel entrenamiento y el nivel que exhibieron los chavales del Dinamo a un día para enfrentarse al Atleti que Aragonés advirtió a todos los que estaban junto a él: «Vámonos y no les digáis al resto lo que habéis visto».

Apenas cinco minutos tardó en adelantarse el Dinamo de Kiev en la final del día siguiente a aquel entrenamiento. Sin embargo, el Atlético de Madrid aguantó hasta prácticamente el final, cuando decidió volcarse al ataque y recibió dos tantos con los que se cerró el 3-0 final. «Hubo tanta superioridad en el partido que no tuvimos opción. Da igual cómo hubiéramos jugado», remataba Setién para analizar el partido. Pese a la superioridad rival, el Atleti supo mantenerse en pie. Y en buena medida fue por la labor del técnico, que dio con la tecla para sacar la mejor versión de los suyos, tal y como recordaba el guardameta Ubaldo Fillol, quien reconoció que Luis «nos pidió que hiciéramos un esfuerzo para la historia. Es imposible olvidar aquella emotiva arenga previa. No solo nos habló supremo porque íbamos a entrar en la historia del fútbol, sino que logró tocar nuestro amor propio. Lástima que les agarrásemos en el tope de su rendimiento. Pusimos mucha rebeldía y amor, pero no nos alcanzó. Aun así, morimos de pie».

19

«Míreme a los ojitos»

«Un imbécil», así definió Romário a Luis Aragonés en 2017. Hacía más de veinte años que estuvo a sus órdenes, pero el otrora delantero todavía no había digerido su experiencia con el técnico madrileño. El verano de 1996 fue muy agitado en Valencia. La capital del Turia estaba herida de muerte después de la traición de Pedja Mijatović con su salida al Real Madrid a cambio de los 1.487 millones de pesetas de su cláusula de rescisión. Pero el montenegrino no fue la única pieza importante que dijo adiós, pues el club decidió traspasar a Mazinho al Celta de Vigo por 135 millones de pesetas y rajada incluida del brasileño: «Me ha vendido por una banana». Otro que se marchó fue Viola, subastado en Brasil y Japón, y que finalmente regresó a su país unos días después de anunciar que «me quieren vender como si fuera pescado».

La situación no era idílica, pese al subcampeonato del curso anterior; el equipo había perdido poder ofensivo y Luis Aragonés demandó la llegada de un nuevo delantero que pudiera aportar entre quince y veinte goles. El presidente, Paco Roig, se puso a trabajar con el secretario técnico, Jesús Martínez, cuando emergió la opción Romário y al máximo mandatario le hicieron los ojos chiribitas. El brasileño era su gran obsesión desde que en 1993, cuando era consejero delegado del club, intentó su fichaje desde el PSV Eindhoven y se encontró con la negativa del por aquel entonces presidente Arturo Tuzón, que lo veía imposible económicamente. En 1996, la situación era distinta: Tuzón no estaba, él era el jefe y su sueño cobraría vida.

La primera reunión de Paco Roig con Romário en Brasil sirvió para sentar las bases del acuerdo y que el atacante dejara claras sus prioridades. «Él dice que lo que más le gusta son las mujeres, que antes del partido o después, no me acuerdo, tiene que ir con mujeres. Que él no toca la droga, no bebe nada de alcohol, no fuma y lo único que tiene es eso y el fútbol. Para que lo sepamos», reconoció años después el por aquel entonces dirigente en palabras a Movistar. El *modus vivendi* del delantero no fue obstáculo y el Valencia lo convirtió en uno de los futbolistas mejor pagados del mundo firmándole un contrato por tres temporadas a razón de 500 millones de pesetas en cada una de ellas. Además, 380 millones irían a parar a distintos patrocinadores, 125 al Flamengo y 450 al F. C. Barcelona, que todavía contaba con una serie de derechos.

El fichaje de O Baixinho devolvió la ilusión a una Valencia deprimida. El delantero fue recibido en olor de multitudes en el aeropuerto; él señaló que quería ser campeón de liga y se disparó el número de abonados al club. Sin embargo, no todo el mundo estaba igual de contento por el fichaje del que había sido campeón del mundo en 1994: Luis Aragonés estaba convencido de que el carácter y la forma de vida de Romário no eran lo que necesitaba el equipo, por lo que su fichaje fue la gota que rebasó el vaso en la complicada relación entre técnico y presidente.

De hecho, llegó a oídos de Luis que Paco Roig soltó en la asamblea de la Liga de Fútbol Profesional que el Valencia tenía «un equipo de puta madre a pesar de Luis Aragonés», motivo por el que incluso presentó su dimisión a apenas unas horas de la presentación de la plantilla en Mestalla el 8 de agosto. No quiso ni salir junto a sus jugadores y el resto del *staff* al césped. Aunque finalmente le convencieron para que compareciera, cuando lo hizo ocupó un discreto segundo plano y ni habló. Más claro fue Aragonés con el propio Romário, al que ya en uno de sus primeros entrenamientos le soltó delante de todos sus compañeros: «Que sepa usted que lo único que diferencia a un futbolista de otro es el sueldo, pero usted es igual al resto». Una clara muestra de que no tendría la mínima concesión con él.

El Valencia comenzó la liga con dos derrotas en las que Romário fue titular, tras lo cual el entrenador decidió no contar con él para el choque de ida de la primera ronda de Copa de la UEFA contra el Bayern Múnich. Algo había visto en esos entrenamientos que el brasileño completaba con el chubasquero puesto, pese a ejercitarse bajo un sol de justicia y cuarenta grados de temperatura. Su ausencia frente al gigante bávaro supuso un punto de inflexión y el propio *canarinho* explotaba en rueda de prensa el 9 de septiembre señalando que «me ha dicho el míster que no me llevará para este partido porque yo no estoy entrenando como él quiere. Así no se puede estar, ¿no? Yo he venido aquí para jugar. ¿Qué más quiere? Nunca he entrenado tanto en mi vida como ahora. ¿Y aún quiere más? Si estoy fuera ahora, significa que para él estaré fuera para siempre. Con él aquí no seguiré más. O sigo yo, o él. Yo voy a hablar ahora con el presidente y ya decidiremos», terminaba. «Pienso que el mejor equipo para este partido es el que llevo. Y si no sería ir contra mí, ¿no? No tengo nada en contra, pero Romário, además, ha sido suficientemente claro conmigo y yo con él», respondía Aragonés.

Las discotecas de la zona de Malvarrosa y Juan Llorens eran destino habitual en las noches del futbolista, algo que sabían compañeros y entrenador. «Mi vida es mi vida», pregonaba él a los cuatro vientos, situación que Roig no veía con malos ojos siempre que luego rindiera en el campo. Sin embargo, Luis no quería que hubiera diferencias en el trato; cuando acabó el entrenamiento del equipo el 13 de septiembre, saltó la bomba frente a las cámaras de televisión. Aragonés caminaba despacio junto a Romário mientras le decía: «Míreme a la carita, míreme a la carita. Míreme a los ojos». Con estas palabras, el madrileño quería afear la actitud del jugador que unos días antes había estado de fiesta en un conocido hotel de la ciudad; el delantero le respondía que no había sido así mientras le daba la espalda. «Míreme cuando le hablo», le insistía. Con este gesto que sabía que iba a aparecer en los medios, el Sabio quería dejar bien a las claras que podía dominar a Romário y que era él quien mandaba en el equipo. Tras esto, la situación se volvió irreconducible y el delantero acabó marchándose cedido al Flamengo. Lo hizo cuando todavía no había terminado el mes de octubre y apenas había jugado cinco partidos con el Valencia.

20

Por lo civil o por lo criminal

Es miércoles 26 de febrero de 2003 y Luis Aragonés para en seco el entrenamiento del Atlético de Madrid. Después de veintitrés jornadas de liga, el equipo es séptimo en la clasificación y tiene los puestos europeos a tiro de piedra. Sin embargo, el entrenador está muy enfadado con los suyos. El Atleti viene de sufrir un duro varapalo en Huelva después de caer por 3-0 frente al Recreativo y los futbolistas no están entrenando como deberían. A lo largo de la sesión, Luis ya ha abroncado a algunas piezas como Cosmin Contra, al que acusa de frenar el juego por su excesiva conducción del esférico; Javi Moreno, por su falta de puntería; o Stanković, al que le pide que participe más: «¡Como se abra más, le va a hacer la zancadilla el juez de línea!». También ha repartido caramelos entre los utilleros en términos parecidos.

Cansado de la falta de concentración e intensidad de la que está siendo testigo, organiza a los futbolistas en un círculo en torno a él y explota. Sabe que la prensa está grabando las imágenes, pero le da igual: «Ahora todos los que están ahí me van a poner a parir. Pero esos me importan un huevo. Se lo digo, se me olvida». Aragonés es consciente de que llega el tramo decisivo de la temporada, el momento en que se define todo, y no quiere que la falta de implicación lastre al equipo en sus objetivos. Si la plantilla no da un paso al frente, adiós. «¡Por lo civil o por lo criminal, vamos a estar en Champions! Porque cuando entrenamos mal, ¡nos vamos a ir a la caseta, nos vamos a ir a la caseta, nos vamos a ir a la caseta! No les aguanto que no corramos, que no trabajemos, que no peleemos, que no estemos. Les digo las dos cosas. Se me olvida al minuto. Pero después, ¡vamos a ir, y vamos a ir, y vamos a ir!», deja bien a las claras.

La bronca va creciendo en intensidad mientras los jugadores se miran entre sí y no saben dónde meterse. «Escúchenme. Si me echan a mí, me importa un huevo, pues tengo dos mil equipos donde ir. Pero no me echan por hacer el gilipollas. Y este grupo está haciendo el gilipollas», remata Luis antes de que todos los presentes agachen la cabeza y se marchen a los vestuarios en silencio.

Evidentemente, las imágenes de la regañina no tardan en exhibirse en todas las televisiones y convertirse en foco de tertulias. Sin embargo, los jugadores tienen claro el objetivo de esta charla del técnico, y así lo señalan cuando los distintos medios les preguntan al respecto. Uno de ellos es el centrocampista Jorge Larena, quien reconoce que: «El entrenador tiene su forma de decir las cosas y si se expresó así es porque vio cosas que no le gustaron. Debemos aceptar todo lo que dice y no sentirnos mal, ya que no lo hace para el mal del jugador, sino todo lo contrario. Nosotros, por nuestra parte, tenemos que seguir trabajando». De la misma opinión es Lluís Carreras, que ya ha coincidido con Aragonés en el Real Mallorca y reconoce que no se ha tomado a mal las palabras del técnico, porque sabe cómo es y que todo lo que hace y dice es para que el equipo mejore. En su opinión, las palabras de Aragonés no son una reprimenda; se trata de un toque de atención para ponerles las pilas. El propio Carreras pone en valor la figura del técnico y señala que hay que conocerle y que no es la primera vez que habla en ese tono. El ex del F. C. Barcelona desvela que un día antes Luis ya habla con ellos de este mismo tema y que la escenificación en el entrenamiento es únicamente para que los medios también lo sepan. Lo hace antes de añadir que Luis es una persona vehemente, pero que después de este episodio ha hablado con ellos tranquilamente y todo está olvidado.

En esta situación, todos los ojos están puestos en el partido que enfrentará a Atlético de Madrid y Málaga sobre el césped del Vicente Calderón el domingo 2 de marzo. Lluís Carreras vaticina que «todo se basa en el resultado. Si ganamos, dirán que ha servido; si perdemos, dirán que ha afectado a la plantilla». Y así sucede, pues la victoria rojiblanca por 2-1 apacigua notablemente los ánimos. De cualquier modo, algo de lo que se huele Aragonés y transmite en la charla acaba sucediendo: el equipo se desinfla como un globo hasta el punto de quedarse fuera de Europa. Lo hace después de una terrible racha de resultados en la que tan solo logra sumar dos victorias en los últimos trece partidos de liga. Sin duda, una forma triste para cerrar la última etapa del Sabio en el Atleti.

21

El momento del Niño

Cuando Luis Aragonés conoció a Fernando Torres, el de Fuenlabrada era casi un crío. El delantero venía de debutar con el Atleti el 27 de mayo de 2001 y no había tardado en convertirse en uno de los grandes ídolos de la afición. Pese a contar con apenas diecisiete años, el Niño solo había necesitado un puñado de partidos para dejar bien a las claras su potencia, facilidad para definir en el mano a mano, valentía y personalidad. Tenía claro dónde quería llegar y que lo iba a hacer.

Luis se dio cuenta rápidamente de la joya que tenía entre manos y se puso a moldearla nada más aterrizar en el banquillo del Vicente Calderón. No obstante, nunca quiso que el chico se lo creyese e incluso intentó que durante aquella temporada 2001-2002 conservase el dorsal número 35 con el que había debutado meses antes, si bien el club consideró que, para cuestiones de marketing, sería mucho mejor que la nueva sensación del equipo vistiera un número referente como el 9. Era la táctica del palo y la zanahoria: pese a que la exigencia era ascender a primera división y el foco por parte del técnico estaba puesto en eso, siempre tuvo tiempo para su pupilo. Lo hizo diseñando sesiones específicas para él con el objetivo de mejorar distintos conceptos como el control, los giros o el remate.

EL MOMENTO DEL NIÑO

Esto no le garantizó la titularidad y Torres tuvo que ver algunos partidos desde el banquillo. «El primer año, yo choco con lo que es la realidad del fútbol, de un equipo grande, y, como tal, un equipo que no te espera. Estás o no estás. En el año que hay que ascender no tiene tiempo para darle minutos y partidos a un chico que no está preparado, porque el objetivo es más importante que las individualidades», reconocía después el propio futbolista en Movistar hablando de una situación que fue complicada para él. Tanto es así que, según recuerdan algunos compañeros, el por aquel entonces adolescente vivía en un constante estado de cabreo con el entrenador: no soportaba algunas de las actitudes que Aragonés tenía con él porque consideraba que lo estaba apretando demasiado. En esos momentos, todavía no se estaba dando cuenta de que lo que hacía era educarlo y protegerlo. Un claro ejemplo fue lo sucedido el 20 de abril de 2002 en el campo del Polideportivo Ejido, cuando Torres recibió una amarilla a los diez minutos y desde entonces comenzó a recibir estopa del rival para que explotara e incluso estuvo implicado en una tangana que buscaba su segunda tarjeta. Luis no tardó en reaccionar y lo sacó del campo en el minuto 42. En ese momento, el delantero no entendió la decisión y anduvo enfurruñado durante una semana, pero más tarde lo comprendió todo: su técnico, al que él consideraba un «abuelo» cascarrabias, lo estaba salvando.

En palabras del propio Torres, uno de los legados que le dejó Luis fue enseñarle todo lo que iba a venirle después, cuando él ya no estuviese. El entrenador sentía un cariño especial por el futbolista y quiso ayudarle en esos pasos que iba a dar en las siguientes etapas de su carrera. Tanto es así que el propio jugador reconocía estando ya en otros equipos que vivió situaciones para las que Aragonés le había preparado en aquellas charlas que mantuvo con él en el Atlético de Madrid. «Esto es lo que me quería decir Luis cuando tenía diecisiete años y me llamaba a la habitación para hablar conmigo; yo, en ese momento, no lo entendía». Eran charlas que, además de tratar sobre aspectos futbolísticos («Usted olvídese de hacer mangonetas, usted goles, goles»), también le abrieron los ojos en otros aspectos, como la forma en que tenía que ser su relación con los medios de comunicación, que buscaban estos de él o qué mensajes tenía que dar en ruedas de prensa y entrevistas. Después de una primera temporada de aprendizaje que terminó con el ascenso a primera división, cuando Luis Aragonés y Fernando Torres se encontraron en el campo de entrenamiento en verano de 2002, la actitud del técnico era distinta. Tanto es así que, cuando le saludó con un «¿Qué tal, Fernando? Bienvenido», era como si hablase con un jugador nuevo. Con estas palabras, quería transmitirle que ya le aceptaba como miembro del primer equipo y no como un canterano que tenía que hacer méritos para ganarse su confianza. Lo había conseguido.

Por eso, cuando España tuvo la oportunidad de volver a lograr un título, más de cuatro décadas después, el ya seleccionador Luis Aragonés tuvo claro que el hombre clave para el éxito iba a ser Fernando Torres. En aquella Eurocopa 2008, el delantero era un futbolista diferente, mucho más maduro y que quizá estaba en el mejor momento de su carrera. La final frente a Alemania, un inolvidable 29 de junio, fue un momento especial para los dos, para profesor y alumno, pues no habría más posibilidades de jugar una final con uno en el banquillo y el otro en el césped.

Así, después de dar la charla técnica al equipo previa a la final, Luis cogió del brazo a Fernando en un pasillo y se lo llevó aparte. Faltaban apenas unos minutos para el pitido inicial y el míster colocó al delantero contra la pared y se puso cara a cara con él. «Es nuestro momento, Niño. Va a salir usted ahí fuera, va a marcar dos goles y vamos a ser campeones», le soltó mirándole a los ojos antes de hacerle la señal de la cruz en la frente y dejarlo ir. Y fue precisamente él, aquel futbolista al que el técnico conoció siendo un chaval y terminó siendo una estrella, el que anotó el tanto de la victoria de la segunda Eurocopa para España. El círculo se había cerrado.

22

«Dígale al negro»

Octubre de 2004. Hace apenas tres meses que Luis Aragonés ha sido nombrado nuevo seleccionador nacional y el equipo prepara el choque ante Bélgica de la fase de clasificación para el Mundial que se va a disputar el día 9. De repente, las cámaras se centran en el entrenador, que llama a José Antonio Reyes mientras el resto de los jugadores sigue entrenando. Luis se acerca a él a la vez que va subiendo el tono de voz: «¡Reyes, venga usted aquí! Al negro no le dice nada y tal. Juegue por su cuenta y dígale: "¡Soy mejor que usted! ¡Me cago en su puta madre, negro de mierda! ¡Soy mejor que usted!"».

Mientras habla, el técnico se acerca al futbolista, lo encara y está cada vez más próximo hasta ponerse nariz con nariz. La única respuesta del internacional es seguir dando toques al balón como el resto de sus compañeros; comienza a recular, si bien esto no frena el ímpetu del entrenador, quien sigue con su particular ejercicio de motivación. José Antonio Reyes defiende los colores de un Arsenal en el que está a la sombra del internacional francés Thierry Henry, y el de Hortaleza quiere dejar bien a las claras al utrerano que se trata de un futbolista fantástico, desequilibrante y de tanto nivel como lo puede ser su compañero en Londres. Las imágenes están en todas las televisiones apenas unas horas después. Concluida la escena, el entrenamiento, y después de pasar por la ducha, el propio Reyes comparece en rueda de prensa y con una sonrisa en la cara resta importancia y opta por el humor para definir lo sucedido: «He bailado pegado al míster. Ha sido un momento de cachondeo, de pasarlo bien, pero nada importante. Era un instante en el que el equipo se relajaba en un día que va a ser duro. Son cosas del equipo que deben quedar en el entrenamiento. Luis y yo sabemos a quién se refiere y ahí queda. Estaba chillando de cachondeo».

Lo ocurrido no se queda en el césped. Todos los que conocen a Luis saben que no es una persona racista y que la charla con Reyes tiene como único objetivo azuzar al atacante para que muestre su mejor versión y dé un paso al frente. Una charla de fútbol que debe quedarse ahí. Pero todo se descontextualiza: cuando trascienden las imágenes fuera de nuestras fronteras, en algunos países como Inglaterra o Francia se habla de una actitud racista de un Aragonés que tiene que salir al paso para dejar bien a las claras: «Soy ciudadano del mundo. No he querido molestar a nadie, simplemente le he hecho un comentario a Reyes para motivarle». El seleccionador insiste en este tema apenas unas semanas después, cuando España se enfrenta a Inglaterra y apunta: «El problema del racismo es cuestión de conciencia, y la mía está tranquila. Esto lo han dicho bastantes negros. Soy ciudadano del mundo. Mi profesión me ha llevado a adaptarme a cualquier región y tengo muchos amigos negros». Samuel Eto'o, que ha estado a las órdenes del propio técnico, también sale al paso para defender al entrenador: «No creo en las palabras racistas de Luis Aragonés. Si hay una persona que no es racista es Luis. Si una persona defiende a los negros, es él». De hecho, el camerunés habla incluso con el propio Henry: «Le expliqué lo que le tenía que explicar y me entendió. Le dije que puede estar tranquilo porque el abuelo no es lo que podía parecer, que yo sé bien cómo es y que sus palabras no eran para hacer daño».

Apenas unos días después de los hechos, el Comité Español de Disciplina Deportiva (CEDD) emite una resolución por la que considera una «falta muy grave» las manifestaciones del técnico y le sanciona con tres mil euros. La reacción que genera este episodio y las críticas recibidas por Aragonés hacen mella en la figura del entrenador, que pasa un momento tremendamente complicado, quizá uno de los más dolorosos de su trayectoria profesional, pues considera que se le está tildando de algo que no es, lo cual supone una notable injusticia. Hay que esperar más de dos años, concretamente hasta febrero de 2007, para que un tribunal de apelación anule la sanción. Pero el daño ya está hecho…

23

El perfume

Domingo 11 de marzo de 2001. Barcelona. El Real Mallorca estaba siendo una de las sensaciones de la temporada. Hablar del equipo bermellón era hacerlo de una escuadra alegre y vistosa que sembraba el pánico allá por donde iba y era capaz de endosarle un 0-2 al Real Madrid, ganar en Anoeta a la Real Sociedad o empatar en Riazor frente a un Deportivo de la Coruña que había sido campeón el curso anterior. Por eso, cuando los de Luis Aragonés viajaron a la ciudad condal para enfrentarse al F. C. Barcelona en la vigesimosexta jornada, en el Camp Nou se temieron lo peor. Se puso por delante el equipo balear con un tanto inicial de Rivaldo en propia puerta, y, pese a que finalmente los azulgranas lograron igualar el marcador desde el punto de penalti, Luis Aragonés quedó tremendamente contento con el juego y el resultado que habían cosechado los suyos, que cerraban la jornada en puestos europeos y seguían asombrando a propios y extraños. En estas circunstancias, después de haber bajado las pulsaciones del partido y cenar, el Sabio se quedó con un grupo de periodistas junto a la recepción del hotel Apolo y comenzó a recordar varios episodios de su vida, según contaba Tomeu Maura, presente en el encuentro.

Aquella noche, Luis habló de Jesús Gil y de Paulo Futre,

también lo hizo del brasileño Romário. Las historias se iban sucediendo, el técnico estaba cómodo, mostró su arrolladora personalidad salpicando vivencias con anécdotas y se ganó a todos los presentes, que escuchaban boquiabiertos disfrutando entre risas de todo lo que les contaba. De repente, la escena se vio interrumpida por el timbre característico que anunciaba la llegada de un ascensor a la planta baja. Cuando se abrieron las puertas, el olor a perfume se apoderó de la estancia y provocó que los presentes se dieran la vuelta para ver a quién correspondía. En ese mismo instante, emergió del ascensor Carlos Domínguez, Carlitos, delantero que esa temporada no estaba disfrutando de demasiadas oportunidades debido a la presencia de Albert Luque y Samuel Eto'o en el ataque. Pese a que no había tenido ni un minuto, el sevillano bajaba desde su habitación vestido de punta y blanco, y todo hacía indicar que quería celebrar el empate como la situación merecía.

Cuando dio el primer paso para salir de ascensor y su mirada se cruzó con la de Aragonés, Carlitos palideció. Tras esto, dudó por unos instantes mientras el técnico clavaba sus ojos en él. Un «tierra, trágame» de manual. Hacía apenas unos segundos que Luis había soltado un chiste acerca de su primer encuentro con Jesús Gil que había causado una carcajada general, pero su rostro cambió radicalmente cuando vio al futbolista de esa guisa y se puso en tensión.

«¿Qué es lo que quiere, Carlos?», soltó Luis en tono áspero. El delantero miraba a su alrededor, tragaba saliva y hubiera dado dinero por desaparecer en ese mismo instante, pero no fue así y tuvo que contestar a su entrenador. Lo hizo después de unos segundos que le debieron parecer eternos y en los que las ideas se multiplicarían en su cabeza. Así, lo primero que se le ocurrió soltar tras un balbuceo, casi entre susurros, fue un: «Es que me he quedado sin agua y venía a buscar una botella».

EL PERFUME

No fue la única vez que Carlitos tuvo sus más y sus menos con Luis. El que fuera portero del Real Mallorca, Carlos Roa, recordaba en el canal de YouTube *Ídolos* que el delantero llegaba tarde a los entrenamientos de vez en cuando y que, en cierta ocasión, el técnico le dijo que tenía que ser el primero en llegar y le puso una multa. Al día siguiente, el andaluz llegó con una bolsa de patatas enorme llena de monedas para pagar la sanción y le dijo al técnico: «Aquí tiene, hostia», mientras se la tiraba. Aragonés se tomó con humor la ocurrencia del futbolista y su única respuesta entonces fue la risa.

En esta ocasión, la situación era distinta. La mirada de Luis Aragonés seguía clavada en los ojos del futbolista y ni le contestó. Carlitos avanzó hasta la barra del bar y allí pidió una botella de agua, que recogió antes de darse media vuelta y volver a entrar en el ascensor del que había salido apenas un par de minutos antes. Pese a que la fragancia de su perfume se quedó durante bastante más tiempo en la sala, el delantero no volvió a aparecer por la recepción en toda la noche, al igual que ninguno de sus compañeros.

24
A la mierda

19 de noviembre de 1991. Luis Aragonés había regresado al Atlético de Madrid para afrontar su tercera etapa en el banquillo rojiblanco y el equipo arrancó como un tiro. Con ocho victorias en las diez primeras jornadas de liga, la pelea por la cabeza con el Real Madrid era apasionante; después de una victoria en el Vicente Calderón frente al Tenerife, el foco estaba puesto en la visita al Ramón de Carranza para enfrentarse al Cádiz.

Pese a los buenos resultados en la competición doméstica, la acumulación de partidos comenzaba a notarse y había síntomas de agotamiento. Había varios frentes abiertos y el mes de octubre resultó complicado con la disputa de la Supercopa frente al F. C. Barcelona y la ida de los octavos de final de la Recopa ante nada menos que el Manchester United de Alex Ferguson. Los jugadores decían que al desgaste físico había que sumar también el psicológico, y lo cierto es que comenzaba a hacerse evidente que el Atleti no ejercía la presión sobre el rival que cabría esperar y algunos futbolistas mostraban evidentes síntomas de falta de concentración. Luis Aragonés se desmarcaba de cualquier análisis de este tipo y respondía ante la prensa: «Usted, que es el especialista, es el que debe analizar si existe o no bajón en el Atlético. Que entren al trapo los jugadores, que parece que tienen doce años, vale. Pero yo no». Un dato era irrefutable: habían pasado apenas dos meses y medio desde el inicio de la temporada, pero eran ya dieciséis los partidos disputados, por lo que mantener la misma tensión que en los primeros compases resultaba complicado.

El Atleti entrenaba aquel martes en las instalaciones del colegio Amorós y a Luis no le gustaba lo que estaba viendo. Después del típico calentamiento, dividió a su plantilla en dos para disputar un partidillo en el que, insistía, todos los futbolistas debían presionar con fuerza. «Se juega como se entrena», señalaba el Sabio mientras daba órdenes acerca de cómo ejecutar la presión. Sin embargo, no todos parecían hacer el mismo caso a Aragonés, pues Bernd Schuster cazcaleaba perdido por el campo, sin ganas, y perdía el balón constantemente ante sus compañeros.

Luis explotó tras el enésimo robo al centrocampista alemán y le insistió a gritos en que no se estaba esforzando como debía: «Joder, alemán, ya está bien. ¿Se puede saber qué coño le pasa hoy con el chanfle?». La respuesta del futbolista, tal y como recordaba en sus memorias, fue lanzar un balonazo lleno de rabia contra la pared y volverse de espaldas. El tono de Luis iba subiendo e insistió: «Si no tiene ganas se va, ¿eh?». Sin embargo, los fallos de Schuster —ya de un visible mal humor— se seguían acumulando hasta que el técnico estalló definitivamente y, según recogieron las crónicas de la época, le chilló: «Váyase a la ducha, váyase a la mierda».

A sus treinta y dos años, Bernd Schuster estaba disputando su segunda temporada en el Atlético de Madrid y venía de ser una pieza vital la temporada anterior. Sin embargo, desde su renovación en abril de 1991 —demandada incluso por Paulo Futre—, el de Augsburgo había sufrido un importante bajón en su rendimiento. Aragonés conocía su carácter tras haberlo tenido a sus órdenes en el F. C. Barcelona; el objetivo era atar en corto al futbolista, quien después de la orden abandonó el césped, cogió su coche y se marchó sin hacer ninguna declaración. Sí que habló el propio Luis, que quitó hierro al tema: «No ha pasado nada con Schuster. Se fue del entrenamiento porque yo se lo mandé. No estaba entrenándose como yo quería. En estas ocasiones, los jugadores necesitan un descanso. No hay más que hablar de este asunto».

El presidente Jesús Gil, otro tipo de carácter volcánico, quiso ponerse de perfil en este rifirrafe y dejaba bien a las claras que no había ningún problema: Bernd Schuster se entrenaría al día siguiente con total normalidad y, pese a que había intentado contactar con él, tan solo pudo hacerlo con su mujer, pues el jugador no quiso hablar con nadie. ¿El motivo? Estaba un poco molesto porque no le había gustado que el entrenador le dijera esas palabras delante de los periodistas. «Discuten los que trabajan. Yo no me puedo meter en estas cuestiones. Lógicamente, si la cosa fuera a más, la resolvería, porque es mi obligación, pero me niego a crear unas circunstancias preocupantes mientras no existan de verdad. Son dos personalidades fuertes y hacen bien en enfadarse», concluyó el máximo mandatario.

Pese a que muchos dudaron de que esto pudiera suceder debido al temperamento de ambos, finalmente la cosa no fue a mayores y Bernd Schuster siguió siendo intocable para Luis Aragonés en sus onces. La aportación del alemán fue vital para que el equipo peleara por la liga con F. C. Barcelona y Real Madrid hasta las últimas jornadas. Y suyo fue el sensacional tanto que abrió la victoria en la final de la Copa del Rey, precisamente ante los blancos, sobre el césped del Santiago Bernabéu.

25

El Porsche de Dani

Dani Carvalho enmudeció al Vicente Calderón un miércoles 19 de marzo de 1997. Atlético de Madrid y Ajax se disputaban un sitio en las semifinales de la Liga de Campeones después de empatar a uno en Ámsterdam. Transcurría la prórroga del partido de vuelta cuando el portugués recogió un balón huérfano al borde del área y se sacó de la chistera un sensacional golpeo que sobrepasó a Molina para alojarse en el fondo de la portería. Luego marcó Pantić, y Babangida puso el último clavo en la tumba rojiblanca, pero el que dejó a todos alucinados aquella noche fue ese futbolista con cara de modelo y alma de estrella de cine.

Considerado por muchos el heredero de Paulo Futre, el jugador dio sus primeros pasos en el Sporting de Portugal, pero los focos de la fama lo deslumbraron y nunca terminó de explotar como se esperaba. Llegó a Inglaterra, los tabloides titularon: «Encierren a sus hijas en casa. Dani está aquí», y pasó por las filas del West Ham, donde el técnico Harry Redknapp señaló el día de su presentación: «A mi señora le gusta. Incluso yo no sé si ponerlo a jugar o follármelo». Su siguiente destino estuvo en Holanda, donde aparte del recordado partido ante el Atlético de Madrid, no dejó demasiados destellos sobre el césped. Sí lo hizo fuera, según recordaba el propio futbolista aludiendo al momento en que su entrenador intentó que aprendiera holandés: «Van Gaal decidió contratar a una rubia para que me enseñara, para que pudiera emocionarme con el holandés. Un día entró en la habitación y nos sorprendió cenando. Se fue diciendo: "Me rindo, me rindo"». Tras un regreso fugaz a su país para incorporarse a un Benfica en el que estaba José Mourinho y donde duró cinco partidos, su carrera agonizaba.

Tenía apenas veinticuatro años, estaba completamente quemado y su representante, José Veiga, lo ofreció a prácticamente todos los clubes hasta que Paulo Futre, por aquel entonces director deportivo del Atlético de Madrid, asumió el reto de recuperar a su compatriota. Era enero de 2001, el equipo rojiblanco estaba en segunda división y la primera reacción de Jesús Gil ante el posible fichaje fue gritar a Futre: «Pero ¿estás loco? ¿¡Quieres convertir el Calderón en una casa de putas!?». Finalmente, el presidente aceptó, pero con una condición: «A la más mínima oportunidad que este *playboy* empañe la imagen del club, os corto la cabeza a los dos». Y lo cierto es que Dani rindió. Por eso, después de unos primeros meses en nuestro país a las órdenes de Marcos Alonso y Cantarero, Luis Aragonés apostó por él como una pieza importante la temporada 2001-2002. Pero si algo tenía claro el Sabio es que no iba a dejar que el díscolo jugador se le escapara de las manos. Tal y como recordaba el propio futbolista en *Relevo*, hubo un entrenamiento en el que, cansado de no recibir el balón, decidió no correr. Luis, muy pendiente de la situación, no dudó en gritarle desde el otro lado del campo: «¡Dani, si no se mueve, va a pasar un perro y le va a mear encima!». El luso alternaba buenas actuaciones sobre el césped con unas juergas antológicas por la noche, por lo que incluso Futre tuvo que tomar medidas. El director deportivo descubrió que su compatriota había estado bailando sobre la mesa de un local de

EL PORSCHE DE DANI

moda a las 6.30 de la mañana en condiciones no demasiado deseables días antes de un partido y lo llamó a su despacho. Una vez allí, sacó una pistola de su escritorio y le gritó: «¿Qué rodilla quieres, la derecha o la izquierda?», mientras apoyaba el cañón en una de sus piernas.

El propio Aragonés, según recordaba Iván Castelló en su magnífico *Salvaje*, mandó circular con su Porsche al futbolista durante cuatrocientos kilómetros detrás del autocar del equipo camino de Castellón después de haber llegado tarde a la convocatoria. De hecho, antes de terminar la temporada, Luis le comunicó a Futre que no contaba con Dani para la 2002-2003. ¿El motivo? Concluida la jornada trigésima octava del campeonato, en la que el Atleti cerró matemáticamente el ascenso a primera división, el técnico dio un par de días de descanso a sus jugadores. Cumplido el plazo, Dani no apareció en el entrenamiento. No respondía a los mensajes, su móvil estaba apagado, no lo encontraron en su casa y ni sus padres tenían noticias de él. Nadie sabía nada y comenzó a cundir el nerviosismo hasta que, tres días después de la fecha fijada, el portugués se presentó. Y es que el domingo anterior, tras celebrar el ascenso como la ocasión merecía, Dani intimó con una mujer famosa. Desde aquella noche había estado con ella y, según reconoció, tan solo había ido a entrenar porque ella salió para irse a trabajar. «De lo contrario, todavía estaría allí con ella», le señaló a Futre. Pese a que no salió del Atlético de Madrid ese verano de 2002, su participación en primera división fue anecdótica: únicamente disputó ocho partidos, fue titular solo en uno y acabó retirándose cuando todavía tenía veintiséis años, «enfadado con el fútbol».

26

Cuestión de códigos

Campeón de la Copa del Rey en 1991 tras imponerse en la final al Real Mallorca con el recordado gol de Alfredo Santaelena en la prórroga, el Atlético de Madrid disputó la Recopa de Europa el curso 1991-1992. Después de doblegar al modesto Fyllingen con un marcador global de ocho goles a dos, el rival en los octavos de final fue ni más ni menos que el Manchester United de Alex Ferguson. Era la época en la que Alejandro Sanz triunfaba con su «Pisando fuerte» y REM acumulaba seguidores en España con «Shiny Happy People». El Atleti dejó encarrilada la eliminatoria ya en el Vicente Calderón con un rotundo 3-0 en el que brilló el portugués Paulo Futre, autor de dos tantos y protagonista de uno de los mejores partidos de su carrera profesional, como él mismo ha reconocido. La vuelta en Inglaterra era un trámite, pero el equipo volvió a mostrarse sólido y apenas pasó apuros en un partido que terminó con 1-1. El dueño del lateral zurdo en aquel partido fue el cordobés Toni Muñoz, futbolista que aterrizó en 1989 para defender los colores del filial. Había sido importante en el final de la temporada anterior para Tomislav Ivić ya en el primer equipo y arrancó contando con minutos a las órdenes de Luis Aragonés. Fue precisamente el Sabio quien lo reconvirtió en lateral después de años como interior.

A la sombra de un Miquel Soler que había sido titular en las primeras ocho jornadas de liga, la actuación de Toni en el carril zurdo de Old Trafford aquel 6 de noviembre parecía abrirle de par en par las puertas de la titularidad con vistas al siguiente partido que iba a jugar el Atleti. Concretamente, en la visita al Luis Casanova para enfrentarse al Valencia de Guus Hiddink. Todos los caminos conducían a esta situación, aunque esta finalmente no se produjo. Y es que apenas un par de días después de volver de Inglaterra, con el equipo ya concentrado en Valencia para enfrentarse al club de la capital del Turia, Luis Aragonés apareció junto a Iselín Santos Ovejero en la habitación que compartían Toni Muñoz y «el del humor inglés», como cariñosamente el técnico se refería a Roberto Solozábal.

Después de entrar en la habitación, se sentó junto a ambos futbolistas y les preguntó: «¿Qué tal estáis?». A continuación, interpeló al propio andaluz, al que se acercó un poco más para interesarse: «¿Y usted?». «Yo bien, míster», acertó a responder el futbolista que en aquellas fechas apenas contaba con veintitrés años. Sin apartar la mirada de él, Luis lanzó un mensaje que sorprendió al lateral: «Usted mañana no va a jugar. Pero siga así, que no pasa nada». En aquel momento, Toni no entendió muy bien la explicación de Aragonés y la aceptó sin ningún problema. Tuvo que pasar un día para que comprendiera el motivo de la visita inesperada a su habitación aquella noche en Valencia: Miquel Soler había sido seleccionado por Vicente Miera para que defendiera los colores de la selección en el partido que enfrentó a España frente a Checoslovaquia el miércoles 13 de noviembre y Luis consideraba que tenía que darle ese partido. Lejos de enfadarlo, aquel gesto de Luis Aragonés, esa charla cuando no tenía ninguna razón para darle explicaciones, llenó de confianza a Toni con respecto a la labor de su técnico, pues vio su capacidad para manejar los tiempos a la perfección. Cuestión de códigos. Fue una situación que tampoco olvidó Roberto Solozábal, que asistió a aquella charla como espectador y que siempre destacó que consideraba a Luis una persona «muy honesta». El central recordaba en Movistar que Luis se acercó a la habitación «para pedir perdón porque al día siguiente no iba a jugar de titular, pues al jugador que estaba peleando por el puesto, que también tenía mucho nivel, le había llamado el seleccionador. Y él tuvo los santos cojones de decirle que él, en condiciones normales, hubiera jugado, pero que tampoco quería hacerle el feo al compañero, al que había llamado la selección, y no ponerle». El por aquel entonces imberbe futbolista, y más tarde capitán, quedó impactado por lo que hizo el entrenador, ya que para él fue «un detallazo de honestidad y de valor, porque no tenía por qué decírselo».

A lo largo de las once temporadas en las que defendió los colores del Atlético de Madrid, Toni Muñoz logró tres Copas del Rey, alcanzó una histórica liga en 1995-1996 (en la que fue pieza clave), y habría que tener una memoria de elefante para recordar todos los entrenadores que le tuvieron a sus órdenes mientras se dejó el alma por la camiseta rojiblanca. Sin embargo, si hay una figura a la que el de Córdoba nunca ha olvidado, ha sido la de Luis Aragonés, al que ha definido como «el entrenador que más ha influido en mi carrera, tanto en mi carácter como en mi personalidad en el terreno de juego. Él nos cambió el chip, era muy directo, de los mejores que he tenido y el que más me ha enseñado. Lo hacía con sus formas, pues era un tipo peculiar y que tenía sus cosas, pero a mí me marcó para bien. Me encantaba su exigencia, como cuando llegaban los partidos y te decía, jugaras o no jugaras, que siguieras...».

27

¡Guapo!

Aquel 15 de mayo de 1974, el Atlético de Madrid tenía la oportunidad de levantar su primera Copa de Europa. Después de dejar por el camino a Galatasaray, Dinamo de Bucarest, Estrella Roja y Celtic de Glasgow, el rival en la final fue el Bayern Múnich, con el que se iba a enfrentar en el estadio Heysel de Bruselas. En el cuadro germano destacaba la figura de Franz Beckenbauer, futbolista que reinventó la posición de líbero, referente tanto de su equipo como de la selección alemana y que a lo largo de su carrera profesional logró más de veinte títulos colectivos y un buen puñado de individuales entre los que destacaron dos Balones de Oro. Luis Aragonés era sabedor del excepcional nivel que atesoraba el futbolista germano en sus botas, su incidencia en el juego y todo lo que podía aportar, motivo por el que dedicó buena parte de aquella final a hacerle guiños, tirarle besitos y llamarle «guapo». Beckenbauer se limitaba a observar los gestos del 8 rojiblanco, pero no reaccionaba. «El tío me miraba y seguía a lo suyo. No movía un músculo», reconocía Luis cuando recordaba aquella escena.

Lo cierto es que el bueno de Franz no hizo demasiado en aquel partido; se llegó a una prórroga en la que el propio Zapatones se sacó de la chistera un lanzamiento de falta sensacional que celebró incluso antes de que el balón besase la red.

Quedaban apenas seis minutos y era el tanto que valía un título hasta que apareció Schwarzenbeck, compañero en la defensa del «guapo» Beckenbauer, y que soltó un latigazo prácticamente desde su casa cuando el tiempo estaba a punto de consumirse: empate en el marcador. No hubo tanda de penaltis y las tablas llevaron a un partido de desempate que no tuvo demasiada historia: el golpe anímico y el poderío físico alemán se impusieron y el Atlético de Madrid se quedó sin levantar un título que mereció. Pasaron muchos años y la espina seguía clavada. De hecho, José Antonio Martín, *Petón*, apuntaba en un lejano 2014 que Luis «se reprochó, hasta el final de sus días, que esa final no se gana por él. "Después del gol tenía que haberme ido a hacer cositas y parar el partido, a tocar el culito a Schwarzenbeck..."». En esto insistía también Enrique Ortego, que recordaba unas palabras del propio Aragonés en las que reconocía que: «Gárate se quedó a hacer lo que yo tenía que hacer, pero Gárate era muy bueno, muy noble, no tenía mala intención, y cuando le quitaron el balón se quedó... A mí, posiblemente no me hubieran quitado el balón, y si me lo hubieran quitado ya hubiera hecho yo algo».

Recordaba también Ortego que, más de treinta años después, Luis Aragonés y Franz Beckenbauer volvieron a verse las caras. En esta ocasión fue en el casino de la calle Alcalá, el 1 de febrero de 2006, donde el alemán llegó como presidente del Comité Organizador del Mundial que se iba a celebrar en su país y recibió un afectuoso saludo de Luis, que le preguntó si se acordaba de él. Evidentemente, la respuesta fue un sí rotundo, situación tras la que Aragonés le recordaba por medio de un intérprete y una serie de gestos lo sucedido en Bruselas: «Usted era muy bueno, nunca vi a nadie jugar al fútbol con tanta elegancia como usted. Yo le admiraba, y por eso antes del partido, cuando nos dirigíamos hacia el campo, le tiré cuatro o cinco besos... y le llamé «guapo». Coño, es que es guapo...

Intenté saber si usted se ponía nervioso alguna vez y se descontrolaba, pero no me hizo ni caso...». Beckenbauer parecía no recordar el hecho y se limitaba a mirar, asentir y sonreír, aunque lo que no se le había olvidado era la maestría de Luis Aragonés para los libres directos: «El que nos marcó en la final fue maravilloso..., casi nos gana el partido». El Atlético de Madrid perdió aquella final de 1974 y, cosas del destino, levantó la Intercontinental un año después con Luis Aragonés en el banquillo. Sin embargo, aquella derrota y cómo se produjo marcaron al Sabio, quien hizo célebre aquella frase de «Las finales no se juegan, las finales se ganan».

28

Expulsión

No tuvo un buen inicio de curso el Real Mallorca en la temporada 2000-2001. Todo acabó con la clasificación del equipo para la Champions League, pero no se lograron los resultados esperados en los primeros partidos; después de las cuatro primeras jornadas, ya se sumaban tres derrotas y un empate. La situación no era para tirar cohetes, algunos empezaron a verle las orejas al lobo y ya se hablaba de urgencias. Se ganó en casa al Racing de Santander en la quinta jornada, pero el equipo estaba en el fondo de la tabla y el siguiente rival era nada menos que el Deportivo de la Coruña, que venía de salir campeón en la temporada anterior y tenía en Riazor un estadio del que era prácticamente imposible sacar algo positivo. Era el 21 de octubre del año 2000, *La fiesta del Chivo*, de Mario Vargas Llosa, y *La carta esférica*, de Arturo Pérez Reverte, eran los libros más vendidos en nuestro país, mientras los Valerón, Djalminha, Donato, Tristán y compañía aspiraban a todo con Javier Irureta a los mandos. El Mallorca, por su parte, se presentaba como una víctima propiciatoria para una nueva victoria de los gallegos y que estos pudieran mantenerse en la pelea con el Real Madrid en la cabeza de la tabla. El Dépor jugaba apenas tres días después frente al Panathinaikos en la Champions League, por lo que Jabo reservó a algunas piezas para el partido. Sin embargo, esto no era obstáculo para que se convirtiera en claro dominador del partido prácticamente desde los primeros compases e incluso fallara un penalti en la primera mitad por medio de Víctor. Fue así como el choque llegó al minuto 74, momento en que el balón salió por la línea de banda en una jugada aparentemente inocua y Luis Aragonés comenzó a protestar con insistencia al árbitro del partido, Rodríguez Santiago.

El colegiado se dirigió hacia el técnico y lo amonestó con una tarjeta amarilla, pero las quejas de Aragonés fueron a más hasta que recibió una segunda cartulina y fue expulsado. En el resumen televisivo, Joaquín Ramos Marcos no entendía nada y se preguntaba qué le diría Luis al colegiado, antes de añadir: «Discutió mucho un fuera de banda. ¿Cómo puede ser que un entrenador como Luis, alguien de su experiencia, haga esto?». Algo similar ocurrió con los propios jugadores del Real Mallorca, tal y como explicó años después Vicente Engonga en el canal de YouTube *Kaiser*: «Hay un momento, cuando faltan quince o veinte minutos en que él empieza a protestar. Nosotros pensando: "Este hombre se ha vuelto loco. ¿Qué le pasa ahora?". Sigue protestando, llega el árbitro y lo echa. Nosotros en el campo, le mirábamos pensando: "¿Qué le pasa?". Porque no estaban ocurriendo situaciones extrañas. Era como que se había vuelto loco. Hasta que el árbitro lo echó. Y antes no te echaban tan fácilmente como hoy en día...». Tras la expulsión, el entrenador visitante vio el resto del partido desde el túnel y no se perdió nada de lo que pasó en el terreno de juego. Fue precisamente desde su nueva posición desde la que observó una notable mejoría de los suyos, pues, pese a que recibieron un tanto en contra prácticamente unos minutos después, supieron sobreponerse del varapalo, mostraron una mayor intensidad que su rival, se aferraron al partido y lo empataron a falta de cinco minutos para el final gracias a un gol de Albert Luque.

Cuando en la rueda de prensa le preguntaron sobre lo acontecido, Aragonés afirmó: «Es difícil que pierda los nervios. Lo único que hice fue protestar reiteradamente, pero no le dije nada fuerte», si bien toda esta actuación podría haber tenido una razón mucho más simple que una falta de acuerdo con una decisión arbitral. El propio Engonga recordaba que Luis estaba esperando a sus futbolistas en el túnel cuando terminó el choque, y mientras se dirigían a los vestuarios les espetó: «Han ganado porque he querido yo, porque me han echado. Si no me llegan a echar, no reaccionan. Son ustedes unos...». La argucia de Aragonés sirvió para activar a los suyos. El equipo logró un punto importantísimo en Galicia ante uno de los gallitos de la competición, pero significó mucho más. El chute de adrenalina fue el disparo de salida para una importante racha de cuatro victorias consecutivas, entre las que se encontraron un 2-0 frente al F. C. Barcelona en Mallorca, donde Luis vio el encuentro desde la grada debido a su sanción, o un 0-2 en el Santiago Bernabéu ante el Real Madrid de Vicente del Bosque. De hecho, desde ese punto en Riazor, el Real Mallorca tan solo perdió uno de los siguientes diecisiete partidos oficiales, dejando bien a las claras que aquel empate, que a muchos les pareció insignificante, resultó vital para cambiar la historia de una entidad que al año siguiente disputó la máxima competición continental.

29

¡Que sales!

Fue el 6 de septiembre de 2007 cuando se produjo la catástrofe. A sus treinta años, y después de una carrera profesional que incluyó equipos como Pontevedra, Caudal, Pájara Playas de Jandía, Alcorcón o Atlético Pinto, hacía apenas unas semanas que el asturiano Juan Luis Hevia había fichado por el Oviedo, el equipo de su tierra. ¿El objetivo? Sacar al club de tercera división y devolverlo al lugar que le correspondía por historia. Sin embargo, el futbolista tan solo pudo disputar un partido, pues apenas unos días después de la primera jornada llegó la fatídica acción en un entrenamiento. Concretamente, en un partido de tres para tres en espacios reducidos organizado por el técnico, el Lobo Carrasco. Era una mañana de jueves soleada y el césped estaba mojado en la ciudad deportiva de El Requexón cuando Juan Luis entró al cruce en un balón dividido, se le fue la pierna de apoyo, que quedó totalmente estirada con el peso apoyado, y recibió el golpe en la tibia de un compañero que terminó provocándole una luxación completa de la rodilla derecha. Tras el sonido sordo del crujido, los gritos del futbolista, que se tocaba la pierna y no la sentía de rodilla para abajo, se convirtieron en la tétrica banda sonora de una película de terror.

Testigo de lo que había ocurrido, el fisio no tardó en llegar y llamar a la ambulancia. Había riesgo de trombo e incluso peligraba la vida del futbolista, que cuando llegó al Hospital Central de Asturias tuvo que ser sedado para que pudiera aguantar los dolores. Cuando se despertó, el de Sama de Langreo tenía la pierna vendada después de la operación y el médico le dio la enhorabuena: en el noventa por ciento de los casos, este tipo de lesiones conlleva una amputación. Tendría que quedarse unos días en el centro para que los especialistas tomaran el pulso de la pierna cada tres horas y ver su evolución. El shock fue tan brutal como inesperado.

Pasaron unos días y el jugador seguía en el hospital intentando digerir lo que había pasado y dando vueltas a su futuro cuando por allí emergió la figura de Luis Aragonés. El por aquel entonces seleccionador estaba en la ciudad con motivo del choque que iba a enfrentar a España con Letonia en la fase de clasificación para la Eurocopa de 2008, se enteró de lo que había ocurrido con el futbolista del Oviedo y se acercó al hospital para darle ánimos. El propio Juan Luis recordaba tiempo después lo sucedido en una entrevista en *Relevo*: «Nadie me avisó. Recuerdo que una tarde se abre la puerta y entra un cámara. El compañero de habitación me mira. Nos quedamos asustados. De repente, un fotógrafo, gente de la Federación Española de Fútbol... y Luis. Fue muy emocionante. Sabemos lo que representaba para el fútbol español y no tenía necesidad de ir a ver a un chaval que se ha lesionado. No pude articular palabra». La charla motivadora de Luis, muy famosa en YouTube, no tenía desperdicio, y en ella el técnico gritaba al futbolista postrado en la cama: «Pero... yo he visto a Martín Esperanza curarse de esto que tienes tú, ¡eh!... ¿Me escuchas? ¿Eh? Te voy a hablar fuerte. ¡Que sales adelante, eh! ¡Que sales! Que te lo digo yo, he visto a Martín Esperanza y algún otro jugador peor, y sales adelante. Ahora, con temperamento, con tal, ¿eh? ¡Venga!». Puro Luis.

¡QUE SALES!

Aragonés conoció a Martín Esperanza cuando ambos eran futbolistas del Real Betis y fue testigo de cómo una lesión casi lo aparta del fútbol. Fue en un choque frente al F. C. Barcelona en la temporada 1961-1962, cuando se partió los ligamentos y muchos dieron su carrera por acabada. Sin embargo, Martín Esperanza logró sobreponerse después de varios meses de calvario, terminó jugando varias temporadas más en primera división y brilló, sobre todo, en las filas del Pontevedra. Con su mensaje, el técnico quería dar una esperanza al futbolista para convencerle de que era posible sobreponerse, tenía que luchar por ello. «Te digo, te hablo fuerte porque sé que…, que tal. Y, eh, que ahora sí que dependes de ti, y dependes de tal y decir va, y voy y voy y voy. Martín Esperanza todo, porque tú tienes los meniscos hasta bien, ¡él no tenía ni menisco!, ¿eh? ¡Venga!», continuaba Luis al pie de la cama mientras daba algunas palmadas sobre la pierna sana y el hombro del futbolista.

Juan Luis había jugado en el Pontevedra, conocía la historia de Martín Esperanza y el mensaje del técnico caló en él. «Yo sabía que no iba a volver a jugar al fútbol, lo sabía, lo tenía claro. Pero el hecho de que él me hablara con esa sinceridad, con esa potencia, con cómo es él, era como… "A ver si voy a poder volver a jugar". Me dio esperanza. Pensé: "Ojo, que igual hay una posibilidad". En mi cabeza sabía que era imposible, pero en ese momento yo pensé… Me pude imaginar jugando», recordaba.

Juan Luis no volvió a jugar y la maldita lesión terminó por apartarle definitivamente del fútbol después de un año y medio luchando. No obstante, una vez recuperado, sí que pudo andar de forma normal, algo que no estaba tan claro cuando entró en aquel quirófano. Lo que nunca olvidará fue aquella charla por la que todavía le preguntan. «¡Que sales!».

30

Garbanzos

Tomás Reñones creció a seiscientos kilómetros de Madrid, pero lo hizo con el escudo del Atleti cosido al corazón. Su padre le transmitió el sentimiento atlético que lo ha acompañado desde niño; el tiempo, lejos de erosionarlo, solo lo hizo crecer. Nació al inicio de la década de los sesenta, tiempo de chapas, canicas y jugar al balón con piedras haciendo de porterías. En aquellos primeros partidos en Galicia, ya jugaba con una camiseta rojiblanca que se había encargado de hacerle su madre y que él nunca olvidó. Precisamente por ese motivo, cuando el Atlético de Madrid llamó a su puerta para que cambiara las filas del Compostela por las de su filial, no lo dudó un instante. De nada valió el interés de Deportivo de la Coruña y Celta de Vigo; él los dejó con un palmo de narices para coger las maletas, ir a Madrid y cambiar su vida por completo persiguiendo un sueño. Llegó a la capital sin saber qué iba a cobrar, pero ese era un tema menor: convertirse en futbolista rojiblanco bien lo valía. Pasó tres temporadas en el Madrileño, se hizo un nombre en segunda división, y Luis Aragonés hizo el resto subiéndole al primer equipo. El sueño de aquel niño que iba detrás de una pelota en Santiago de Compostela se había convertido en realidad y no tenía la más mínima intención de dejar escapar la oportunidad.

Desde sus inicios en el primer equipo, el lateral contó con el apoyo del técnico, que se acercaba a él para motivarle. «Tú sigue igual, chaval, que vas a llegar. Se nota que quieres al club y tienes un gen ganador». Sin embargo, ya en su primer entrenamiento, se dio cuenta de que, si quería hacerse con un sitio, tendría que poner toda la carne en el asador. No valían medias tintas. El encargado de transmitirle la lección fue Juan Carlos Arteche, que chocó con él y lo dejó sin respiración cuando corría tras el balón después de hacer la pared con un compañero. Desde ese momento, el central, más duro que una empanada de cemento, se convirtió en un espejo en el que mirarse y el alumno terminó superando al maestro con el paso de los meses. Uno de los que vivió de primera mano la transformación del gallego fue Hugo Sánchez. Luis le pidió a Tomás un marcaje al hombre marca de la casa, al mexicano, en un partidillo de entrenamiento y el delantero acabó completamente desquiciado por los palos que recibió. Tanto es así que, después de la enésima patada, el propio Hugo se lanzó como un miura a por Tomás ante la mirada de un Luis Aragonés que salió al paso y cortó por lo sano advirtiendo al goleador: «Mexicano, este se juega los garbanzos igual que tú y tiene el mismo peso que tú en este equipo. Tira para delante y sigue exactamente igual».

Las palabras del técnico dieron todavía más fuerza al carrilero, que desde ese momento pensó: «A este mexicano le voy a poner las pilas todos los días». No fue Hugo Sánchez el único compañero que sufrió en sus carnes el ímpetu defensivo de la segadora, pues Manolo, pichichi en la temporada 1991-1992, no dudaba en cambiar de banda cuando iba a tener enfrente a Reñones en el típico partidillo de entrenamiento. Tampoco distinguía el gallego entre futbolistas del primer equipo o del filial, pues el por aquel entonces canterano Quique Estebaranz también reconocía: «¿Tú sabes que yo empecé a jugar a pierna cambiada en el Madrileño para no aguantar a Tomás Reñones en los partidillos de los jueves contra el primer equipo? Le decía a Carmona que se fuera al otro lado para que a mí me tocara con Clemente, que era una madre». Tomás entrenaba como jugaba, y jugaba como entrenaba. Y si había que repartir estopa, se repartía. Sin duda, una carta de presentación que dejaba bien a las claras su personalidad y su estilo. Rápido, implicado y trabajador, Tomás estuvo trece años en el equipo de su corazón, logró ganar una liga, cuatro Copas del Rey y una Supercopa de España, y fue el capitán en el histórico doblete antes de hacer las maletas para marcharse al Atlético de Marbella y dejar un hito que ya nadie podrá igualar: ser el jugador con más partidos en el Vicente Calderón.

31

El cura y los penaltis

Donato Gama da Silva nunca olvidará aquel agosto de 1988. Cuando el fútbol era fútbol y nadie pensaba todavía en giras transoceánicas con el único fin de ingresar dinero, las pretemporadas eran bien distintas. Eran años en los que los trofeos veraniegos suponían una oportunidad de oro para que los equipos exhibieran a sus nuevos fichajes y se enfrentaran a escuadras de talla internacional que venían a nuestro país plagados de jugadores deseosos de mostrar sus cualidades, hacer buenos partidos y tener la oportunidad de jugar en Europa. Aquel verano en el que «Una calle de París», de Duncan Dhu, «Englishman in New York», de Sting, o «Heart», de Pet Shop Boys, sonaban en todas las radios, el Vasco da Gama logró alzarse con el Ramón de Carranza de Cádiz después de ganar al conjunto anfitrión en las semifinales y al Atlético de Madrid en la final. En aquel equipo destacó un futbolista que por aquel entonces contaba con veintiséis años y que solía actuar como central, pero que jugó aquellos partidos como centrocampista debido a la lesión de un compañero.

Los jugadores del conjunto de Río de Janeiro ya estaban esperando en el aeropuerto de Jerez con el título de campeones bajo el brazo cuando súbitamente se escuchó una voz metálica por megafonía, «Don Donato, acuda al teléfono», que sacó al futbolista del trance. Aunque en un principio creía que se trataba de alguna especie de broma de sus compañeros, acudió cuando lo llamaron por segunda vez; al coger el teléfono, se quedó de piedra por las palabras de su interlocutor al otro lado de la línea. Era el presidente del Vasco, Eurico Miranda, que le dijo: «Donatinho, te hemos vendido al Atlético de Madrid». Con las maletas ya facturadas para regresar a Brasil, el jugador se despidió atropelladamente de sus compañeros y salió con destino a Madrid. En la capital de España le esperaba su compatriota Baltazar, fichado por el Atleti ese mismo verano y que le acompañó hasta el hotel Alcalá, cerca de las oficinas que tenía el presidente Jesús Gil.

Maguregui, Briones, Atkinson, Addison, Ivić..., la lista de técnicos que entrenaron a Donato en su periplo en el Atleti fue más larga que la de los reyes godos. Sin embargo, si hay uno que marcó al brasileño, ese fue Luis Aragonés. De hecho, el paso del tiempo no logró difuminar el cariño y el respeto que el futbolista le profesó al entrenador con el que ganó una Copa del Rey y del que dijo en el canal de YouTube *Ídolos*: «Es el mejor que he tenido. Transmitía seguridad y siempre defendía a los jugadores. Aprendí mucho con él y es la persona con la que más relación tenía cuando paré de jugar. Para mí, como entrenador y como persona, fue un grandísimo amigo».

El viernes 9 de agosto de 1991, hacía apenas unas semanas que Luis había regresado al banquillo del Atlético de Madrid cuando los rojiblancos jugaron las semifinales del Trofeo Colombino frente al Spartak de Moscú. El partido transcurría tranquilo cuando el árbitro, Caetano Bueno, señaló un penalti a favor del equipo madrileño. Donato, que ya llevaba tres temporadas en el club, tomó el esférico decidido y tiró, pero no logró batir a Cherchesov. El error no debería haber ido más allá de la anécdota: era verano, un partido de pretemporada y tan solo un trofeo menor, pero el brasileño no paró de

EL CURA Y LOS PENALTIS

comerse la cabeza en los minutos posteriores. Tanto fue así que, cuando el colegiado decretó un segundo penalti a favor del Atlético, Donato se desentendió y el lanzamiento lo acabó realizando Soler, quien hizo el 2-1. El partido acabó con victoria, pero Luis no estaba nada contento: a la llegada de vestuarios, se dirigió al atleta de Cristo para recriminarle lo ocurrido. Y lo hizo de la forma más gráfica posible: «¡Tú deberías tirar el penalti! ¡Tú! Quien no falla el penalti es el cura de mi pueblo, porque nunca los tira».

No fue el único mosqueo del Sabio que tuvo que sufrir Donato. De hecho, este recordaba que, después de una derrota, Aragonés llegó con un mosqueo tremendo a los vestuarios y no dudó en señalar a los futbolistas que no valían para nada. A tal nivel llegó la bronca del entrenador que el brasileño salió a dar la cara por sus compañeros y señalar que ni cuando el equipo ganaba eran unos fenómenos ni cuando se perdía no valían para nada. La respuesta iba subiendo de volumen mientras el resto de los futbolistas miraba en silencio y Aragonés se limitaba a escuchar sin decir nada. La charla había dejado preocupado a Donato, que al cabo de un par de días decidió acercarse a su entrenador para pedirle disculpas por haberse dirigido a él en esos términos. La respuesta de Luis le dejó estupefacto: «Me echó otra bronca: "¡Tú no tienes que pedir perdón, hablaste lo que tenías que hablar! Me gustan los hombres que hablan a la cara". Si es otro entrenador, me hace una cruz y ya no juego más. Nunca vi una persona así..., ese tipo de trato, ese carácter, de hablar, de coger por el cuello y vamos a salir a hostias... Pero terminó allí y no quedaba nada». Lejos de separarlos, estos encontronazos afianzaron la relación entre ambos. De hecho, cuando Luis se marchó del Atleti, Donato fue el primero en acercarse a él para advertirle: «Si tú te vas de aquí, me voy contigo». Para él, más que un entrenador, era un amigo, una persona clave en su desarrollo futbolístico, un tipo fuera de lo normal. Luis abandonó el club en febrero de 1993, y Donato hizo lo propio en verano de ese año con destino al Deportivo de la Coruña. Fue aquel uno de los mayores errores de Jesús Gil, que atizó al de Río de Janeiro tildándole de «muerto de hambre», además de un «viejo medio cojo». Acabó viendo cómo triunfaba durante una década en Galicia.

32

Puro cine

Larguirucho y desgarbado, a Luis Aragonés le conocían como el Plomos cuando apenas era un chaval que comenzaba a dar patadas a un balón en Hortaleza. El hijo de Hipólito y Generosa tenía por aquel entonces un aspecto frágil y estaba tan delgado que parecía que hubiera que ponerle plomos en la camiseta y los pantalones para que no se lo llevara el viento. Pasaron los años, el niño se hizo hombre y se convirtió en Zapatones, sobrenombre que surgió por su particular forma de caminar y al que años más tarde también se sumaron otros como el de Sabio de Hortaleza, si bien él siempre rechazaba el cumplido debido a que consideraba que el verdadero sabio era su hermano Matías. «Prefiero más de mote Zapatones que el Sabio, porque solo sé que no se nada», decía.

Aquella nariz ancha, su barbilla chata y unas patillas anchas y poblabas derivaron en otro mote mucho menos simpático. Para unos era Aurelio, uno de los personajes protagonistas de la película *El planeta de los simios*. Otros se iban todavía menos por las ramas y le llamaban el Mono. Fue precisamente así como se referían a él varios jugadores del Atlético de Madrid en su segunda etapa en el club entre los años 1982 y 1987..., siempre a sus espaldas. «Cuidado, que viene el Mono», «A ver qué te dice el Mono», «Vaya mosqueo tiene el Mono». Hubo tantos cuchicheos, miraditas y Mono para arriba y Mono para abajo que Aragonés terminó oliéndose lo que sucedía y una mañana antes de un entrenamiento llamó a todos sus futbolistas y les pidió que se colocaran alrededor del círculo central. Se acercó uno por uno hasta ponerse nariz con nariz, examinándoles por completo ojos, nariz, orejas... Todo ello con un aire serio, sin musitar palabra y con las manos detrás de la espalda. El silencio podía cortarse con un cuchillo mientras el técnico no perdía detalle de las facciones de sus pupilos. Así pasó varios minutos, que a muchos les parecieron horas, hasta que hubo examinado a todos los miembros de la plantilla, paró en seco y pegó un grito para que todos le escucharan a la perfección: «Me han dicho que algunos de ustedes me llaman Mono y tal. Bueno, pues les voy a decir algo. Yo aquí los miro a ustedes y por aquí no veo a ningún Robert Redford».

Aragonés no tenía pelos en la lengua, era directo y sabía que la mejor fórmula de afrontar un tema era hacerlo de frente. Además, también tenía algo de actor. De esto sabía su amigo José Luis Garci, oscarizado director por su inolvidable *Volver a empezar*, que incluso llegó a hablar en junio de 2013 con él para que fuera protagonista de una película biográfica: «Tengo que hablar con mi mujer», le respondió. De las dotes actorales de Luis podía dar fe Iselín Santos Ovejero, uno de los grandes amigos que le dejó el mundo del fútbol y miembro del cuerpo técnico rojiblanco cuando el entrenador regresó al Atlético de Madrid en los años noventa. Antes de comenzar un entrenamiento, ambos estaban hablando sobre distintas cuestiones del ámbito profesional cuando el argentino le preguntó: «Oye, Luis, hay algo que llevo tiempo pensando: ¿no crees que los entrenadores tenemos que ser un poco como los actores de cine? Lo digo para que, en el momento que les echamos una bronca a los jugadores, parezca de verdad».

Luis miró a su amigo, no respondió y se limitó a cambiarse de ropa y a salir al entrenamiento vestido de chándal. Tras saltar al verde y dividir el campo en dos mitades, el Sabio encargó a Ovejero el trabajo con los defensas mientras él hacía lo propio con los atacantes. Fue ahí donde puso a los Futre, Manolo, Moya y compañía a hacer ejercicios de máxima exigencia, marcando ritmos a golpe de silbato y reventándolos a base de esprints. Cuando habían transcurrido unos minutos de entrenamiento, el entrenador paró todo y se fue a por Paulo Futre. El portugués, máximo referente de aquel equipo, recibió una bronca de esas que no se olvidan mientras sus compañeros se limitaban a mirar e intentar pasar desapercibidos para que no les cayera ningún grito. Futre guardaba la compostura lo mejor que podía ante aquel tremendo chaparrón y tan solo asentía con la cabeza mientras le decía: «Sí, míster, sí, míster». Ya con las aguas más calmadas, Aragonés puso a sus futbolistas a repetir los ejercicios que había mandado, se giró y buscó a Ovejero con la mirada. Cuando ambas se encontraron, le gritó desde el otro lado del campo: «Iselín... ¡Peter O'Toole! ¡Peter O'Toole!».

33

Vaya bronca

Jesús Gil entró en el Atlético de Madrid el verano de 1987 como un elefante en una cacharrería. El empresario llegó al sillón presidencial tras la muerte de Vicente Calderón y después de unas elecciones en las que fue clave la figura de Paulo Futre, futbolista que acababa de alzarse con la Copa de Europa con el Oporto y al que Gil y Gil convenció regalándole un Porsche amarillo y que fue presentado de madrugada en la discoteca Jácara antes de una recordada fiesta con barra libre. «Los únicos que presentamos realidades somos nosotros. El Atlético necesitaba una estrella y ya la tiene: Paulo Futre. Y tomaos lo que queráis en las barras», bramaba. La intención del recién nombrado presidente era romper con todo y se puso manos a la obra: buscó una nueva ciudad deportiva, prometió remodelar el Vicente Calderón, cerró flamantes fichajes y eligió al argentino César Luis Menotti para sentarse en el banquillo después de no poder incorporar a Javier Clemente, del que llegó a decir: «Este hombre y yo somos almas gemelas».

Sin embargo, había un problema: Luis Aragonés había renovado su contrato con la anterior directiva, tenía vínculo por tres temporadas y la posibilidad de convertirse en director deportivo en caso de no seguir en el banquillo. Esto era algo que Gil no estaba dispuesto a aceptar, como tampoco quería pagar los treinta y seis millones de pesetas de indemnización que incluía el contrato. El punto álgido de la guerra se alcanzó el primer día en que el recién nombrado presidente iba a pisar su despacho y fue abordado por Luis en la sala de trofeos, a la vista de todos. Fue allí donde la discusión subió de decibelios y las palabras gruesas volaron en ambas direcciones. El máximo mandatario gritó al entrenador: «Fuera de aquí, a la calle, no te quiero ni ver». «Cuando me pagues, me voy», fue la enérgica respuesta de Luis.

Varios fueron los periodistas que escucharon gran parte del vehemente intercambio de opiniones en el que Gil no dudó en señalar: «Se cree que soy un imbécil. Luis ha adoptado una postura arrogante pensando que estaba en su casa y que podía hacer lo que le viniera en gana. Estaba acostumbrado a eso, pero conmigo se ha acabado el amiguismo y el derecho de pernada que algunos creían tener en esta entidad. Estas cosas demuestran la podredumbre que existía. Ya nadie podrá hacer lo que le venga en gana». El técnico contratacaba: «O me pagas los treinta y seis millones, o te acuerdas de mí». La tensión podía cortarse con un cuchillo, los volcánicos caracteres estuvieron a punto de llegar a las manos e incluso se apuntó que el preparador había cogido de la solapa a Gil, quien aseguró: «Quería cobrar una peseta más que Futre. Nos insultamos, él a mí y yo a él, nos dijimos de todo». Aragonés, por su parte, quitaba hierro al asunto: «Ni le llamé "gordo" ni le cogí por la pechera. No fui indisciplinado, pero me alteró que dijera que mi contrato era una golfada. Le dije que si había algún golfo en la casa era él».

Tras esta discusión, Gil mandó a Luis a un despacho en la plaza de España con el cometido de realizar una labor de observador a la búsqueda de nuevos valores y, de este modo, no interferir en la labor de Menotti. En resumidas cuentas, lo degradó a esferas menores e incluso exigió que los informes le fueran remitidos por correo «para evitarme volver a hablar con él, pues no quiero cruzar ni una palabra más». Finalmente, el asunto quedó resuelto un 4 de septiembre de 1987 con la rescisión del contrato a cambio de doce millones de pesetas, Jesús Gil pregonando a los cuatro vientos que Aragonés no volvería al Atlético de Madrid y Luis apuntando en la misma dirección: «Gil tiene un desconocimiento total del fútbol. Mientras esté Gil, es imposible que vuelva al Atlético». El tiempo cicatrizó las heridas, sirvió de bálsamo y el «adiós» se convirtió en un «hasta luego». En dos ocasiones volvieron a unir sus destinos Luis y Gil. El armisticio se selló en 1991; en ese momento, por el cadalso del presidente ya habían pasado un buen puñado de técnicos como el citado Menotti, Maguregui, Atkinson, Briones, Addison o Clemente, y el Sabio había entrenado a F. C. Barcelona y Espanyol antes de sentarse nuevamente en el banquillo del Atleti para hacerlo campeón de Copa en el Santiago Bernabéu. Diez años más tarde, la situación era mucho más complicada. En aquel 2001, el equipo estaba en segunda división, inmerso en una complicadísima situación judicial y el Zapatones regresó para devolverlo a primera. Como en cualquier buena relación tortuosa que se precie, en ambas etapas volvieron a chocar y reencontrarse, hubo sus más y sus menos. Altos y bajos. Ni contigo ni sin ti. Ellos fueron parte de un Atleti de otra época. Un Atleti que no volverá.

34

Calentamiento en Burgos

Era 1 de febrero de 1992 y el Atleti no pasaba por un buen momento. Los rojiblancos acumulaban una racha de tres derrotas consecutivas y la exigua paciencia de Jesús Gil estaba bajo mínimos. El presidente quería ganar la liga y no entendía como el equipo ya no era el mismo que había arrancado la temporada como un tiro con seis victorias en los seis primeros partidos. Tan solo se habían disputado diecinueve jornadas, pero Luis era consciente del runrún y que su cabeza pendía de un hilo. Si el equipo caía frente al Real Burgos en su visita al Plantío, se iría al paro, y Gil ya tenía a su sustituto en la cabeza. El vestuario también conocía el impetuoso carácter del presidente y que perder supondría el nacimiento de un nuevo proyecto.

Sin embargo, aquello no amedrentó al Sabio. Cocinero antes que fraile, el técnico tenía mucho de psicólogo, y aquella noche gélida saltó con sus futbolistas para hacer junto a ellos la sesión de calentamiento previa al partido. «Puede que este sea mi último partido con ustedes, así que voy a dirigirles el calentamiento como despedida», los informó en el vestuario. Y allí que se fue. Primero transmitió lo que quería que hicieran y luego se convirtió en uno más correteando por el césped, estirando y realizando distintos ejercicios de esprint y talones al glúteo. Lo hizo situándose a la altura de Toni Muñoz y Patxi Ferreira. Eso sí: había una diferencia con respecto a sus jugadores, y es que él no iba vestido con botas de tacos, pantalones cortos y sudadera, sino que portaba zapatos, traje, corbata y pelliza. Su fe en aquella plantilla era total, y Luis les rindió homenaje de aquella manera en un gesto que disparó la motivación. El Burgos se adelantó en el marcador cuando habían transcurrido veinticuatro minutos, pero, desde ese momento, el Atleti dio un paso al frente y Futre igualaba en el 66. El portugués celebró el tanto con rabia y recorrió medio campo a toda velocidad hasta que llegó al banquillo visitante, donde se fundió en un emotivo abrazo con su técnico. Fue un gesto que dejó bien a las claras qué significaba el entrenador para aquel grupo de futbolistas que estaba dispuesto a morir por él. Ese abrazo era decirle al presidente: «Gil, Luis es intocable. Vamos a morir por nuestro entrenador, igual que él lo hace por nosotros». El partido terminó con reparto de puntos y el equipo cerró la jornada a ocho puntos de la cabeza en un complicado sexto puesto. Sin embargo, Aragonés conservó el puesto y siguió en el cargo toda la temporada.

Al final, el tiempo les dio la razón tanto a Luis como a sus futbolistas, porque, además de terminar tercero en la clasificación a dos puntos del campeón, el F. C. Barcelona, el Atleti cerró aquella temporada 1991-1992 logrando una histórica Copa del Rey sobre el césped del Santiago Bernabéu frente al eterno rival. Sin duda, un hito que hubiera sido imposible si aquella recordada noche en Burgos Luis no hubiera sabido encontrar la fórmula para demostrar al grupo su personalidad y dar con la tecla de la motivación. Así lo recordaba el propio Paulo Futre años después: «La gente se tomó aquello a broma, como una excentricidad suya. La realidad no podía estar más lejos. El equipo pasaba por un momento delicado y su figura como entrenador peligraba. ¿Qué mejor forma de comprometernos con nuestro entrenador que esa? ¿De ser conscientes de que su futuro estaba en nuestras botas? ¿De que debíamos salir a morir en el campo si hacía falta?». Sin duda, un calentamiento para la historia.

35

El pirata Morgan

El de Bruselas frente al Bayern Múnich ha sido el más recordado de todos los goles que marcó Luis Aragonés a lo largo de su carrera. El Zapatones cogió el esférico, lo colocó sobre el verde, levantó la cabeza y miró a los seis alemanes que formaban la barrera; luego escuchó el pitido del árbitro, tomó impulso... y el resto es historia. Pero aquel no fue el único tanto que Luis logró de esta guisa. Hablar del 8 era hacerlo de un consumado especialista en el lanzamiento de golpes francos, y cuando había una falta cerca de la frontal era sinónimo de gol. Consultado por su secreto para ejecutar los libres directos, Aragonés respondía con una palabra: trabajo. Cuando acababa el entrenamiento y sus compañeros se marchaban, ahí se quedaba él, colocaba quince balones y se ponía a practicar. Eran otros tiempos, y cuando los esféricos se acababan había que ir a buscarlos y colocarlos nuevamente para volver a empezar: la ley de la botella. Así se pasaba las horas muertas. Su certeza con el balón parado no era casualidad, y aquel gol a Maier en la final de la Copa de Europa de 1974 tuvo muchas horas de trabajo detrás. Tan perfeccionado tenía el lanzamiento que, cuando el balón salió de sus botas, el centrocampista ya estaba levantando los brazos celebrando el gol. «En el golpe franco adquirí bastante efec-

EL PIRATA MORGAN

tividad. De cada diez, metía seis o siete», reconoció ya retirado, muchos años después.

Uno de los jugadores en los que más se fijó a la hora de perfeccionar su mecánica fue Waldo, delantero que jugó en el Valencia durante los años sesenta y que daba un efecto a la pelota que no se había visto hasta entonces. Por eso, cuando el Atleti fichó a Urtiaga procedente del cuadro de la capital del Turia, en el verano de 1966, el 8 se quedaba con él durante horas después de los entrenamientos, ensayando. «Vamos a darle como le pega Waldo, y Urti le matizaba: pues mira, el negro le mete así, asá. Se quedaban horas tirando faltas y jugándose cañas. Al principio, me decía, quédate, Miguel, que necesitas puerta. Era verdad. Y me quedaba. Pero lo tomaron por costumbre, y les dije: no seáis pesados, que se ponga vuestra señora madre, que yo me he *cansao*. No dije señora, creo», recordaba el mítico Pechuga San Román en el libro *Blanco ni el orujo*, de José Antonio Martín Otín, *Petón*.

Ni el paso de los años hizo mella en la certera puntería de Luis, que, cuando pasó del césped al banquillo, seguía demostrando su calidad. Salía del vestuario cuando los jugadores estaban entrenando los tiros a portería y los Pepe Reina, Navarro, Pacheco y compañía musitaban: «Ahí viene Morgan». Sus futbolistas le apodaban el pirata Morgan porque tenía un gancho en el pie y cada vez que lo sacaba colocaba el balón en la escuadra. Fue aquella una costumbre que se convirtió en habitual. En los ochenta se ponía mano a mano con Pedraza, Marina, Landáburu, Rubio, y años más tarde fue con Futre, Vizcaíno y Schuster. En su última etapa como técnico del Atleti, ya había pasado de los sesenta, pero seguía mostrando su destreza. Y, si no, utilizaba a alguno de los que había aprendido con él. Así sucedió en aquella ocasión en la que se dirigió a sus futbolistas para darles detalles de cómo ejecutar las faltas durante un entrenamiento y les señaló: «Yo tengo sesenta y tantos años, y no me sale, pero aquí está Marina, que les va a enseñar». Marina, que por aquel entonces era segundo entrenador, marcó un lanzamiento y el míster gritó: «¿Ven?, pues este no tenía ni puta idea. A este le he enseñado yo».

Buena nota de las explicaciones del Sabio tomó Demetrio Albertini, sensacional centrocampista que apenas estuvo una temporada en el Atleti, pero que dejó un golazo de falta en el Santiago Bernabéu un recordado 19 de enero de 2003 cuando el partido iba 2-1 en contra y corría el minuto 95. El italiano se sacó de la chistera una ejecución perfecta cuando muchos pensaban que iba a centrar; el balón voló por encima de la barrera y se coló en la portería de Iker Casillas después de tocar en el propio portero y en el larguero. El tanto fue muy celebrado por Aragonés, que apretó el puño con rabia y señaló a los aficionados que se habían desplazado hasta el estadio rival. El motivo, además del punto cosechado *in extremis*, lo desveló el propio Albertini: «Luis tuvo mucha culpa en que yo hiciera aquel gol. En el último entrenamiento previo al derbi, me retó a una competición de faltas. Luis ya tenía una edad, pero el toque lo mantenía. Creo que por eso celebró así aquel gol». Aunque el ejecutor del tanto fue italiano, el ideólogo era de Hortaleza y se sentaba en el banquillo.

36

Madrugones

Jesús Paredes acompañó a Luis Aragonés durante catorce años. «Un auténtico máster», como definía ese periodo el preparador físico. Para Luis, Paredes fue mucho más que un simple ayudante. Fue su compañero, su mano derecha, su psicólogo, su amigo del alma. Un hombro en el que apoyarse, un socio con el que confesarse en los malos momentos y disfrutar de los buenos.

Vallecano, ¡a mucha honra!, de la avenida de San Diego, cuando al barrio se le conocía como La Pequeña Rusia, Jesús inició su labor en el Real Madrid tras cursar INEF. Allí conoció a Alfredo Di Stéfano, al que acompañó en el banquillo del Bernabéu, en su viaje a Argentina para entrenar a Boca Juniors y más tarde en el Valencia. Sus carreras se separaron, pero la complicidad entre ambos permaneció intacta hasta que la Saeta Rubia dijo adiós. Fue apenas unos días después de su último encuentro, cuando el argentino le dijo a su socio: «Cumplo ochenta y ocho, Jesús, dos barriles de mierda. No sé si acabo el partido».

La buena relación entre Di Stéfano y Aragonés fue clave para que Jesús Paredes uniera su destino al del Sabio. El preparador físico acababa de terminar con el Rayo Vallecano y aprovechó la amistad entre los dos genios para organizar un encuentro de los tres y conocer personalmente a Luis. Alfredo no apareció, y, después de dos horas esperando, Paredes le dijo al entrenador en tono de broma que Di Stéfano era su representante y que el motivo del encuentro era su deseo de trabajar con él. Luis le miró a los ojos y soltó una frase que todavía recuerda: «Mientras yo tenga trabajo, a ti tampoco te va a faltar». Fue el inicio de una relación que los llevó a ir de la mano en Valencia, Betis, Oviedo, Mallorca, Atlético de Madrid y, finalmente, la selección española.

Para el recuerdo, el primer día de trabajo juntos. Cuando Jesús Paredes apareció a las nueve de la mañana, vio que Luis Aragonés ya estaba sentado a su mesa preparando los detalles de la sesión, por lo que el preparador físico decidió ir media hora antes el día siguiente. Esto provocó que la situación fuese justo a la inversa esa segunda mañana, con Luis llegando y viendo que Paredes ya estaba allí trabajando. ¿La decisión de Aragonés? Presentarse media hora antes la tercera mañana, por lo que entonces fue él quien apareció primero. Hasta tal punto llegó la situación después de algunos días que Jesús le tuvo que decir al técnico: «Luis, ¿no te parece que es mejor que quedemos a una hora? Si no, nos vamos a quedar a dormir aquí».

Cuando escucha la voz del míster, se le sigue poniendo el vello de punta, los recuerdos se agolpan en la mente y vuelven algunas de esas vivencias. A la hora de quedarse con algún momento entre ambos, lo haría con el día al día, con esos instantes de complicidad después de tantos años. «Cuando se gana, ganan los jugadores. Cuando se pierde, algo mal hemos hecho nosotros, Jesús», le decía siempre Zapatones a su amigo. Por eso, cuando España logró el campeonato de Europa de 2008 después de doblegar a Alemania, tras esa recordada charla sobre que de los subcampeones no se acuerda nadie y la advertencia final a los futbolistas de «que no os pase como al galgo de Lucas, que cuando salió la liebre le cogió cagando», Paredes se acercó a Aragonés para permitirse una licencia y comentarle: «Algo hemos debido hacer bien esta vez». Luis respondió con una sonrisa. Paredes no se marchó a Turquía tras aquella Eurocopa para la aventura en el Fenerbahçe, pero sí estuvo presente en los últimos días de Luis. Él era de los pocos que sabía lo que pasaba con su amigo y se desplazaba desde Alicante a Madrid para estar con él y acompañarlo. Siempre fiel, devoto y agradecido, si Jesús tuviera la oportunidad de decirle algo a su camarada sería: «Vamos a tomar una cerveza».

37

Cincuenta mil por los que morir

El 27 de junio de 1992 amaneció soleado. Los diarios deportivos narraban la hazaña de Dinamarca, que había acudido a la Eurocopa como invitada y había acabado llevándose el título de forma sorprendente después de dejar por el camino a Francia, Inglaterra, Holanda y Alemania. España se convertía en el centro del mundo con la celebración de la Exposición Universal de Sevilla y unos Juegos Olímpicos de Barcelona que comenzaron menos de un mes después. En Madrid, la situación era distinta y todos los ojos estaban puestos en lo que iba a ocurrir sobre el césped del Santiago Bernabéu a las 21.00 horas. ¿El motivo? La final de la Copa del Rey entre Real Madrid y Atlético de Madrid.

Los blancos querían hacer valer el factor campo y afrontaban el choque después de dejarse el título de liga en Tenerife. El Atleti, vigente campeón de Copa después de su victoria ante el Real Mallorca del año anterior, había cerrado el curso en la tercera posición de la clasificación y todavía con el mal sabor de boca de la controvertida derrota en el feudo del propio Real Madrid en la jornada 35 (3-2), que, finalmente, fue clave para no levantar el título de liga. El principal beneficiado, a la vista de lo que sucedió, fue el F. C. Barcelona de Johan Cruyff. De hecho, Paulo Futre recordaba años después: «No quiero ser victimista, pero, si ese año hay VAR, somos campeones. Ese partido ante el Real Madrid era casi una final. Íbamos ganando 0-1 y nos metieron el gol del empate dos metros fuera de juego con Luis Enrique. Luego, con el 1-1 hubo penalti clarísimo sobre Juan Sabas. Después, el partido fue más equilibrado, hicimos el 1-2, ellos nos empataron pronto y luego hicieron el 3-2 con suerte».

Si había alguien que sabía de la importancia de aquella final de Copa del Rey, ese era Luis Aragonés. El técnico comenzó con su labor de motivación a las nueve de la mañana yendo a la habitación de Paulo Futre y continuó durante todo el día con varios jugadores más. Ya en el vestuario del Santiago Bernabéu dio las últimas instrucciones a sus futbolistas, algunos detalles que tener en cuenta sobre los rivales. Cuando acabó, se quedó en silencio unos segundos antes de entonar un discurso para la historia del Atleti: «¿Lo han entendido? Pregunto: ¿lo han entendido? ¿Sí? Pues esto, esto no vale para nada», comenzó mientras golpeaba la pizarra en la que había estado explicando las tácticas. «Lo que vale es que ustedes son mejores y que estoy hasta los huevos de perder con estos, en este campo. Son el Atlético de Madrid y hay cincuenta mil ahí dentro que van a morir por ustedes. Y nosotros tenemos que morir por ellos. Por ellos, por la camiseta, por su orgullo, hay que salir y decir en el campo que solo hay un campeón y va de rojo y blanco».

Los jugadores del Atlético de Madrid salieron completamente encendidos y se llevaron por delante al Real Madrid. A los seis minutos, Bernd Schuster hacía el 0-1 con un sensacional golpeo de libre directo, y Paulo Futre marcaba el 0-2 gracias a un zurdazo sensacional antes de que se alcanzara la media hora. Terminado el partido, el éxtasis. Diego, Juanma López y compañía cortaban las redes de las porterías a modo de recuerdo y las cámaras de televisión se iban con el abrazo entre los autores de los goles. A esas alturas de la película, Luis Aragonés había desaparecido de la escena para dar el protagonismo a sus pupilos. El utillero Antonio Llarandi fue uno de los primeros que se dio cuenta de la ausencia del técnico, por lo que se puso a buscarlo y terminó encontrándolo en el vestuario visitante, solo y pensativo. Cuando le recordó la gesta del equipo y que tenía que ir al césped a celebrarlo, Luis le respondió: «Gitano, siéntate aquí a mi lado y dame un cigarro: no sabes nada de fútbol, Antonio. A lo mejor, el año que viene no estamos». Aragonés comenzó como técnico del Atleti la temporada siguiente, pero no la acabó. En febrero de 1993 se ponía fin a su tercera etapa en el banquillo rojiblanco después de una dura derrota ante el F. C. Barcelona por 0-5, precisamente en los octavos de final de la Copa del Rey. Y es que el Sabio también tenía algo de brujo...

38

Del sexador de pollos a la pipera

«Digo más veces vete a tomar por culo que buenos días». Los lectores de *La Gazzetta dello Sport* eligieron esta sentencia de Luis Aragonés como la frase del año 2008. Alrededor de veinte mil votantes se decantaron por estas palabras, claro ejemplo de la personalidad del técnico. El Sabio era el rey de las ruedas de prensa, un maestro de la puesta en escena. Conocía la importancia del papel de los periodistas en el mundo del fútbol, la repercusión de sus palabras ante los medios y cómo esto podía influir en jugadores y aficionados. Él quería mantener la distancia, cosa que dejó bien a las claras cuando señaló: «Vosotros sois periodistas, y yo, entrenador. Por eso pongo una pantallita, para que no la paséis con facilidad».

Esa picardía madrileña, su capacidad para soltar bromas sin cambiar el rictus. Decían los que le conocían bien que había tres versiones del de Hortaleza. Un día era Luis; otro, Aragonés, y otro, Suárez... Y nunca sabías al que te ibas a encontrar. Esto se reflejaba a la perfección en las ruedas de prensa, esas comparecencias ante los medios en las que dejó frases para el recuerdo. Pedía a los intérpretes que tradujeran «cortita y al pie, no muy largo». Consultado en cierta ocasión por la suerte, Zapatones era capaz de salir por peteneras para recordar: «A mí no me ha tocado el Euromillón ni ninguna de esas cosas, que eso sí que es tener una flor en el culo. Una islandesa se llevó un tacazo que no veas. Esa sí que tuvo culo, el culo de la pipera, de una castañera que había en Montera, esquina Gran Vía». Pese a la aparente fiereza de su carácter, Luis no dudaba en afirmar ante los medios: «Mi mujer os puede decir que soy muy romántico». O cosas como: «Cuento los chistes de puta madre». Además, era capaz de explicar a la perfección —con gestos incluidos— la diferencia entre un corte de mangas y una peineta. Lo hacía con la misma naturalidad con la que reconocía tener un amigo con un oficio de lo más original, sexador de pollos: «Se dedica a decir "hembra" o "macho", y se equivoca un dos por mil, porque, si no, lo echan. Le acompañé una vez a sexar pollos..., ¡pero yo no los he sexado! Y ese me ha hecho algún favor que otro, en cuanto a pasarse por médico... Y es un japonés».

«Soy atípico, porque yo he tenido un contrato de tres años ¡cobrado!, lo he devuelto y me he ido a mi casa», advertía en su época al frente del Real Mallorca con la misma naturalidad con la que hablaba de sus conversaciones con el rey Juan Carlos en plena Eurocopa acerca de si el monarca iba a acompañar al equipo. «No, me dijo que venía el príncipe. "Luis, te viene el príncipe ahora". "No te preocupes, rey"».

Luis un día era capaz de pedir «el documento» para ver si quien le preguntaba en conferencia de prensa era realmente periodista y otro reconocía que «la UEFA no sirve para nada, no me jodas. ¿Qué es la UEFA? La UEFA es una pérdida de dinero para todos los equipos que participan. Un cuento chino que no sé quién se lo ha inventado». Genio y figura, el entrenador era muy claro, y en plena guerra civil con la prensa porque no llevaba a Raúl a la selección dejaba bien a las claras que «yo no me bajo los pantalones ni cuando me quito el cinturón». Antes de advertir aquello de «máteme, pero no mienta».

Psicólogo, analista, profundo conocedor de la psique humana y ocurrente, Luis era sobre todo un hombre de fútbol. Por eso, la frase que definió a la perfección su figura no fue otra que aquel «Ganar, ganar y ganar y ganar y volver a ganar. Y ganar y ganar y ganar y volver a ganar. Y ganar y ganar y ganar. ¿Queréis que me tire media hora? Eso es el fútbol».

39

Mano a mano con Pelé

21 de junio de 1966. Faltan apenas tres semanas para que comience el Mundial de Inglaterra, y Brasil trabaja para afrontar la cita en las mejores condiciones. Los vigentes campeones hacen una parada en Madrid para disputar un partido de preparación frente al Atlético de Madrid promovido por la Asociación de la Prensa. El Atleti viene de ser campeón de liga y tiene un equipazo que ha brillado a las órdenes de Domingo Balmanya. En el choque no pueden estar cuatro de los grandes pilares rojiblancos: Jesús Glaria, José Armando Ufarte, Feliciano Rivilla y Adelardo, internacionales que se encuentran concentrados con España en Compostela para disputar ese mismo Mundial. Sí que está Luis Aragonés, con el que el seleccionador nacional José Villalonga no cuenta para el evento, pese a que cierra la temporada con dieciocho goles y ha rozado el pichichi. El choque levanta una gran expectación, todo el mundo quiere estar presente para disfrutar de la calidad *canarinha*, su vistoso fútbol de ataque y la presencia de los Pelé, Garrincha y Amarildo. Tanto es así que el embajador de Brasil y el presidente del Atleti, Vicente Calderón, acuden a recibir a los jugadores cuando llegan al aeropuerto. En los días previos al choque, los integrantes de la selección brasileña se entrenan durante la mañana en la Ciudad Deportiva del Real Madrid y,

por la tarde, algunos asisten a una corrida de toros en la plaza de Las Ventas, mientras otros visitan el Valle de los Caídos; Pelé aprovecha para rezar en la capilla.

Todavía quedan unos meses para que se inaugure el estadio Manzanares, por lo que el partido se disputa en un Chamartín lleno y donde se dan cita nada menos que ciento veinticinco mil personas. Como dicen los clásicos, «no cabe un alfiler». El partido no defrauda. El Atlético de Madrid se adelanta en el marcador y llega con ventaja al descanso. Sin embargo, los campeones del mundo no tardan en darle la vuelta al encuentro gracias a una controvertida decisión del árbitro, también brasileño, que expulsa a Martínez Jayo por sus quejas en la consecución del segundo tanto visitante. Y es precisamente con el 1-2 cuando Pelé y Luis Aragonés se convierten en protagonistas. El brasileño anota el tercer tanto *canarinho* por debajo de Rodri, y Zapatones se saca un disparo seco desde fuera del área para acortar distancias. Pelé marca su segundo tanto transformando desde el punto de penalti una pena máxima cometida sobre Garrincha; Luis vuelve a reducir diferencias del mismo modo. Con ambos futbolistas sumando dos goles, Pelé aprovecha una pérdida de Aragonés con un mal pase hacia atrás para avanzar y sacarse una delicatesen de la manga que se convierte en el 3-5 definitivo. La crónica del día siguiente del *Marca* le da una «matrícula de honor» y señala que el 10 de Brasil «asombró. Hay que quitarse el sombrero porque nunca hubo mejor jugador en un campo de fútbol».

El público que abarrota el estadio madrileño sale contento del espectáculo y la crónica del *ABC* apunta a modo de resumen que el partido ha sido «un éxito deportivo, reflejado en el juego que llevó a cabo la selección bicampeona del mundo realmente sensacional y al que ha respondido el Atlético madrileño sin cuatro de sus figuras estelares actualmente seleccionados españoles, en la forma que cabía hacer ante un enemigo de la calidad de los cariocas: poniendo en acción entusiasmo, voluntad y codicia al máximo». Además, el diario añade: «Hemos visto, en consecuencia, un gran partido de fútbol, que ha enfrentado a dos características totalmente opuestas: a la ciencia y clase indiscutible de los brasileños, las armas anteriormente señaladas en los blanquirrojos, con una táctica de ataque que puede haber costado cara, pero que les fue bien durante el primer tiempo del encuentro y buena parte de la segunda mitad».

Vuelven a verse las caras Luis Aragonés y Pelé, Pelé y Luis Aragonés. Es más de tres años después, el 17 de septiembre de 1969, aunque en esta ocasión el astro brasileño lo hace defendiendo los colores del Santos. ¿El motivo? El homenaje a Feliciano Rivilla en el estadio Manzanares, donde se dan cita cincuenta mil espectadores. La llegada a Barajas de los brasileños levanta la expectación habitual; incluso hay una tuna esperando a Pelé. Todavía está en el recuerdo el partidazo de Chamartín, pero en esta ocasión no se alcanza el mismo nivel y el Santos gana sin demasiados esfuerzos después de irse con 0-3 al descanso. Pelé no marca, aunque sí lo hace Luis, que anota de cabeza el 1-3 con el que acaba el choque. Así hablaba *ABC* del rendimiento de la estrella brasileña en este partido: «Pelé actuó en exhibición, sin forzar demasiado su acción, pero lo suficiente para dar una lección de toque de balón, de sprint corto en el regate, de pases a cualquier distancia y de servir la pelota para el gol, como hiciera para dos de los tres que marcaron antes del descanso». Más allá del resultado, fue una gran oportunidad de disfrutar de dos grandes.

40

Las botas de Collar

Luis Aragonés llegó al Atlético de Madrid en abril de 1964 procedente del Real Betis. Lo hizo después de tres temporadas fantásticas en el cuadro verdiblanco en las que se consolidó como uno de los mejores futbolistas de primera división. Por aquel entonces, Zapatones ya había sido convocado por la selección española; cuando aterrizó en el Metropolitano junto a Colo y Martínez, lo hizo con un estatus muy notable. Aunque terminaron la liga con el cuadro andaluz junto al resto de sus compañeros, Luis, Colo y Martínez sí que pudieron disputar la por aquel entonces denominada Copa del Generalísimo con el Atlético de Madrid. Y Aragonés tuvo una irrupción sensacional anotando dos goles en su primer partido con la elástica rojiblanca frente al Málaga. Tenía veinticinco años y todos los ojos estaban puestos en él, pero Luis quiso dejar las cosas muy claras nada más llegar a su nuevo equipo. Un aviso para navegantes. Iba a respetar las jerarquías, despojarse de cualquier atisbo de ego, demostrar que llegaba para ser uno más y empezar desde abajo. Y, como era un hombre de hechos, lo primero que hizo cuando aterrizó en el vestuario fue coger las botas del por aquel entonces capitán, Enrique Collar, limpiarlas y darles lustre. La conversación entre el referente y el recién llegado no salió de aquel vestuario.

Hablar de Enrique Collar era hacerlo del Atlético de Madrid. Debutó en el equipo en la temporada 1953-1954; tras una cesión en el Murcia, regresó para convertirse en leyenda. Auténtico puñal en la banda izquierda, rapidísimo y con gol, el sevillano formó el ala infernal con Joaquín Peiró. Cuando Luis Aragonés llegó al equipo, él ya había logrado dos Copas del Generalísimo y una inolvidable Recopa de Europa ante la Fiorentina.

El que tuvo con Collar no fue el único gesto de Zapatones en sus primeras semanas en el Atleti para demostrar de qué pasta estaba hecho. Otro muy recordado fue cambiarse durante aquellas primeras semanas en el vestuario B del Metropolitano, ese que estaba destinado a los meritorios. El jugador consideraba que había que ir paso a paso, protagonizar pequeñas conquistas en el día a día hasta escalar y convertirse en uno de los hombres fuertes: ser un líder. Por eso dejó en manos de Marina, el jefe de material, la decisión de cuándo poner su ropa en el lugar de privilegio y cambiarse junto a los referentes.

«Entonces los jefes de material eran tanto como el entrenador, estaban todo el día en el campo y mandaban. Y su criterio era bueno y sano. Aquellos eran gestos para darle jerarquía a quien ya la había demostrado. Cuando entras en un sitio, tienes que escuchar, aprender y demostrar. Antes, en los clubes había jerarquía, y te tocaba saber quién era Collar, reconocerle todo lo que había hecho por un equipo que tiene que ganar. Es como si llega Di Stéfano al Madrid, pues podrá decir cualquier cosa, y los demás, a atender», señalaba el propio Aragonés en *Sentimiento atlético*, de José Miguélez y Javier Gómez Matallanas. Apenas unas semanas después, sus bártulos ya estaban en el vestuario principal. Él sabía que había que fijarse en los futbolistas veteranos. Y no solo Collar, también Griffa o Calleja, tipos con carácter que conocían el Atleti después de tantos años y que eran los que más y mejor iban a enseñar a los jóvenes cuáles eran los valores del equipo. Si había que conocer la casa, ¿qué mejor que arrimarse a los veteranos, esos que llevaban toda una vida defendiendo sus colores para averiguarlo? Y Aragonés, siempre vivo, con esa listeza que solo da el barrio, supo empaparse perfectamente de ese sentimiento que, más tarde, él mismo se encargó de transmitir durante el resto de su vida.

41
El padre de Tirapu

Mariano Tirapu lo tenía todo. Era alto, guapo, simpático, disfrutón y jugador de fútbol. De familia de futbolistas (su hermano mayor, Fernando, brilló en Osasuna, Valencia y Athletic Club), amante de la pintura, la naturaleza y los perros, el portero parecía destinado a triunfar en la élite. Comenzó a jugar en su colegio de Pamplona y dio el salto a las categorías inferiores de Osasuna, donde llamó la atención del Atlético de Madrid, que lo fichó para el Madrileño. Titular en la selección juvenil por delante de nada menos que Luis Miguel Arconada, Tirapu fue cedido durante una temporada y media al Rayo Vallecano, donde mostró muy buenas maneras y confirmó todo lo bueno que se esperaba de él. Auspiciado por su rendimiento en segunda división con los de la avenida de la Albufera, el guardameta regresó al Atleti, donde tuvo la oportunidad de debutar a las órdenes de Luis Aragonés en el primer partido de la temporada 1975-1976 frente al Real Zaragoza debido a una lesión de Pepe Reina. Según apuntaban las crónicas de la época, Tirapu destacaba por su tranquilidad, sobriedad bajo los palos y aplomo. Era frío como el hielo, poseía unas cualidades tremendas y un notable futuro, pero Luis empezó a notar algunos detalles que comenzaron a preocuparle, pues era apenas un chaval y su excesiva afición a salir por la noche y

EL PADRE DE TIRAPU

volver a casa a altas horas de la madrugada podrían afectar a su futuro.

El entrenador consideraba que este estilo de vida poco cuidadoso no era nada recomendable, por lo que, además de hablar con el propio Tirapu, decidió llamar a su padre. Luis se reunió con él para comentarle la situación y la necesidad de atar en corto al muchacho si no querían que la oveja se descarriase. La respuesta del progenitor no dejó lugar a dudas, pues tras agradecerle todo lo que estaba haciendo por el chico y que hubiera puesto la situación en su conocimiento, le prometió que tomaría cartas en el asunto para que no volviera a repetirse: «Muchas gracias por avisarme, míster. Esté usted tranquilo, que yo mismo me ocupo de todo». La sorpresa llegó esa misma noche, cuando Luis acudió a la discoteca Cerebro, local de moda ubicado en la calle Princesa y donde se reunían desde Carmen Cervera al *latin lover* Espartaco Santoni, y en el que el futbolista Charly Rexach tuvo un encontronazo con un fotógrafo cuando este le captó bailando con Bárbara Rey. Allí andaba el entrenador del Atlético de Madrid tomando una copa cuando, de repente, notó una algarabía en el centro de la pista; al acercarse un poco más, observó alucinado que el protagonista era la misma persona con la que había hablado esa misma tarde y había tratado de tranquilizarle. Bailaba de forma extraña, tenía la camisa por fuera, una copa en la mano y un insólito gorro en forma de cucurucho sobre la cabeza. Enfrente, a apenas un par de metros estaba su hijo: Mariano Tirapu.

El periplo del portero en el Atleti duró hasta verano de 1978; los partidos que disputó casi pudieron contarse con los dedos de una mano. Del cuadro rojiblanco salió en dirección al Burgos, donde tampoco contó con muchos minutos; fue el punto de partida de un ir y venir de equipos que incluyó al Terrassa, al Real Mallorca, al Lorca y nuevamente al Rayo

Vallecano, donde puso punto final a su carrera deportiva. Ídolo de jovencitas en todas las ciudades por las que pasó y con una confianza casi insultante, se apuntaba de él que estaba tan seguro de sus cualidades y reflejos que aprovechaba el final de los entrenamientos para retar a los compañeros a que le tiraran desde cualquier sitio fuera del área o desde el mismo punto de penalti. Su desafío: ser capaz de parar más disparos de los que le meterían. Y no fueron pocas las veces en las que se llevó la apuesta. Genio y figura.

42

Botas de madera

Luis Aragonés siempre vio algo especial en Dani Güiza. Cuando llegó a Mallorca en el verano de 2000 para hacerse cargo del equipo bermellón, al Sabio le llamó la atención aquel desgarbado delantero de diecinueve años que destacaba en las filas del filial y que, pese a un estilo poco ortodoxo, mostraba una tremenda facilidad para el gol. El de Jerez fue siempre un alma libre. Un futbolista que nunca fue amigo de las presiones, criado en un barrio humilde, doctorado en la universidad de la vida y que, gracias al fútbol, pudo regatear un destino nada halagüeño. Nunca fue amigo de los libros, vivió una infancia entre chabolas y su mejor recuerdo del colegio son aquellos recreos en los que mostraba su talento con el balón en los pies. Era ese objeto redondo el que lograba calmarlo y convertirlo en alguien especial como su ídolo, Kiko. Güiza aterrizó en la isla después de pasar por el Xerez y el Dos Hermanas. Lo hizo en enero de 2000: en apenas media temporada explotó con el segundo equipo e incluso tuvo unos minutos con el primero ante el Espanyol, con Fernando Vázquez en el banquillo. Algo especial tuvo que notar Luis Aragonés cuando se hizo cargo del Real Mallorca, pues ya en la segunda jornada le hizo saltar al césped en Mestalla en un partido que acabó con un rotundo 4-0 en contra ante el Valencia. Una semana después, el andaluz iba a tener su gran oportunidad: sería titular por primera vez en primera división. Luis le adelantó que iba a salir de inicio frente al Málaga el domingo 24 de septiembre. Sin embargo, esta posibilidad estuvo a punto de saltar por los aires apenas un par de días antes. ¿El motivo? El andaluz se quedó dormido antes del último entrenamiento previo al encuentro y llegó tarde.

Despeinado y todavía con legañas en los ojos, Güiza temía la ira del entrenador debido a su terrible despiste, pero se quedó sorprendido por un gesto que no olvidó. «Fui al entrenamiento, pero fui más tarde, y me dijo: "Tranquilo, chiquillo. Coge un balón, te pones a tocar un poquito por ahí, que mañana vas a jugar de titular igual"», explicaba en *El Desmarque*. Aunque tan solo jugó tres partidos más en primera esa temporada, en la que solía alinearse con el Mallorca B, el jerezano fue un habitual en los entrenamientos del primer equipo. Pero lo peor para Güiza no eran los ejercicios o los partidillos, sino las sesiones de vídeo. Hasta tal punto que llegó a quedarse dormido en una. «Por las mañanas, nos ponían el vídeo. Estaba todo apagado, tan oscuro, se veía solo la pantalla al fondo, te entraba la modorra y...», reconocía.

Pasaron los años, exactamente siete, y volvieron a unirse los destinos de Luis y Dani Güiza. El entrenador estaba al frente de la selección española y el delantero arrancaba una temporada en la que terminó logrando el pichichi cuando en noviembre de 2007 fue convocado. En una de sus primeras charlas tras el reencuentro, el Sabio le lanzó un aviso: conocía a todos los gitanos de Jerez, por lo que tenía que andar con ojo cuando se fuera de vacaciones a su tierra, porque él se iba a enterar de todo lo que hiciese allí. Y el goleador sabía que era verdad. Los entrenamientos en el combinado nacional dejaron una profunda huella en Güiza. Esos rondos interminables en los que era incapaz de robar un balón a los Iniesta o

Xavi Hernández, y donde Aragonés se le acercaba para soltarle con sorna: «¿Qué pasa, Güiza, tiene usted la bota de madera?». Todo eso acabó haciéndole mejor futbolista y terminó formando parte de la lista que disputó la inolvidable Eurocopa de 2008. «Nadie supo aprovecharme tanto en un campo de juego. Fue quien mejor me dirigió, con diferencia. Siempre le estaré muy agradecido», reconoció el delantero, que volvió a encontrarse con Zapatones en Turquía. Además de por sus goles en todos los equipos por los que pasó, también dejó un momento inolvidable que todavía puede verse en redes. Concretamente, aquel vídeo en el que, consultado sobre su actor, película y actriz favoritos, soltó un: «El actor, Torrente; la película favorita, *Torrente*; y la actriz, la que se pone a chillar "Torrente, Torrente", pero no sé el nombre».

43

Gil se acojona

La temporada 1995-1996 ya se encaminaba a su recta final y el Atlético de Madrid tocaba el título de liga con la yema de los dedos. Había que remontarse casi veinte años atrás para recordar el último campeonato de primera división logrado por el equipo; en el mes de abril de 1996, todos los caminos parecían llevar a buen puerto. Después de dos temporadas complicadas en las que prácticamente había estado luchando por evitar el descenso, la llegada al banquillo de Radomir Antić y una serie de incorporaciones por las que muy pocos habrían apostado supusieron un auténtico giro de guion. Ya hacía unas semanas que el Atleti había ganado la Copa del Rey en Zaragoza frente al F. C. Barcelona; después de la victoria en el Camp Nou por 1-3 precisamente frente a los culés en la trigésima séptima jornada, tenía todas las cartas en la mano para llevarse también la liga. Con cinco partidos por delante, únicamente una catástrofe podía dejar al Atlético sin el campeonato. A estas alturas de la película, el gran rival por el título era el Valencia, segundo en la clasificación a siete puntos de distancia (cuando quedaban quince por disputarse) y con el que se iba a enfrentar en el Vicente Calderón. En caso de victoria, el campeonato estaba hecho. Si eran los de la capital de Turia los que lograban los puntos, todavía quedaba tela por cortar.

GIL SE ACOJONA

La semana previa al choque fue de lo más caliente. Consultado por el nivel de ambas plantillas y la buena temporada protagonizada por algunos referentes valencianistas como Pedja Mijatović, Jesús Gil disparaba con bala para proclamar a los cuatro vientos que ninguno de los jugadores del Valencia servía para su equipo. Convertido en rival en esta ocasión, el técnico che, Luis Aragonés, era consultado apenas un par de días después sobre las palabras del que había sido su presidente y con el que había mantenido una intensa relación de amor-odio. Él mejor que nadie sabía que estaba ante una gran oportunidad y no se anda con ambages en la rueda de prensa. «Conozco bien a Jesús Gil y sé que está acojonado. Pero acojonado. Verdaderamente acojonado», suelta ante la estupefacción de todos los presentes. El entrenador no se quedó ahí; tras una nueva tímida cuestión de «pero ¿quiere decir que...?», añade: «Quiero decir que es un acojonado, que tiene más miedo que vergüenza, vamos. Cuando hay presión en un partido importante, no aguanta la presión y hace declaraciones contra los equipos rivales». Por el contrario, el Sabio sí que sacaba de la ecuación al resto de los miembros del equipo y era consciente de la dificultad del partido: «Ni el equipo ni los técnicos del Atlético de Madrid tienen el acojonamiento que tiene su presidente». Zapatones era consciente de la oportunidad que se presentaba de hacer revivir la liga si ganaba en el estadio en el que tantos partidos había dirigido, y no tenía la más mínima intención de dejarla pasar, por lo que iba a utilizar cualquier arma que tuviera a su alcance. Entre estas se encontraba meter un poco de presión al equipo desde la sala de prensa. Era una situación límite que iba a marcar el devenir del campeonato. Y parece que la jugada le salió bien: el Valencia asaltó el Calderón, se llevó la victoria por 2-3 y el capitán del Atlético, Roberto Solozábal, acabó echando al equipo local atrás para mantener el *goal average*. A la conclusión del envite, el propio

ETERNOS. SIMEONE Y ARAGONÉS

Aragonés reconocía que los suyos habían «ganado al mejor equipo de España», antes de añadir que «estamos ahí por méritos propios y lucharemos por la liga, aunque el Atlético sigue con ventaja». Finalmente, el Atlético de Madrid acabó haciéndose con el título de liga y consumando un doblete inolvidable.

44

La pasión turca

Verano de 2008. «Me marcho porque nadie me ha dicho nada. No olvidéis una cosa, podéis ser campeones del mundo». Luis Aragonés abandonó el banquillo de la selección española tras convertirla en campeona de Europa y lanzando un pronóstico que se cumplió apenas un par de años después. El combinado nacional quedó en manos de Vicente del Bosque, mientras Zapatones se marchó nada menos que a Turquía para vivir su primera experiencia en un banquillo fuera de España y hacerse cargo del Fenerbahçe. Fue una etapa breve pero intensa: duró una temporada y comenzó de forma agitada. Apenas unas semanas después de ser recibido en el aeropuerto de Estambul con flores y aplausos, Luis sufrió lo complicado del tráfico de la capital turca. Fue precisamente el 28 de julio, el mismo día que cumplía setenta años. Según recordaba en *Relevo* su por aquel entonces ayudante César Mendiondo, era habitual que todos los miembros del cuerpo técnico llegaran una hora y media antes a los entrenamientos, se cambiaran en las habitaciones que tenían allí y mantuvieran una reunión para pasar revista a los planes de la jornada de trabajo. Sin embargo, a la hora fijada de aquel día en cuestión estaban todos menos el Sabio. Iban pasando los minutos, no había ni rastro de Luis y tampoco respondía a las llamadas de teléfono. Cansados de esperar, y dado que todos los jugadores ya estaban preparados para iniciar la sesión desde hacía tiempo, el equipo de trabajo decidió que comenzara el entrenamiento. Así transcurrió prácticamente una hora hasta que el técnico apareció en el terreno de juego vestido con ropa de calle y se quedó viendo la sesión.

Todo parecía transcurrir con normalidad hasta que el propio Mendiondo fue junto al míster para saludarle y preguntarle qué había sucedido para que se retrasase, momento en que este se acercó a su oído y le dijo: «No vuelva usted a comenzar un entrenamiento sin que esté yo delante». Todo un aviso a navegantes que dejaba bien a las claras el carácter y la capacidad de mando de un Luis Aragonés que luego reconoció que se había equivocado de camino y que, pese a conocer el trayecto de memoria, tuvo un problema en un cruce de autopistas y tardó más de dos horas en dar la vuelta para llegar al campo de entrenamiento. No fue la única oportunidad en que Mendiondo comprobó la personalidad del Sabio de Hortaleza. El que fuera su ayudante recordaba que el técnico tenía una profunda admiración por Roberto Carlos, lateral zurdo del Real Madrid y la selección brasileña, al que tuvo a sus órdenes en Turquía. Sin embargo, el juego del *canarinho* no era siempre sobresaliente. Hubo un partido en el que ambos estaban sentados en el banquillo cuando «Luis susurró una frase: "El negro no anda". Como no le entendí en ese momento y nunca había llamado "negro" a Roberto, no sabía lo que quería decir. Lo repitió. "Que el negro hoy no anda, ¿no lo ves, coño?"». Al escuchar las palabras del entrenador, la reacción del propio Mendiondo fue la de sugerirle que lo cambiara. «¿En qué hora se me ocurrió insinuarle esa posibilidad? Me dijo de todo. "Usted está gilipollas, cómo voy a quitar a Roberto Carlos... Es el mejor hasta en la caseta"», recordaba.

Sin embargo, a Luis no le dolían prendas si tenía que reconocer un error. Así sucedió precisamente en la final de la Copa que enfrentó a su equipo con el Beşiktaş. El portero durante toda la competición había sido Babacan, número dos de la plantilla por detrás del titular en liga, el experimentado Volkan Demirel. Aragonés preguntó a sus ayudantes en la previa del choque quién consideraban ellos que debería situarse bajo los palos para la final; mientras el entrenador de porteros, Ángel Férez, y Carlos Cascallana, el preparador físico, señalaron que tenía que seguir quien venía jugando esa competición, Mendiondo opinaba justo lo contrario y señaló que Demirel era mucho más fiable. La decisión final de Luis fue la de decantarse por Babacan, el teórico suplente, que nada más comenzar el partido se tragó un gol inexplicable. Por eso, cuando acabó el partido y el Fenerbahçe se quedó sin Copa tras perder 4-2, el técnico habló con sus ayudantes y les señaló: «Me he equivocado de portero, hemos perdido la final por mi culpa».

45

Juveniles y jaulas

Luis Aragonés llegó al Oviedo en 1999. El encargado de convencerle fue el presidente Eugenio Prieto, ese mismo que, siendo apenas un guaje, le llevaba las botas desde el Tartiere hasta el bar donde paraban los jugadores a cambio de una peseta cuando Zapatones fue jugador del cuadro asturiano en la temporada 1960-1961. El que fuera máximo mandatario contaba que, en la primera conversación que tuvo con el técnico para ofrecerle el puesto, Luis fue claro y le señaló que era un tema que tenía que «arreglarlo con Pepi». Añadió: «Mi mujer es la que decide». En ese momento, Prieto se puso manos a la obra, les enseñó varios pisos en la calle Fruela, en el centro de la ciudad, visitaron la plaza, el mercado, Pepa se quedó maravillada y se firmó. Aunque contaba con varias piezas interesantes como Esteban, Onopko, Paulo Bento o Eskurza, aquel Oviedo estaba diseñado para luchar por evitar el descenso. El equipo fue tirando durante toda la temporada a trancas y barrancas, y siempre lindando con la zona complicada de la clasificación. Así, una dolorosa goleada en Mestalla por 6-2 contra el Valencia provocó las iras del presidente carbayón, que según recordaba en *La Nueva España* «quería matar a los jugadores». Cuando iba a ponerles las cosas claras a la plantilla, Luis paró a Eugenio Prieto y le emplazó a una reunión para el día siguiente. En esta, el mandatario les dijo que el equipo era carne de segunda e iban a descender. El entrenador paró en seco al presidente con una frase premonitoria: «Conmigo de entrenador, no bajamos ni con juveniles».

Aragonés conocía lo que tenía entre manos, su confianza en el equipo era total y sabía que había plantilla para lograr la salvación. Y si hacía falta un extra, ya lo pondría él de su propia cosecha. El propio Eugenio Prieto explicaba en *Jot Down* que «había un momento que era del entrenador. Parecía que no movía apenas al equipo, pero manejaba los detalles y lo cambiaba. Llegaban esos cinco minutos y, si tocaba parar el partido porque ibas ganando, lo paraba. El masajista salía indebidamente, el utillero tiraba una camiseta, empezaba a comerle la oreja al juez de línea hasta que el árbitro tenía que venir a hablar con él... Sabía». Muy recordado es un capítulo allá por marzo de 2000, cuando el equipo era penúltimo e iba a enfrentarse al Athletic de Bilbao. Luis Aragonés comentó en una charla previa uno de los puntos débiles por donde podrían hacer daño a los vascos: «Miren, chiquitos, yo a Patxi Ferreira lo quiero como a un hijo —comentó aludiendo al zaguero al que había dirigido en Atleti, Sevilla y Valencia—, pero por la izquierda se cae. Atáquenle, que les digo que se cae». La victoria por 1-0 gracias al gol de Bango fue un espaldarazo para lograr la permanencia, aunque esta no se concretó hasta muchas semanas después.

Uno de los partidos clave fue una victoria en el Sánchez Pizjuán frente al Sevilla en la jornada trigésima quinta. Quiso la casualidad que el choque fuera en plena Feria de Abril, por lo que después de la victoria Luis decidió dar la noche libre a los jugadores para que disfrutaran de la ciudad..., y fue precisamente el propio entrenador el último en regresar al hotel cuando ya se habían superado las siete de la mañana. Esto provocó que en el entrenamiento de recuperación del día siguiente, ya en Oviedo, el Sabio pagara los excesos y se dañara el abductor tirando unas faltas. Nada más llevarse la mano a la zona dolorida, Luis escuchó el grito de uno de sus jugadores: «¡Que ya no está para esto, abuelo!». «Este abuelo estuvo ayer de fiesta más que todos ustedes», respondió el entrenador entre risas. Cuando acabó la temporada, Luis Aragonés hizo las maletas y se marchó a entrenar al Real Mallorca. Sin embargo, antes de abandonar el equipo asturiano, el Sabio dejó una sentencia que acabó convirtiéndose en vaticinio. El Oviedo cambiaba de campo al año siguiente, y él advirtió a varios de sus futbolistas: «Jaula nueva, pájaro muerto». Efectivamente, el equipo acabó descendiendo a segunda división.

46

Un pato mareado

El Real Madrid descubrió a Luis Aragonés en 1958. Venía de protagonizar una buena temporada en las filas del Getafe Deportivo, todavía como amateur, y llamó la atención de los ojeadores del equipo blanco. Miguel Malbo leyó una serie de informes sobre su juego, se acercó a verlo en directo y no desaprovechó la oportunidad de hacerse con aquel chaval fino y espigado. También despertó el interés del presidente Santiago Bernabéu, que le descubrió en un entrenamiento y cuyas primeras palabras fueron: «Ese chavalín de las piernas delgadillas va a ser un buen jugador de fútbol», como le contaba tiempo después el propio Luis a Enrique Collar. El máximo mandatario consideraba al joven un futbolista de notable porvenir, pero apuntaba que le hacía falta comer más filetes, porque lo veía muy delgado. No llegó a tener oportunidades Zapatones en el cuadro merengue, que decidió cederlo sucesivamente a Recreativo de Huelva, Hércules de Alicante y Plus Ultra, equipo que actuaba a modo de cantera del Real Madrid y jugaba en la segunda división. Allí estuvo Luis apenas unos meses, en los que tuvo tiempo de marcar cuatro goles al Castellón en un partido, y cinco al Jaén en otro. En total, fueron once tantos en ocho partidos que lo llevaron a una nueva cesión; en este caso, al Oviedo. Fue ahí donde al futbolista se le acabó la paciencia y pidió que lo vendieran. Estaba cansado de préstamos y quería asentarse en un equipo. «Como yo tenía los pies en el suelo y sabía que había una delantera que hacía imposible que pudieras jugar, donde estaban Kopa, Rial, Di Stéfano, Puskás y Gento, le dije al Real Madrid: "Por favor, ya más cesiones va a ser imposible. Véndanme ustedes". Y me vendieron al Real Betis Balompié», reconoció tiempo después.

El resto de la historia es por todos conocida: Aragonés se convirtió en uno de los mejores jugadores de España en el Real Betis y luego en referente e historia del Atlético de Madrid. La consagración de Zapatones con la rojiblanca y haber desaprovechado la oportunidad de que vistiera de blanco fue algo que no sentó bien al propio Santiago Bernabéu. Un error de apreciación por parte del Real Madrid que tampoco entendieron muchos aficionados y causó algún rifirrafe de notables dimensiones. De hecho, fue muy recordada la bronca entre el presidente y el por aquel entonces gerente, Antonio Calderón, en la que, de no ser por la presencia de Benito Castañeda, director y asesor jurídico del club, y Raimundo Saporta, hubieran llegado a las manos. Así, era tónica habitual que Bernabéu recordara a Calderón la falta de vista, su enorme torpeza para dejar escapar a un futbolista que había llegado al club cuando era apenas un chaval y que se fue sin jugar ni un partido oficial. La cantinela era constante hasta que un día el gerente explotó y, según explicaba Martín Semprún en su biografía del gestor madridista, le contestó: «¿Qué dices? Le hemos traspasado porque a ti no te gustaba, decías que era un pato mareado. ¡Si no le podías ni ver!». Estas palabras provocaron la ira del presidente, quien le volvió a señalar: «¡Coño! Claro, para eso estás tú. Para eso eres el gerente». Tras la pregunta de Calderón de para qué estaba él, Bernabéu remató: «Para no hacerme caso, ¡coño! Cuando no tengo razón en lo que digo, no me hagas caso».

Y es que Antonio Calderón fue un profundo admirador del juego de Luis y tenía gran confianza en sus cualidades, todo lo contrario que Samitier, por entonces secretario técnico del Madrid, que fue quien lo empujó al Real Betis. Aquella bronca, ese encontronazo entre Bernabéu y su gerente fue la última vez que se habló en la casa blanca de Aragonés como algo que se perdió. Desde ese momento, se convirtió en un rival, en un adversario.

47

El «penalti del Cojo»

Luis Aragonés pasó dos etapas espectaculares en Andalucía a lo largo de su carrera como futbolista. La primera duró un año y fue en Huelva, donde estuvo cedido en el Recreativo por el Real Madrid; eso le dio la oportunidad de conocer a Pepa, su esposa. La segunda, en el Real Betis, que lo compró al conjunto de Chamartín y cuyos colores defendió durante tres temporadas para erigirse en uno de los jugadores más destacados de España a base de goles y buenas actuaciones. Tras esto, el salto al Atlético de Madrid, donde llegó como un fichaje de relumbrón y terminó de forjar su historia. El paso por Andalucía hizo descubrir a Luis el arte que se esconde en el cante, el baile y el flamenco en general. Fue precisamente en su etapa en la ciudad del Guadalquivir donde conoció a Enrique Jiménez Mendoza, más conocido como Enrique, *el Cojo*, bailaor que debía su sobrenombre a que tenía una pierna un palmo más larga que otra, si bien esto no le impedía desarrollar su arte. Luis se enamoró del baile del Cojo, que caracterizaba a aquel artista nacido en Cáceres y que a los tres años se instaló con su familia en un patio de vecinos del entorno de la Alameda, un barrio que jamás abandonaría. Con fobia a la juerga, por muy extraño que pudiera parecer, por las clases del Cojo pasó gran parte de la nobleza tanto de Sevilla como de España, así como artistas del nivel de Marisol, Gracia

EL «PENALTI DEL COJO»

de Triana, Luisa Ortega, Cristina Hoy, Yoko Komatsubara o Juanita Reina. Casi na.

Pese a la diferencia de longitud entre sus dos piernas, el genio embelesaba a los espectadores de sus bailes y era capaz de transmitir una emoción que dejaba a todos con los ojos como platos. Tenía embrujo, duende, una magia especial que era capaz de enamorar a todo aquel que se pusiera frente a él a contemplar su arte. Y Luis no fue una excepción. De tanto ir a ver a Enrique Jiménez Mendoza, no solo fue haciéndose cada vez más amigo del artista, sino que llegó a calcar su baile del Cojo a la perfección. Marcaba sus pasos como si fuera una sombra, movía los brazos como si estuviera frente a un espejo, y cualquiera que viera al por aquel entonces futbolista del Real Betis sobre las tablas lo primero que hacía era recordar a Enrique. Tal nivel llegó a adquirir Luis Aragonés en la imitación de su ídolo cojitranco que hubo un día en el que se atrevió incluso a marcar paso a paso el movimiento del bailaor... ¡antes de lanzar un penalti! Fue en el fondo sur del estadio Vicente Calderón en un partido en el que el Atleti ya contaba con una más que significativa ventaja en el marcador. Así, después de advertírselo a sus compañeros en los entrenamientos durante toda la semana, Zapatones se dirigió presto al punto fatídico para lanzar una pena máxima que dejó a todos estupefactos. Mientras el portero aguardaba esperando el momento idóneo para elegir un lado e intentar detener el lanzamiento, Luis se acercó poco a poco al esférico con un particular tac-tac-tac. Así, Adelardo señalaba en una conversación con *Relevo*: «No me acuerdo del partido, pero fue en el Calderón. Puso el balón en el punto de penalti y se fue hacia atrás haciéndose el cojo, arrastrando, doblando los pies, y cuando llegó el momento remató con el exterior y marcó». Fue este el particular homenaje que realizó Luis Aragonés a uno de sus ídolos sobre el césped del Vicente Calderón. Y, de paso, dejó clara muestra de ser un futbolista diferente.

48
Combate en el baño

Personalidad. Carácter. Valentía. Varias son las palabras que definieron a Luis Aragonés durante su vida. En sus años como técnico, el Sabio supo escrutar a la perfección la personalidad de sus futbolistas para extraer la mejor de sus versiones. Lejos de lo que pudieran pensar todos los que lo rodeaban, al de Hortaleza no le dolían prendas a la hora de sacar su temperamento cuando la ocasión lo requería. Joaquín Sánchez fue uno de los pupilos del Sabio que vivió en sus propias carnes lo volcánico del entrenador cuando estuvo a sus órdenes en las filas de la selección española. Porque no todo fueron días de vino y rosas entre ambos.

Verano de 2004. Luis Aragonés se convirtió en nuevo seleccionador nacional relevando a Iñaki Sáez en el cargo y no dudó en apostar por el extremo ya desde las primeras convocatorias. La velocidad del andaluz, el eléctrico uno contra uno y su facilidad para el centro sedujeron al Sabio, que lo convirtió en un habitual durante todo el ciclo de clasificación y también lo incluyó en la lista que viajó a Alemania para disputar el Mundial de 2006. Era frecuente que Luis veraneara durante muchos años en Vistahermosa, en el Puerto de Santa María, lugar en el que nació y creció el futbolista y donde su padre, Aurelio Sánchez, regentaba un bar. Precisamente por este motivo, cada vez que había una convocatoria, su primera pregunta a Joaquín cuando este llegaba era siempre la misma: «¿Qué tal el bar de su padre?». La familiaridad entre ambos no abría la puerta, de cualquier modo, a que Aragonés tuviera el más mínimo trato de favor hacia el andaluz. Recordaba el propio futbolista como, después de un entrenamiento, Luis se acercó a un grupo del que él formaba parte para advertirles de que había que marcharse al cabo de quince minutos. Siempre tendente a la broma, Joaquín respondió con un «de aquí no me mueve ni mi puta madre», pensando que el entrenador no le había escuchado. Nada más lejos de la realidad, pues las palabras del futbolista provocaron que Zapatones frenara en seco su camino hacia la puerta, se diera la vuelta, fuera a por él con la cara completamente desencajada y lo cogiera por la pechera: «Usted y yo vamos a ir al cuarto de ahí dentro, a ver quién sale vivo». Joaquín palideció y, con un hilillo de voz, intentó pedirle perdón y explicarle que era una broma. Sin embargo, Aragonés no atendía a razones e insistía: «Le mato ahí dentro». La cara del jugador era un auténtico poema y no sabía dónde meterse... hasta que el técnico estalló en carcajadas y le señaló que él también estaba bromeando, ante la hilaridad del resto de sus compañeros.

No fue la única ocasión en la que el Sabio metió el miedo en el cuerpo al gaditano. Otra la recordaba Pepe Reina, portero suplente en aquella selección que tuvo Luis Aragonés a los mandos; la desveló en una entrevista en Movistar. El equipo jugaba en Santander y en la previa del choque hubo un entrenamiento sobre el terreno de juego. «Los andaluces con el flamenquito y el no sé qué tardábamos más en ducharnos. Nos dijeron que se iba el autobús y pasó Luis Aragonés. "Chavales, que se va el autobús, me cago en mi padre". Y le da por decir a Joaquín: "Vete al carajo, viejo". Se dio media vuelta Luis Aragonés, se quitó las gafas, las dejó y le dijo: "Joaquín, yo me cago en su puta madre", antes de zarandearlo».

No acabó de la mejor manera la relación entre Luis y Joaquín. El atacante llegó a señalar que «la selección de Aragonés es un despelote y un caos», para luego rectificar y acusar a la prensa de haber tergiversado sus palabras. Estuvo un tiempo fuera de las convocatorias y, pese a que volvió a enfundarse la camiseta del combinado nacional, no estuvo en la Eurocopa de 2008, algo que no olvidó. De hecho, quince años después y con Luis ya fallecido, el futbolista señaló en el programa *La penúltima y me voy*: «Luis Aragonés no se portó todo lo bien que se tendría que haber portado conmigo. No lo digo por el trato, lo digo porque qué menos que me hubiera llamado y me hubiese dicho lo que pensaba y por qué me dejaba fuera de la selección». La reacción a estas palabras no se hizo esperar; como el Sabio de Hortaleza no pudo responder, lo hizo su público. Habían pasado unas semanas desde las declaraciones cuando el Real Betis visitó el Metropolitano para enfrentarse al Atlético de Madrid y los espectadores dedicaron dos sonoras pitadas al futbolista. La primera, cuando su nombre se anunció en el videomarcador. La segunda, al saltar al terreno de juego en el minuto 62, momento tras el cual se coreó al unísono el nombre de Luis Aragonés.

49

Tablillas

Corría el mes de abril de 1992 y el Atlético de Madrid se aferraba a la posibilidad de seguir peleando por la liga mientras «Smells Like Teen Spirit», de Nirvana, era el número uno de Los 40 Principales, y Andrés Pajares volvía al cine, un par de años después de ganar el Goya por *¡Ay, Carmela!*, para dar vida a *Makinavaja, el último choriso*. Los de Luis Aragonés visitaban el Heliodoro Rodríguez en la jornada vigesimonovena para enfrentarse al Tenerife con la necesidad de llevarse los dos puntos en juego y mantenerse a tiro de piedra de Real Madrid y F. C. Barcelona en la clasificación.

La cosa comenzó bien para el Atleti, que se adelantó en el marcador antes de la media hora de juego gracias a un gran tanto de Juan Vizcaíno desde fuera del área fruto del laboratorio de Luis. El gol dio alas a los visitantes, que ejecutaron a la perfección las órdenes del Sabio, taparon a Fernando Redondo y dejaron sin ideas al Tenerife. Pese a algunos detalles broncos, el partido transcurría con normalidad hasta que en el minuto 62 todo estalló: una brutal entrada de Revert sobre Aguilera dejaba al lateral lesionado en el suelo y con visibles gestos de dolor. El colegiado Gracia Redondo no dejó que el futbolista fuera atendido; cuando el masajista, Aureliano Cachadiñas, entró en el terreno de juego fue expulsado. El partido se estaba emitiendo en directo en Canal Plus y Jesús Gil comentaba desde el palco: «Es imposible. Si hay un lesionado de verdad, hay que atenderle. Creo que es una vergüenza. El árbitro aquí ha tenido una falta de autoridad total». La tensión iba creciendo exponencialmente con el paso de los segundos y las cámaras se centraban en lo que ocurría en la banda, donde Luis Aragonés se las tenía tiesas con el delegado de campo, Cristóbal Amador. ¿El motivo de la discusión? La tablilla de los números: solo había un juego, en vez de los dos reglamentarios. El míster pedía con vehemencia la tablilla para poder sustituir al lesionado Aguilera mientras el delegado se resistía porque quería que se realizara antes un cambio del Tenerife: Quique Estebaranz por Rafa Berges.

En medio de la vorágine apareció el propio colegiado del partido para expulsar al entrenador, que no entendía nada de lo que estaba pasando, se encaraba incluso con la policía presente a pie de campo y tenía que ser separado por sus jugadores. A esas alturas de la película, Luis ya había perdido las gafas en medio de la refriega y Aguilera también había abandonado el césped, en este caso en camilla. Las cámaras de televisión seguían al técnico en su camino por el túnel de vestuarios y mostraban cómo le explicaba a Rubén Cano lo que había pasado en apenas dos minutos de auténtica locura. Pese a la expulsión del Sabio, el Atleti supo mantener la ventaja y llevarse dos puntos de oro en su visita a la isla y continuar en la batalla.

Ya más calmado, el propio Aragonés explicaba en rueda de prensa lo que había sucedido: «Es sencillísimo. Todo equipo ha de tener dos numeraciones para cuando interese a ambos entrenadores realizar cambios cuando lo crea oportuno. Con Aguilera lesionado, quería sustituirle, pero el delegado de campo tenía el número tres porque el Tenerife iba a hacer otro cambio. Yo le pedí el dos, no me lo quiso dar y entramos en una pequeña discusión y forcejeo por el cartel». Consultado sobre lo que observó el árbitro para que terminara expulsándole, Aragonés subrayó que «no ha visto absolutamente nada», además de salir al paso de las críticas de los tinerfeños: «No he sido déspota. Más lo es decirme que no me da el dígito. Si le pido el número y me lo da, no hay ningún problema». Aguilera, protagonista involuntario tras la entrada que había recibido, también daba su particular versión de los hechos: «El árbitro perdió los papeles. Nada de lo que ha sucedido hubiese ocurrido si hubiera permitido que me atendieran y luego hubiese descontado el tiempo». Sin duda, unos minutos de auténtica locura.

50
«Y usted, no pise ese escudo»

No había sido una fase de clasificación sencilla y España tan solo pudo ser segunda en su grupo por detrás de Serbia. La selección tenía que jugarse en una repesca su presencia en el Mundial de 2006. El rival que deparó el bombo fue Eslovaquia, que venía de ser segunda por detrás de Portugal en su grupo y era el gran obstáculo para que el combinado de Luis Aragonés estuviera presente en su octava cita mundialista consecutiva. El partido de ida, el 12 de noviembre de 2005. ¿La sede? El estadio Vicente Calderón. Luis regresaba a su casa como técnico local, pero en esta ocasión no tenía que dirigir al Atlético de Madrid, sino que su chándal era el de España, y el objetivo, acercarse al Mundial. Los jugadores eran conscientes del reto que tenían frente a sí y no tardaron en hacerse con el control del juego. Dos goles de Luis García en apenas quince minutos comenzaron a dejar clara la superioridad local, pero quedaba un partido de vuelta y un gol eslovaco nada más comenzar la segunda mitad ajustaba el marcador.

Los nervios estaban a flor de piel y los encontronazos entre Aragonés y el cuarto árbitro, italiano, iban a más. En cierto momento, el colegiado se dirigió a Luis para indicarle que dejara de sobrepasar la zona del área técnica. En ese instante, el

«Y USTED, NO PISE ESE ESCUDO»

madrileño se paró, frenó en seco sus explicaciones y miró de arriba abajo al transalpino antes de soltarle: «Y usted, no pise ese escudo». Era el del Atlético de Madrid, que estaba dibujado en el césped justo a la salida del túnel de vestuarios. El Sabio estaba viviendo un partido clave con la selección española y el foco estaba puesto en el juego, pero los años que había vivido en ese mismo estadio, tanto en el césped como en el banquillo, pesaban. Porque Luis Aragonés tenía en el pecho el escudo de España. Igual que tuvo el del Betis, F. C. Barcelona, Espanyol, Valencia, Sevilla, Oviedo, Real Mallorca o tantos otros durante toda su carrera. Sin embargo, el del Atlético de Madrid estuvo cosido a su corazón, bordado en su alma.

Por eso, Luis abroncó al cuarto árbitro. Como aquel padre que ruborizaba a su hijo por no tratar con respeto a sus mayores. Igual que el profesor que indicaba al alumno qué camino debía seguir para tratar con los adultos, Luis lo dejó claro: «Y usted, no pise ese escudo». Era como soltarle una bofetada, pero con las manos metidas en los bolsillos; el de Hortaleza quería dejarle bien a las claras al auxiliar cómo tenía que actuar y que debía tener respeto a los símbolos. Lo hizo de aquella forma tan típica en él, con una mueca de casticismo madrileño mientras clavaba sus ojos en los de un cuarto árbitro que a buen seguro sentía que se hacía pequeño, en unos segundos que debieron de parecerle horas. «Y usted, no pise ese escudo». Pocas veces tan pocas palabras significaron tanto. Porque si alguien había defendido el escudo del Atlético de Madrid a lo largo de su historia, ese era Luis Aragonés. Primero lo hizo como futbolista durante una década; luego, como técnico en cuatro etapas distintas. Ganó ligas y Copas del Rey, y cuando lo llamaron para rescatar al equipo de segunda división no lo dudó un instante, echó a un lado la posibilidad de disputar la Champions League con el Real Mallorca y se embarcó en el desafío. Decía el escritor y filósofo francés Blaise Pascal que «el corazón tiene razones que la razón no entiende». Y el corazón de Luis era rojiblanco.

Aragonés jugó trescientos setenta partidos con el Atlético de Madrid y fue el máximo goleador hasta que lo superó Antoine Griezmann. Con seiscientos doce encuentros, también fue el entrenador que más veces se había sentado en el banquillo hasta que Diego Simeone batió su récord. Pero su legado ha ido mucho más allá. Su rebeldía, esa lucha contra el poder establecido, el no amilanarse, aquel «Si nosotros somos el pupas, ¿los demás qué son?, ¿el costras?». Porque ese «Y usted, no pise ese escudo» resume lo que era Luis Aragonés.

Las 25 mejores frases de Luis Aragonés

1. «Yo pienso en fútbol las veinticuatro horas del día, hasta cuando estoy durmiendo; a veces, me despierto dando una patada a un balón. Lo digo por mi mujer, que dice: "Me has dado una patada y tal"».
2. «No me bajo los pantalones ni cuando me quito el cinturón».
3. «Tengo un amigo que es sexador de pollos. Se dedica a decir "hembra" o "macho", y se equivoca un dos por mil, porque, si no, lo echan. Le acompañé una vez a sexar pollos..., ¡pero yo no los he sexado! Y ese me ha hecho algún favor que otro, en cuanto a pasarse por médico... Y es un japonés».
4. «Prefiero Zapatones que el Sabio, porque yo solo sé que no sé nada".
5. «Las finales no se juegan, se ganan».
6. «He tenido salidas de tono, sobre todo cuando tengo la razón».
7. «Yo creo que un entrenador de fútbol debe ir en chándal a los partidos».
8. «A mí me van a dar un ramo de flores, que no me cabe por el culo ni el bigote de una gamba».
9. «No me hace daño la crítica. Me molesta el insulto».

10. «Dios no se mete en estas cosas, es justísimo. No va con España ni con nadie, aunque bueno, Rusia es atea».
11. «Solo tengo miedo a la velocidad de las balas y a la guerra».
12. «Si Gattuso es una referencia, yo soy un cura».
13. «Aquí el más tonto hace relojes de madera. Y funcionan».
14. «Al linier hay que llamarle por su nombre, yo me sé los nombres de todos los linieres. Como nosotros tenemos ahora jugadores más conocidos, a los árbitros les gusta. Les gusta que les den una palmadita».
15. «Cuento los chistes de puta madre, os lo digo yo».
16. «Lo de la furia roja o la furia española no lo pudo explicar ni Menotti».
17. «Forman ustedes un grupo excepcional. Si no llego a la final con este grupo es que soy una mierda y he organizado una mierda de equipo».
18. «Soy atípico, porque yo he tenido un contrato de tres años ¡cobrado!, lo he devuelto y me he ido a mi casa».
19. «No, no, no, no..., ¡no, no, que no, que no, que no, que no!».
20. «Máteme usted, pero no me mienta».
21. «Ganar, y ganar, y ganar, y volver a ganar, y ganar, y ganar, y ganar, y eso es el fútbol, señores».
22. «Si el Atlético es el pupas, ¿los demás qué son?, ¿el costras?».
23. «El futbolista es como un actor, quiere salir, hacer tres goles y que la afición le aclame».
24. «Digo más veces vete a tomar por culo que buenos días».
25. «Si podemos machacar, vamos y machacamos. Nos ponemos y vamos y machacamos. Nos ha llegado el momento después de unos años. Nos han metido hostias de todos los colores, vamos a demostrarlo ahí».

Las 25 mejores frases sobre Luis Aragonés

1. «Luisón era un monstruo en todo lo que hacía, tanto en el mundo del fútbol como en lo personal. Como persona era un auténtico fuera de serie». MIGUEL, EL PECHUGA, SAN ROMÁN, q. e. p. d.
2. «Era muy directo. De hecho, no era nada cariñoso y te marcaba las distancias, pero luego daba a cada uno su sitio, no escondía nada e iba de frente. Cuando decía las cosas, lo cumplía, y solo con mirarte a los ojos era capaz de transmitirte lo que quería de ti». TONI MUÑOZ
3. «Me quedo con el hombre que conocí por encima del entrenador. No me puedo quedar con un momento de su vida, porque la vida está para vivirla». ANDONI ZUBIZARRETA
4. «Me acuerdo de un día en una pretemporada que venía de jugar por ahí. Yo fumaba en esa época un poquillo y después de un Mundial o una Eurocopa, la primera noche me cogió y me dijo: "Nene, ¿cuántos al día?". Y no lo entendía. Le dije: "¿Cuántos al día qué?". "Eres tonto o qué", me respondió. Yo dije que cuatro. "Esos son los que quiero que te fumes", porque, claro, él pensaba que "este me ha mentido, pero eran más". Era muy cercano a todos nosotros». RAFAEL GORDILLO

5. «Luis ha sido el mejor motivador de la historia del fútbol». Paulo Futre
6. «Una persona muy exigente que no te permitía nada cuando estabas entrenando o en el partido que no fuera trabajo y hacer lo que tenías que hacer. Luego, en las distancias cortas, era un fenómeno. Todo ese aspecto de gruñón que podía tener en las ruedas de prensa..., en el cara a cara era alguien extraordinario, con mucha guasa y tremendamente gracioso». Jorge Otero
7. «Una de las primeras veces en las que pensé "este tío es un crack" fue después de una derrota. Ni siquiera recuerdo qué nos explicó, pero sí cómo me llegó. Al final, todo el mundo sabe estar en la victoria y manejarse medianamente bien. Lo complicado es hacerlo en la derrota. Aquel día veníamos de perder en Brujas, estábamos alicaídos, pero él dio una charla y logró levantar al equipo. Al menos, conmigo lo logró». Roberto Solozábal
8. «Si me dicen quién es Luis Aragonés para ti o qué significa para ti, mira, yo no sé nadar, pero a mí me decía Luis Aragonés: "Tírate a la piscina o tírate al mar", yo no sé si habría agua, si me iba a ahogar o no, pero yo me iba a tirar porque sabía que en algún momento él me iba a rescatar o lo haría alguien que él mismo mandaría». Esteban Suárez
9. «Querido Luis, sé que el Atleti fue tu vida, y tú sabes que el Atleti también es la mía». Diego Simeone
10. «Ha sido el hombre que cambió el fútbol español». Iker Casillas
11. «Cuando perdía, era mejor no estar cerca de Luis. Era un ganador nato». Javier Irureta
12. «Luis Aragonés fue muy importante para llevarme al límite y a ser mejor». Antoine Griezmann
13. «Era un padre para los jugadores. Siempre protegía al ves-

tuario. Tenía ese rango de padre y tenía mucha autoridad. Exigía al futbolista, pero a la vez ganaba mucho en las distancias cortas. Era encantador hablar con él». Manolo Sánchez Delgado

14. «Luis Aragonés ha sido más que un entrenador, ha sido como mi padre». Samuel Eto'o
15. «Luis era un líder, el que marcaba el norte de la brújula». Jesús Paredes
16. «Todos nos miramos en Luis Aragonés». Bernd Schuster
17. «Los días de partido se metía en la sauna, y Marcos y yo le cogíamos un cubo de agua fría y se lo tirábamos a la cabeza. Teníamos que salir corriendo por todo el vestuario con él en pelotas detrás de nosotros». Julio Alberto
18. «Luis Aragonés me enseñó cómo comportarse en el campo y en el vestuario». Fernando Torres
19. «Ha sido mi padre deportivo. Gran parte de lo que he sido como futbolista se lo debo a él. Y también como entrenador me ha enseñado mucho. Ha sido uno de los mejores entrenadores. Pero no solo en los clubes, porque en la selección sentó las bases del estilo de fútbol que tenemos ahora». Marina
20. «La persona más influyente en mi carrera profesional, sin ninguna duda». Xavi Hernández
21. «Lo ha sido todo en el fútbol. Una gran persona y un enorme profesional». Adelardo
22. «Una persona maravillosa, uno de los más grandes profesionales del fútbol. Como entrenador, el mejor que he tenido. Ante todo, era un amigo. Ha marcado mucho en el fútbol español». Luis Pereira
23. «El mejor que tuve, un amigo. El más grande de todos». Rubén Cano
24. «Con él empezó todo, cambió la dinámica de que España

nunca creyera que se pudieran ganar grandes cosas, y sobre todo con un fútbol supervistoso y superalegre». Santi Cazorla

25. «Luis no ha sido un grande, sino el más grande. Qué pena haberlo perdido. Fue un genio al que todos queríamos. Aragonés hizo posible lo imposible. Cambió la mentalidad de un país, con apenas cambiar la de una generación. Logró que la nación entera se creyera que no solo podía ganar, sino que debía hacerlo y no conformarse con ello, sino todo lo contrario e ir por más. Por eso y por su calidad humana fue un genio al que todos queríamos». Pep Guardiola

PARTE 2

DIEGO PABLO SIMEONE

1
¿Por qué «Cholo»?

Año 1934. En la humilde Ciudadela, un barrio deprimido del Gran Buenos Aires, nace Carmelo Simeone. Su madre comenzó a llamarle «Cholo» o «Cholito» porque nunca le terminó de gustar su nombre, así que sus compañeros de equipo y los aficionados acabaron por llamarle exactamente como ella: Cholo Simeone. Así se dio a conocer en el fútbol argentino. Nadie le llamaba Carmelo, sino Cholo. En principio, ese apodo, en Argentina, y también en países como Bolivia o Perú —los aficionados del Barcelona recordarán a Hugo, *Cholo*, Sotil—, se usaba para designar a las personas con sangre europea y nativa americana en la que destacaban más los rasgos indígenas. Etimológicamente, el término *cholo* nació como un insulto étnico creado por criollos hispanos en el siglo XVI, dirigido a las personas mestizas o de ascendencia indígena. Con el tiempo, sin embargo, los argentinos lo adoptaron como vocablo coloquial, desprovisto de tintes ofensivos.

El caso es que Carmelo, *Cholo*, Simeone acabó siendo jugador profesional de fútbol. No era un virtuoso de la pelota, ni un jugador excesivamente técnico; era todo pundonor y garra. Con apenas veintiún años, debutó con Vélez Sarsfield. Corría el año 1955. Allí se hizo popular por su raza como lateral derecho, por su capacidad para pelear por balones divididos y, sobre todo, por su prodigiosa potencia en el saque de banda, que hizo las delicias de los cronistas deportivos de la época. Con el tiempo, Carmelo Simeone fue traspasado a Boca Juniors. Allí se hizo famoso. «Tenía una garra bárbara, contagiaba a mis compañeros y conmigo en la cancha había que ganar o morir», recordaba en la prensa un octogenario Simeone. Y era cierto. De ahí que se terminase por extender un mantra entre los aficionados de Boca: «Si juega el Cholo, Boca no pierde». Aquel equipo se fundamentaba en una defensa granítica integrada por Orlando, Silvero, Marzolini y el propio Cholo Simeone. La prestigiosa revista *El Gráfico* dedicó su portada a Simeone. Apareció apoyado en un coche, con aire desenfadado, más de actor que de futbolista, y tituló: «Carmelo Simeone: voluntad, fuerza y optimismo que se meten en la sangre de Boca». No había hincha argentino que no admirase la garra del Cholo.

Las puertas de la selección también se abrieron para Carmelo Simeone. En 1959 debutó como internacional y participó de la Copa América de ese año, que se saldó con victoria de la albiceleste. Poco a poco, se fue haciendo un habitual en las concentraciones y listas de la selección de Argentina, hasta el punto de que formó parte del equipo nacional argentino que participó en el Mundial de Inglaterra en 1966. No jugó demasiado y el fulgor de su estrella, poco a poco, se fue apagando. Acabó colgando las botas en el Sportivo Belgrano, en el año 1968.

Años después, Carmelo Simeone coincidió con Victorio Spinetto, su antiguo entrenador en Vélez Sarsfield, el equipo donde comenzó su carrera. Spinetto llamó su atención y le habló de una joven promesa de diecisiete años que venía pegando fuerte y que iba para gran figura del fútbol. Spinetto le comentó: «¿Ves a ese jugador? Se llama Simeone como vos, y lo apodo Cholo por vos. Tiene tu mismo carácter. Es un gana-

¿POR QUÉ «CHOLO»?

dor y va siempre de frente, como ibas vos». Aquel pibe de diecisiete años era Diego Pablo Simeone. Como sucedió con Carmelo, a Diego Pablo Simeone también le acompañó el nombre de guerra de Cholo durante toda su carrera deportiva. Su éxito fue tal que, con el paso de los años, no fue ajeno a Carmelo. «Cuando Diego Pablo se hizo mayor y ya era un futbolista famoso, la gente me felicitaba por la calle y me preguntaba si me sentía orgulloso de él, porque pensaban que éramos familia y que Diego era mi hijo», recordaba el primer Cholo. Él, con una sonrisa en el rostro, siempre explicaba que la realidad era que apenas se conocían y que no eran familia, pero que se alegraba muchísimo de que tuviera tanto éxito.

Carmelo Simeone vivió hasta 2014, un tanto delicado de salud, en su humilde hogar de Ciudadela. Años antes, los vecinos podrían verle, carretilla en mano, en Casa Amarilla —la ciudad deportiva de Boca Juniors—, ejerciendo labores de jardinería y mantenimiento. Cuenta el periodista Fran Guillén que los últimos días de Carmelo Simeone, atendido por su mujer y sus dos hijas, coincidieron con los primeros grandes éxitos de Diego Pablo como entrenador del Atlético de Madrid. «Don Carmelo admiró en sus últimos instantes los logros de su "hijo adoptivo", un Cholo Simeone al que traspasó apodo, apellido y una sangre caliente sin igual para vivir el fútbol».

2

Dos hombres y un destino

¿Se puede estar unido a una persona simplemente por un objetivo común? Diego Pablo Simeone y Juan Sebastián Verón demostraron que sí. Que el Cholo es un tipo muy temperamental no es ningún secreto. Siempre fue parte de su personalidad y de su carisma. Exactamente igual sucede con la Brujita Verón. Ambos, unidos por el destino y por el balón en la Lazio de los años noventa y en la selección argentina, revelaron en su momento que su relación se basaba única y exclusivamente en su deseo de ganar. No se dirigían la palabra, pero, en el campo, mataban el uno por el otro. Fuera del campo, eran dos extraños. Y dentro de la cancha, dos hermanos.

Simeone fue parte clave en los títulos de Atlético de Madrid, Inter de Milán, Lazio de Roma y selección de Argentina, con la que conquistó dos Copas de América. Verón fue un auténtico trotamundos del fútbol, desplegando su enorme clase en equipos como Estudiantes, Boca, Sampdoria, Parma, Lazio, Manchester United, Chelsea o Inter, entre otros. El Cholo y la Brujita se convirtieron en compañeros de equipo en la selección argentina, entonces dirigida por Daniel Passarella. Ambos participaron en varias convocatorias en las eliminatorias del Mundial de Francia en 1998 y formaron parte del equipo albiceleste en aquella Copa del Mundo. Después de

DOS HOMBRES Y UN DESTINO

aquello, el destino quiso que Verón y Simeone volvieran a coincidir, esta vez con mucha más frecuencia, en la Lazio de Roma.

El empresario Sergio Cragnotti, un multimillonario italiano, forjó un auténtico equipazo en aquellos años. Amén de Simeone y Verón, en aquel superequipo convivían figuras mundiales del calibre de Sinisha Mihajlović, Nestor Sensini, Fernando Couto, Alessandro Nesta, Matías Almeyda, Sérgio Conceiçao, Pavel Nedved, Roberto Mancini, Simone Inzaghi o Marcelo Salas, entre otros. Una constelación de estrellas dirigida por el sueco Sven-Göran Eriksson, que consiguió vertebrar un equipo que, a la postre, sería campeón de la serie A italiana por segunda vez en su historia. Aquel vestuario contaba con varios líderes y pesos pesados, pero dos destacaban por encima del resto. A un lado, Diego Pablo Simeone. Al otro lado, Juan Sebastián Verón. Los dos, argentinos. Los dos, la noche y el día. Los dos, estilos antagónicos en el campo. Y los dos, cortados por un mismo patrón: odiaban perder más de lo que les gustaba ganar.

En la docuserie *Vivir partido a partido*, Simeone describía así aquella sorprendente relación personal y profesional: «Sin duda, Verón fue uno de los mejores futbolistas en su posición en su década; yo me sentaba al lado de él en el vestuario, lo recuerdo perfectamente. Venía, nos cambiábamos uno al lado del otro. Yo no lo saludaba, él no me saludaba, y la relación que teníamos los dos siempre era en el campo». Verón lo sentía justo igual: «Guardo un profundo respeto y admiración por el Cholo, pero no soy amigo, nunca me consideré amigo. Hoy con el tiempo me puedo llegar a considerar un buen compañero. En la selección hemos tenido nuestras diferencias, en la Lazio, igual». Pero ¿qué pasaba cuando en esa relación fría, distante, casi nula, se cruzaba un balón de por medio? «Si lo tocaban a Verón, era mi hermano. Era mío. Verón era un tipo que si lo tuviera que elegir para ganar, no tengo ninguna duda de que lo elijo. Lo que nos unía a los dos era el objetivo, si vos querés lo mismo y yo quiero lo mismo, vamos por eso». Palabra de Simeone. Verón es aún más categórico cuando recuerda su vínculo con el Cholo: «Yo adentro de la cancha mataba y no tenía ninguna duda de que, si se daba el caso, el Cholo iba a matar por mí. No creo en eso que se dice y se repite de "nos llevamos todo bien y dormimos juntos en una habitación". No creo. Al contrario, tienen que existir las diferencias».

Ambos salieron campeones de Italia con la Lazio, pasando a formar parte de la historia del club romano, ya que fue un título conseguido en la última jornada de la serie A. La Lazio debía ganar su partido y esperar un tropiezo de la Juventus de Turín. En esa última jornada de infarto, la Lazio goleó 3-0 a la Reggina, y uno de los goles fue obra de Simeone, después de un centro de Verón. Minutos después, la Juventus fallaría cuando lo tenía todo en su mano y el equipo romano conquistaba el Scudetto. Simeone y Verón, dos desconocidos fuera del campo y dos hermanos dentro de él, compartían título: campeones de Italia. Ambos continuaron siendo convocados con frecuencia en la selección argentina, que para ese entonces era conducida por Marcelo Bielsa, y formaron parte del equipo seleccionado para el Mundial de Corea-Japón 2002, que acabó en drama argentino tras una prematura eliminación que no se explica ninguno de sus integrantes incluso ahora.

Cuatro años más tarde, en 2006, el destino volvería a juntar a Simeone y Verón. Esta vez, en la liga doméstica de Argentina. Concretamente, en Estudiantes de La Plata. En el cuadro pincharrata. Y en un contexto completamente diferente. Simeone ya había colgado las botas y afrontaba uno de sus primeros desafíos como entrenador. En cambio, Verón encaraba sus últimos coletazos como jugador profesional, pero todavía era un tipo con gran jerarquía en el fútbol argentino. En aquel Estudiantes destacaban Rodrigo Braña, Leandro Desábato, Mariano Pavone y José, *el Principito*, Sosa, entre otros. Sin embargo, la piedra angular de aquel equipo era Verón. Simeone asumió el cargo de entrenador, forjó un equipo que fue de menos a más y, con una filosofía ultraofensiva, le arrebató a Boca Juniors el Torneo Apertura 2006 en una final inédita, en un partido de desempate inolvidable, que quedó en la historia de ambos clubes. Boca empezó ganando con un tanto de Martín Palermo, pero Estudiantes le dio la vuelta con dos goles tan agónicos como merecidos para coronarse como campeón del país. Verón recuerda aquel equipo con precisión de cirujano: «Lo que Simeone transmitía como jugador lo tenía ese equipo de Estudiantes que salió campeón». Tras conseguir el título, después de consumar la remontada, Simeone y Verón rompieron todas sus barreras emocionales en el césped. «Cuando acabó el partido, lo engancho, me le tiro encima y nos caemos, entonces ahí, aunque no seamos amigos, le dije: "Yo te quiero mucho". En definitiva, fue soltar y manifestarnos el uno al otro la admiración», recuerda Juan Sebastián. Un abrazo, una emoción y un título. Dos hombres y un destino.

3
«Hijo de puta sí, muerto de hambre no»

Año 1984. Diego Pablo Simeone tiene catorce años y sueña con, algún día, poder entrenar con el primer equipo profesional de Vélez Sarsfield. Ha logrado escalar por las inferiores, pasando de octava a tercera, y cree que pronto podrían llamarle para participar en algún entrenamiento. Dicho y hecho. El club le notifica al pequeño Simeone que esa semana subirá al primer equipo profesional del club para hacer algunos ejercicios de práctica con los mayores. El Cholo está eufórico. Anda muy cerca de cumplir su gran sueño y corre a casa para contarle a su padre, don Carlos, que va a tener la chance de entrenar con el primer equipo. «Tenía apenas catorce años y quería practicar con la primera, no quería saber nada de nada. Para mí no había nada más en el mundo, no quería hacer nada más, no quería saber nada más del mundo, solo quería entrenar con el primer equipo», recuerda Simeone. Cuando se lo contó a su padre, don Carlos ocultó su inmenso orgullo por su hijo y le comentó: «Diego, andá al colegio». La cabeza del Cholo solo quería pensar en fútbol. Y don Carlos le hizo entender que la vida no era solo fútbol, que debía descansar, y lo primero era estar tranquilo y terminar los estudios.

Simeone, talento precoz, ya era todo un personaje en Vélez. Todo el personal del club intuía que aquel chico iba a

«HIJO DE PUTA SÍ, MUERTO DE HAMBRE NO»

triunfar, porque tenía una personalidad arrolladora dentro y fuera de la cancha. Llevaba en el club desde 1979; en infantiles, con apenas nueve años y poseedor del carnet de socio número 2.955, ya tenía un carácter único y una dedicación fuera de lo normal. Estaba en octava división, pero se le quedaba muy muy pequeña. Héctor Gorrión, el que fuera utillero de Vélez en aquellos años, decía que Simeone «tenía una personalidad tremenda, fuera de lo normal, era un muchacho alto, flaquito, que destacaba del resto por su entusiasmo y pasión por el juego».

Tres años más tarde del primer entrenamiento del Cholo con el primer equipo, un 13 de septiembre de 1987, Diego Pablo Simeone debutaba con Vélez Sarsfield en la primera división de Argentina. El Fortín jugaba en La Plata, como visitante, ante Gimnasia y Esgrima. Era la tercera fecha del campeonato y Simeone era la gran novedad del equipo. Daniel Willington, el entonces técnico de Vélez, decide una alineación integrada por el Mono Navarro-Montoya bajo los palos; Lucca, Rojo, Karabin y Marat en la cobertura; Gissi, Nunes y Simeone en el centro del campo; con Claudio García, Torres y el paraguayo Ferreira en la línea de ataque. Aquel partido fue inolvidable para Simeone. Su padre recordaba que Diego «salió disparado de dentro del vestuario a la cancha y empezó a correr, como en círculos, arriba y abajo, no paraba». Estaba enloquecido. Impaciente por debutar en primera. Por hacer realidad su gran sueño. ¿El problema? El resto del equipo no le acompañaba. Los compañeros aún no habían salido. Vélez no estaba en la cancha y Simeone estaba solo en el césped, sin parar de correr. Se había precipitado. «Arranqué seis minutos antes de que el resto del equipo saliera al campo. Tenía diecisiete años, era mi primer partido y no sabía nada. Primer partido, la cancha llena, no salían y me quería morir...». La espera se hizo interminable. El Cholo siguió sin parar de correr y

189

ejercitarse a la espera de sus compañeros; unos minutos después, Vélez ingresó en la cancha. Aquel partido acabó con derrota por 2-1, con gol de Claudio García para el equipo del Cholo, que jugó los noventa minutos.

Desde entonces, Simeone fue titular indiscutible en Vélez Sarsfield. Tenía un entusiasmo contagioso, casi salvaje, con una cabeza programada para la victoria; cuando tenía la pelota demostraba que, pese a su juventud, era uno de los grandes líderes del equipo sobre el terreno de juego. Si algo tenía aquel centrocampista, al margen de coraje y determinación, era personalidad. Su entrenador y sus compañeros lo sabían, como los rivales. Doña Nilda, la madre del Cholo, recuerda perfectamente que, a veces, a su hijo le caían algunos comentarios feos. Era normal y formaba parte del juego en aquellos años, pero, claro, para eso estaba ella. «Estaban jugando fuera de casa y, de repente, durante el partido, los hinchas contrarios le gritaron: "Hijo de puta, muerto de hambre". Entonces me di la vuelta mirándolos y les contesté: "Hijo de puta sí, muerto de hambre no. Yo soy la madre"». Los hinchas se quedaron completamente callados. Algunos comprendieron ese día de dónde había sacado Simeone aquella personalidad arrolladora. De casta le venía al galgo. Don Carlos y doña Nilda le habían inoculado una buena educación pero, sobre todo, unos buenos genes. Puro nervio.

En su primera temporada, la 1987-1988, jugó un total de veintiocho partidos y anotó cuatro goles. En su segunda campaña, jugó dieciséis partidos y marcó un tanto. Y en su tercer curso, el mejor, disputó treinta y un partidos, anotando ocho tantos. El Cholo se consagró como un valor al alza. Su garra, compromiso, alto sentido táctico y, sobre todo, su irresistible llegada al gol desde segunda línea hacían adivinar que duraría muy poco en el barrio de Liniers.

Gorrión, utillero de Vélez, recuerda que existía absoluto

«HIJO DE PUTA SÍ, MUERTO DE HAMBRE NO»

convencimiento de eso: «Cuando tienes un jugador así, hay que aprovecharlo. Y en Vélez lo supieron aprovechar. Por eso Simeone duró poco en el fútbol argentino». Concretamente, Simeone duró tres temporadas en El Fortín, con un bagaje de setenta y seis partidos oficiales, en los que anotó catorce goles. Entonces llegó una oferta económica importante desde Italia. El modesto Pisa quería hacerse con su fichaje y ofrecía un dinero que le venía bien a la maltrecha salud económica de Vélez. El club argentino no podía ponerle puertas al campo y le trasladó el interés a Simeone. Tenía una oferta y debía decidir su futuro cuanto antes. Sus padres estaban de vacaciones en Mar del Plata y era muy complicado localizar a su representante. En aquellos tiempos, no existían los teléfonos móviles; el joven Simeone debía tomar la decisión más importante de su vida. Estaba en juego su gran sueño. Jugar en el extranjero, formar parte del fútbol italiano, competir en Europa. Su meta estaba, por fin, al alcance de la mano. Eso sí, para conseguirlo, debía sacrificar algo realmente importante en su vida: tenía que alejarse de su familia.

4
Un equipo de cagones

Mayo de 2008. River Plate y San Lorenzo se cruzan en octavos de final de la Copa Libertadores. Diego Pablo Simeone viene de consagrarse campeón con Estudiantes de La Plata del Torneo Apertura 2006 en un desenlace vibrante ante Boca Juniors. Aquel Estudiantes se ha coronado ganador gracias a un estilo de fútbol ofensivo, aguerrido y que siempre va al frente, con riesgo y determinación. El Cholo, que había tenido una breve experiencia en Racing de Avellaneda, se consagra en Estudiantes; con el estatus de campeón, ficha por River Plate en 2007. El Cholo desembarca en el cuadro «millonario» sabiendo que está ante el primer gran desafío de su carrera como técnico. Entrenar a un grande y estar a la altura del reto. A su llegada, se encuentra con un equipo plagado de estrellas y un club con grandes ambiciones, pero con una urgencia importante de títulos después de varias temporadas decepcionantes. El santo grial del club es ganar la Copa Libertadores.

Simeone cuenta con una buena nómina de jugadores en la plantilla. Futbolistas como Juan Pablo Carrizo, Augusto Fernández, Diego Buonanotte, Ariel Ortega, Sebastián Abreu, Eduardo Tuzzio, Alexis Sánchez o un jovencísimo Radamel Falcao, entre otros. «De mitad de cancha para adelante, cada ataque era peligro de gol», recuerda el Cholo. River empieza

UN EQUIPO DE CAGONES

bien la competición, con paso firme. Arrasa en la fase de grupos de la Libertadores, con doce puntos, como líder destacado en una zona en la que estaban América de México, Universidad Católica y Universidad de San Martín de Perú. En el sorteo correspondiente a la siguiente fase, caprichos del destino, River se topó con un rival argentino, San Lorenzo de Almagro. Sería un duelo fratricida, doméstico, a cara de perro. Aquel equipo «cuervo» tenía como entrenador a Ramón Díaz, leyenda de River Plate, así como a otros exjugadores del club «millonario», como Andrés, *el Cabezón*, D'Alessandro o Diego Placente. El Cholo sabe que será una eliminatoria dura, muy reñida, donde la parte que caiga quedará tocada.

En la ida, San Lorenzo se impone 2-1 sobre el césped del estadio Nuevo Gasómetro, gracias a los tantos de Andrés, *Cuqui*, Silvera y Adrián González (de penalti), mientras que el único tanto del equipo de Simeone lo anota Radamel Falcao. Siete días después, ambos equipos volvían a verse las caras. Esta vez, con River de local, en un estadio Monumental abarrotado. Los de Simeone tenían la posibilidad de tomarse la revancha de la ida y salieron, como le gusta decir al Cholo, con «el cuchillo entre los dientes». A falta de veinte minutos para el final, River ganaba 2-0, con tantos de Abelairas y Abreu, y parecía tener todo bajo control. Cuando San Lorenzo se quedó con nueve hombres en el terreno de juego, tras sendas expulsiones de Bottinelli y Rivero, todo parecía visto para sentencia.

En ese contexto favorable, en ese escenario soñado para cualquier hincha de River, Simeone movió el banquillo, introduciendo jugadores de refresco. El Cholo, con 2-0 a favor en el marcador, decidió meter en el campo a dos delanteros, Mauro Rosales y Alexis Sánchez, para reemplazar a dos mediocampistas, Augusto Fernández y Abelairas. Simeone quería atacar más, marcar más goles, vencer por más diferencia. Era un mensaje ambicioso. El Cholo quería más. Entonces, pasó lo inesperado. Porque el fútbol, como sostiene Dante Panzeri, es la dinámica de lo impensado. En tres minutos, San Lorenzo anota dos goles. Gonzalo Bergessio marcó esos dos goles. Y con esos tantos, con el 2-2 en el partido, River Plate quedaba fuera de la Copa Libertadores. Increíble, pero cierto. Con dos hombres menos, el Ciclón de Boedo anotaba un par de tantos en tres minutos y Simeone, que había metido dos delanteros más porque quería aplastar al rival, veía cómo su equipo quedaba KO, completando un pasaje humillante para el club de Núñez. Era un golpe tremendo, inesperado, durísimo de encajar. Un fracaso.

Al entrar en el vestuario, después de una eliminación tan dura de asumir, Diego Pablo Simeone sacó toda la rabia contenida que llevaba en su interior. El Cholo fue tan lapidario como contundente: «Les dije lo que sentía: "Lo que más me duele es que tengo un equipo de cagones, pero lo peor es que el equipo de cagones lo lidero yo, tenemos cuatro fechas para salir campeón, no hay otra posibilidad". Y me fui. Creo que me habrán dicho de todo, pero era lo que sentía», rememora Simeone. Al final del curso, River se consagró como campeón de Argentina, ganando el Torneo Clausura en un impresionante tramo final, en el que se llevó cinco de los últimos seis partidos. Sin embargo, aquella eliminación a manos de un San Lorenzo en inferioridad, con dos jugadores menos, quedó grabada, para siempre, en la memoria del Cholo. Fue, sin duda, uno de los tragos más amargos de su carrera como entrenador.

5

Director de orquesta

Año 1980. El mundo está cambiando. La Unión Soviética invade Afganistán, Estados Unidos boicotea los Juegos Olímpicos de Moscú. Toru Iwatani se inventa el videojuego del Pac-Man (el popular comecocos) y en México se emite el último capítulo de la serie infantil *El Chavo del 8*. Ese mismo año, en el hogar de los Simeone, don Carlos y doña Nilda reciben noticias de que su hijo, Diego Pablo, de apenas diez años, podría tener ciertas aptitudes musicales. Su profesor de música, don Bruno, les cuenta que ha elegido a su hijo como encargado de la banda de música de la escuela. La noticia sorprende a los Simeone, porque el pequeño Diego Pablo se pasa todo el día pegado a la pelota de fútbol, jugando en el barrio, mientras sueña con llegar a ser jugador profesional algún día.

Bruno Amasino, maestro de música del colegio, sabía que no podía dirigir la banda del colegio a la par que tocar el piano, así que buscó ayuda entre sus alumnos. Encontrar al niño ideal para la tarea resultaba fundamental, porque se necesitaba que el muchacho, con apenas diez años, tuviera sentido del ritmo y, sobre todo, de la responsabilidad del grupo. «Una vez le ordené a Diego que se hiciera cargo de la banda mientras yo tocaba el piano. Tenía que darles las señales a los otros alumnos en los instrumentos de percusión», rememora don Bruno.

La cosa no quedó ahí. Preparándose para el cargo, el joven Cholo, ni corto ni perezoso, se autoproclamó director de la orquesta. Se metió en el papel de lleno e inmediatamente empezó a ensayar con sus compañeros. «Le gustaba decir que era el director, aunque no se tratase precisamente de una orquesta —recuerda el maestro Amasino—, pero hay que decir que Diego fue excepcional liderando el grupo». ¿Sería el pequeño Simeone músico o acabaría siendo futbolista?

«El hombre me eligió para hacer de director de orquesta, y había chicos más grandes que yo», recuerda emocionado Diego Pablo Simeone muchos años después. Su entonces profesor de música, hincha de Ferrocarril Oeste, tenía una relación bastante estrecha con él, así que una vez se reunió con él, pues estaba muy preocupado por sus notas: «Diego, ¿qué estás haciendo con tu vida? Tus notas no se ven bien». Simeone fue lacónico en su respuesta: «Profe, no dude de mí. Seré futbolista». Años después, don Bruno recuerda aquel momento en el que el joven Simeone estaba completamente seguro de sí mismo: «Mi primera reacción fue decirle que no viviría del fútbol. Ahora, cuando veo a Simeone, todavía me río de mi falta de confianza».

Años después, el Cholo no solo llegó a ser futbolista y a vivir de ello, sino que fue bastante más que todo eso. Jugó en la selección de Argentina, ganó muchos títulos como futbolista en Europa y, después de todo eso, tuvo todavía más éxito como entrenador. Sin embargo, hay quien cree que aquella pasión por la música y aquellas dotes de director de orquesta siguen latentes. No hay mejor prueba de ello que cualquier partido del Atlético de Madrid en el Metropolitano. Diego Pablo sale al campo vestido con su inconfundible traje negro, alza los brazos, los agita, los mueve incluso como si fueran un molinillo, con un lenguaje corporal que pretende que el público se mueva al son de su batuta, como si fueran su improvisada orquesta. Cada vez que hay partido, Simeone tiene concierto.

Así lo ve el músico Carlos Jean, que repite una y otra vez que el Cholo es un fenómeno: «Simeone incorpora a la afición como un jugador más. Les pide a todos animar en los momentos clave. El Cholo lleva a la grada como un director de orquesta perfecto, porque maneja muy bien los estados de ánimo». Primero en el Vicente Calderón, y después en el Metropolitano, Simeone es la autoridad moral número uno para la hinchada, el director de orquesta ideal de una pasión inexplicable, de miles de almas que sienten como una sola y que se pronuncian cada vez que el Cholo alza sus brazos. Cuando era un niño, Simeone estaba convencido de que sería futbolista. Y su maestro estaba seguro de que sería músico. Quién les habría dicho a los dos que acabaría siendo entrenador de fútbol y, a la vez, «director de orquesta».

Aferrado al mantra del «partido a partido», Simeone se ha ido abriendo camino en el mundo del fútbol a partir de una personalidad tan fuerte como clara. «El liderazgo no se puede explicar. Me sigues o no me sigues». Al Cholo, que iba para director de orquesta cuando era un crío y acabó siéndolo de manera improvisada con la grada del Metropolitano, le acompaña una filosofía de vida muy definida. Jugar con la vida como un director de orquesta que se examina en cada concierto delante de una sinfónica. Su partitura, ganar.

6

Romário, rey del KO

Enero de 1994. El Barça de Cruyff es el Dream Team que encandila a la liga española. El equipo azulgrana cuenta con una constelación de estrellas como Ronald Koeman, Hristo Stoichkov, Michael Laudrup o Romário de Souza Faria. El día 16 de enero, el Barça visita el estadio Ramón Sánchez-Pizjuán para enfrentarse al Sevilla. Los culés llegan en un estado de forma imponente, después de haber goleado por 5-0 al Madrid en el Camp Nou; Romário había sido el gran protagonista del partido gracias a su golazo y su cola de vaca a Rafa Alkorta. El brasileño también será protagonista en Sevilla, pero no por cuestiones relativas a su calidad futbolística. Con empate a cero en el marcador, en el minuto 76 del partido, hay un centro al área local desde la banda izquierda del ataque visitante que acaba con Diego Pablo Simeone, jugador del Sevilla, tendido en el terreno de juego. ¿El motivo? Las cámaras de televisión de Canal Plus captan la secuencia con nitidez. El brasileño Romário, delantero centro del Barça, le ha propinado un tremendo puñetazo en la cara al Cholo. Tras su agresión al jugador argentino, O Baixinho salía expulsado del terreno de juego y las imágenes acaparaban las portadas de la prensa deportiva, que recreaba, fotograma a fotograma, el terrible puñetazo de Romário impactando en la cara de Simeone.

«Castañazo», era el titular del diario *Marca*, que apuntó: «El árbitro y la tele "pillan" a Romário dejando KO a Simeone». Romário se tomó unos días libres; cuando volvió a entrenar, reconoció la agresión, pero dijo que había mediado provocación de su rival. «Insultó a mi madre y dijo que yo tenía sangre de cucaracha. Lo que diga ahora no me importa ni me extraña: es argentino. Todos dicen lo mismo. Pido perdón, y lo siento por la afición. Cada cuatro años se me cruzan los cables», explicó. Josep Lluís Núñez, entonces presidente del club azulgrana, hizo unas declaraciones surrealistas, en las que exoneraba de toda culpa a su delantero centro y culpaba al jugador sevillista: «Lo de Romário fue involuntario. La reacción de nuestro jugador fue darle un codazo a Simeone, que le podía haber roto el tobillo. Lo que pasa es que ese golpe de codo le tocó y fue más que un simple codazo». De hecho, se tomó tan en serio su papel de abogado defensor de Romário que llegó a comentar que «no se debería sancionar al brasileño porque es un jugador ejemplar y porque castigar a un jugador así sería malo para el mundo del deporte». Por supuesto, la versión de Núñez no coló.

El problema vino con la redacción del acta arbitral, ya que el colegiado Marín López escribió que la expulsión había sido producto «de un codazo» a Simeone. Según estos términos, la acción del brasileño debía tener consideración de juego violento y, por tanto, solo debía cumplir un castigo de un partido. Sin embargo, como las imágenes del operador televisivo que ofreció el partido dejaban claro, había sido un puñetazo en toda regla, por lo que el árbitro envió un anexo al acta para modificar su contenido inicial. El Comité de Competición consideró que se había producido una agresión sin balón de por medio y le impuso la sanción mínima recogida en el reglamento disciplinario: cuatro partidos. El presidente y juez único de Competición, Alfredo Flórez, explicó además que no había tenido en cuenta una posible provocación previa de Simeone, pues no había ninguna prueba de ello; por lo demás, el reglamento establecía que, incluso habiendo mediado provocación, se debía aplicar el castigo en su grado mínimo. Es decir, cuatro partidos. El Barcelona, a pesar de haber podido presentar alegaciones al Comité de Apelación, decidió no recurrir finalmente la sanción... en los despachos. En la sala de prensa, en cambio, sí quiso pronunciarse.

Después de la decisión de Competición y del castigo a Romário, Johan Cruyff, entrenador del Barça, no tuvo problema en arremeter públicamente contra la actitud del Cholo Simeone; viendo lo que le había dicho a Romário, le habían dado «ganas de volver a vestirse de corto para jugar». Al escuchar esas declaraciones, Simeone apagó el fuego con gasolina y le pegó con todo a Cruyff: «No me gustan esos personajes que lloran delante de los periodistas, parecen nenas. Cruyff fue un grande. Fue. Habría que preguntarle a Romário si no estaba caliente porque después de hacerle tres goles al Madrid resulta que Cruyff lo deja en el banquillo. Igual lo ha pagado conmigo. Cuando el Barcelona gana, es porque gana Cruyff; y cuando el Barcelona pierde, son los jugadores». Algunas veces, las palabras duelen más que los puñetazos.

7

Supersticiones

Si el fútbol es campo abonado para la superstición, el Atlético de Madrid sería líder destacado en la tabla clasificatoria de la buena y mala suerte. Vicente Calderón, el que fuera presidente atlético, solía tener un «traje de la suerte». Había un ritual que repetía una y otra vez. Cuando el Atleti jugaba en casa, se ponía siempre el mismo traje y bajaba a misa a la misma hora. Siempre que lo hacía cuando el equipo jugaba en el Manzanares, el Atleti ganaba. Así que lo repetía, una y otra vez. Mismo traje, misma hora en misa. Como le gustaba mucho comer, fue engordando y, lógicamente, el traje se fue estrechando. Su hijo recuerda aquella anécdota con mucho cariño: «Yo le decía que se quitase la chaqueta, porque, además de que no se la podía abrochar, no te imaginas cómo estaba que solo se la ponía para ir al fútbol. Mi padre me decía que no se quitaba la chaqueta, que había mucho gafe y que, si se la quitaba, al Atleti le podía pasar algo».

Otro ilustre en el selecto club de la superstición fue precisamente el hombre al que don Vicente nombró entrenador: Luis Aragonés. La fobia del Sabio hacia el color amarillo resultaba legendaria. Tal era la superstición del técnico de Hortaleza que no dudaba en decirle a cualquier persona que llevara algo amarillo que se lo quitara o que se apartara de su vista. A un jugador que llegó a una concentración con una camiseta amarilla, le mandó a casa. Lo mismo le pasó a un empleado del Atlético que iba con un jersey de ese color cuando Aragonés dirigía al equipo colchonero. En la selección, tres cuartos de lo mismo. Cierto día, Raúl González Blanco se presentó con una camiseta amarilla, y Luis le obligó a deshacerse de la prenda. Alfio, *Coco*, Basile fue otro entrenador amante de la superstición. Uno de sus rituales lo descubrieron para el gran público las cámaras de Canal Plus. Antes de los partidos, el Coco solía poner un paquete de tabaco —fumaba Marlboro— apuntando a la portería contraria. Al principio, le funcionó. Después, con el paso de los partidos, aquello no terminó de darle resultado. Gil le echó, de madrugada, en la radio.

Eso sí, nadie tan supersticioso como Diego Pablo Simeone. El exjugador Guilherme Siqueira reconoció hace años que el Cholo era exageradamente supersticioso. A todos los niveles. «Nunca vi nada igual en mi vida. Teníamos un protocolo al salir del hotel, en el autobús y hasta el momento del partido». La cosa empeoraba en el bus del equipo: «Tenía que sonar siempre la misma lista de música. También en el vestuario. Cuando regresábamos del calentamiento, Simeone siempre estaba golpeando una pelota con la mano contra el suelo, y, antes de hacer el círculo, él le daba el balón al capitán, el capitán hacía lo mismo, y así tenía que ser, no podía cambiar». Es un ritual que sigue vigente en el vestuario del Atlético de Madrid.

La música también obedecía a un ritual particular en el Atleti de Simeone: «Había de todo en la *playlist*. Reguetón, música española, latina, pero siempre era el mismo lápiz de memoria. Cierto día, el sonido se paró y Simeone se quedó loco, parecía que era ya el 1-0 en contra y gritaba: "¡Pon la música!"». El Cholo es, sobre todas las cosas, un hombre de rutinas. Buena prueba de ello es la final de Copa de 2013, que ganó en el Bernabéu. En la previa, repitió todas y cada una de las mismas acciones que cuando el Atlético de Madrid conquistó el doblete en el año 1996.

Aunque si hay una anécdota realmente curiosa sobre el carácter supersticioso del Cholo y su cuerpo técnico es la que protagonizó Walter, el padre de Augusto Fernández, entonces jugador del Atleti. En marzo de 2016, se trasladó a Madrid para ver en directo a su hijo. El día antes de su viaje, el Atleti había caído ante el Sporting, pero días después empezaría una racha de victorias. El equipo de Simeone enlazó varios partidos sin perder; cuando el padre de Augusto anunció que se iba, el cuerpo técnico del Atleti, con Simeone y el Profe Ortega a la cabeza, no le dejaron, porque pensaron que les traía suerte. Como si el papá de Augusto fuera talismán, como si atrajera la buena suerte. Don Walter se tenía que quedar para seguir ganando. El padre de Augusto se quedó quince días más en Madrid y el Atleti siguió con su racha triunfal. Desde ese día, el equipo de Simeone encadena nueve victorias consecutivas. Un mes después de lo que tenía previsto, en mayo, el padre de Augusto pudo regresar a su casa. Fue después de perder con el Levante en la penúltima jornada de liga, pero con el Atleti clasificado para la final de la Champions League en Milán.

Algo parecido pasó años después, cuando Diego Godín, ya retirado del fútbol, visitó Madrid para presentar a su hija Pilar, casi recién nacida, a sus compañeros de vestuario. Godín llegó en septiembre de 2023, y desde entonces el Atleti encadenó cuatro victorias consecutivas (Real Madrid, Osasuna, Cádiz y Feyenoord), lo que motivó que todo el cuerpo técnico del Atleti le sugiriera a Diego que, por favor, se quedara durante más días en Madrid. Pura cábala.

¿Y qué decir del santuario-refugio de Los Ángeles de San Rafael? El tradicional cuartel general segoviano de los colchoneros adquiere carta de naturaleza como santuario supersticioso del cholismo. Allí se concentraba siempre el Atlético de Madrid que conquistó el doblete en 1996, cuando el Cholo era jugador y titular indiscutible a las órdenes de Radomir Antić. Cuando Simeone llegó al banquillo del Atleti, recuperó la tradición y alojó allí a su plantilla días antes de la final de Copa del Rey de 2013. Jugaban ante el Real Madrid, y el Atleti acumulaba una mala racha de catorce años sin ganarle un partido oficial. Simeone concentró a la plantilla en Los Ángeles de San Rafael y el equipo acabó levantando la Copa en el Santiago Bernabéu. El Cholo repitió ritual en los días previos a la final de Lisboa en 2014..., pero en esa ocasión el Atleti perdió; Simeone no volvió a concentrar allí a sus jugadores durante la temporada oficial.

El Cholo, que jamás habla en público de sus supersticiones («para no desvelarlas porque tengo demasiadas»), se ha consolidado en el banquillo del Atlético de Madrid como el «hombre de negro». Viste siempre así. Cuando gana un partido, repite camisa, traje y zapatos de color negro, hasta que llega una derrota. Lleva así desde diciembre de 2011... Mitos, ritos, cábala y superstición. Puro Simeone.

8

«Vamos a salir campeón»

El Atlético de Madrid firmó una primera vuelta de récord en la liga 2020-2021. Era líder indiscutible del torneo, contaba con diez puntos de ventaja sobre el segundo y tenía dos partidos aplazados, por lo que podría aumentar su ventaja todavía mucho más. El Atleti era un ciclón, había ganado quince de sus últimos dieciséis partidos, tenía cincuenta puntos y una proyección de cien puntos a final de temporada. ¿Sería un «paseo» para los de Simeone? Rotundamente, no. Pese a que el equipo colchonero era el gran favorito para ser campeón, en la segunda vuelta todo fueron dificultades y adversidades para los rojiblancos. Tantas que el título, que parecía algo muy factible, llegó a estar en peligro durante muchísimas jornadas.

Febrero fue un mes negro en el Metropolitano. De entrada, el Levante le «robaba» un total de cuatro puntos en dos partidos —empate en el Ciutat de València y triunfo granota en el estadio colchonero—, un «varapalo» porque en las cuentas de los hinchas rojiblancos, se contaba con esos puntos en casa. La ventaja ya no era tan cómoda. A ese factor se sumó tres días después una dolorosa derrota en la Champions League a manos de un Chelsea que fue netamente superior al equipo de Simeone. Algo no iba bien del todo. En marzo, ya entrada la primavera, la cosa se puso mucho más tensa. Se certificó el adiós a Europa y, en abril, llegaron dos derrotas con Sevilla y Athletic de Bilbao. La ventaja del Atleti se había esfumado. Las cuentas no salían, las dudas acechaban y los agoreros se frotaban las manos. A eso había que añadir que el Real Madrid, con el modo «caza» activado, estaba en una increíble racha de victorias consecutivas, yendo de menos a más en el campeonato. El título de liga estaba en juego y el final iba a ser no apto para cardiacos.

En mayo, el Cholo decidió que sus padres viajaran a Madrid. Quería estar con los suyos en los momentos más complicados. Necesitaba a su familia, a su gente, a su círculo más íntimo. Quizá, incluso, buscase un antídoto afectivo para una mala racha que había que cortar como fuera, porque estaba en juego el título. Simeone, convencido de que todavía podían ser campeones, mantuvo varias charlas privadas con los jugadores y diseñó un plan motivacional para la plantilla. Se ocupó de visitar al personal del club para transmitirles algo que consideraba esencial para conseguir el título en la recta final del campeonato. Se reunió con los empleados de seguridad del club, con la gente que trabajaba en las oficinas, con los que vigilaban el acceso de los jugadores a las instalaciones y con todos los miembros del cuerpo técnico. A todos les dio la misma orden directa. A partir de ese momento, a cada futbolista del Atlético de Madrid que llegue a entrenar se le debe recibir con la misma expresión: «Vamos a salir campeón». Y el propio Simeone se preocupó y se ocupó para que así fuera, día tras día, durante los últimos cinco partidos de liga.

En las cinco fechas decisivas, el Atleti ganó en Elche (0-1), empató ante el Barça (0-0) y ganó a la Real Sociedad en casa (2-1). Faltaban dos partidos por jugarse, ante Osasuna en casa, y contra el Valladolid, fuera. Si ganaba los dos, el Atleti sería campeón de liga. La segunda de Diego Pablo Simeone. Preguntado por la presión, el Cholo fue muy claro en su mensaje. Su gente debía tener fortaleza mental: «Los partidos no los ganan los que mejor juegan, sino los que están más seguros de lo que hacen».

En las dos jornadas finales, perdía. Perdía con Osasuna cuando quedaban quince minutos para el final y acabó remontando 2-1. En plena pandemia, casi cinco mil aficionados se concentraron en el Metropolitano para apoyar al Atlético, que seguía líder tras los goles de Lodi y Luis Suárez. Los propios jugadores reconocieron tras el agónico partido que el empuje de la hinchada colchonera resultó fundamental para no dejar de creer. En la última jornada, el Atleti también empezaba perdiendo ante el Valladolid, que se jugaba no descender, y el equipo del Cholo terminó remontando para ganar 1-2 en Pucela, con goles de Angelito Correa —el famoso «puntín»— y Suárez. El Atleti era campeón. Partido a partido. Unos tres mil aficionados rojiblancos «ocuparon» el aparcamiento del estadio José Zorrilla para festejar el título con los jugadores del Atlético de Madrid en una tarde-noche memorable para los hinchas colchoneros.

Días antes, Koke, Oblak, Correa, Suárez habían sido recibidos por todos los empleados con la consigna ordenada por el Cholo: «Vamos a salir campeón». Sin embargo, Simeone quiso incidir todavía más en el ánimo de sus jugadores con un detalle realmente especial. Cuando los futbolistas entraron al vestuario y abrieron sus taquillas, se encontraron con una foto de todos y cada uno de ellos cuando eran pequeños. Suárez recuerda que Simeone les dijo: «Estos son ustedes. Esto soñaban desde chicos. Salir a ganar y ser campeones. Ahora pueden salir y cumplir su sueño: ser campeones. Esos son ustedes». El Atleti aguantó el tipo, remontó dos marcadores en contra en las dos últimas jornadas y se llevó un título tan sufrido como merecido.

Simeone, exultante con el título de liga, puso palabras al

final feliz del cuento: «En un año tan difícil, tan complejo, salió campeón el Atlético de Madrid. Eso tiene una marca. Habla de que el club y el equipo están hechos de otra cosa. En los problemas, cuando todo parece imposible, no hay gente en el estadio..., este grupo lo dio todo. Cuando parece todo imposible, coronavirus, lesiones, sin gente en el estadio, un año durísimo, y estos futbolistas lo dieron todo». Las últimas tres ligas de la historia del Atlético de Madrid tuvieron el apellido Simeone como protagonista. Una como jugador (1996) y dos como entrenador (2014 y 2021). Él quiso convencer al equipo de que iban a salir campeones. Y sí, su Atleti salió campeón.

9

De Ginola a Moacir

Mayo de 1993. En mitad de la enésima temporada irregular del Atlético, la prensa deportiva madrileña suelta una bomba informativa. Jesús Gil y Gil, harto de la irregularidad del equipo, ha diseñado un plan maestro. Quiere fichar, de una tacada, a David Ginola, sensacional extremo del PSG; al mediapunta Palinha, estrella del São Paulo; y al mediocentro Moacir Barbosa, centrocampista del Atlético Mineiro. Gil está dispuesto a tirar la casa por la ventana con una operación triple por un valor de mil millones de pesetas, con ofertas de quinientos millones de pesetas por Ginola, trescientos por Palinha y doscientos por Moacir.

La noticia corre por las redacciones deportivas como un reguero de pólvora y los aficionados del Atlético de Madrid se ilusionan con el futuro del equipo. Si llegaban estos tres cracks, el equipo podría volver a competir por el título liguero. ¿Sería realmente cierto que Gil estaba dispuesto a hacer tres «superfichajes»? *El País* contrastó la noticia. El Atleti quería fichar a Ginola, estrella del PSG y de la selección francesa, pero sacarlo de París no iba a ser fácil. Era la pareja de ataque del liberiano George Weah, tenía ofertas de varios clubes ingleses y se estimaba que no le dejarían salir por menos de seiscientos kilos, aunque Gil aseguraba que estaba dispuesto a ofrecer quinientos. Esa misma mañana, el Atlético, resuelto a dar la baja a Vladan Lukić, presenta una oferta por Palinha, mediapunta del São Paulo, por ciento ochenta millones. La directiva carioca la estudia, pero no contesta, porque el Torino también quiere al futbolista. Y, por último, Miguel Ángel Gil, hijo del presidente y, a la sazón, director general de la sociedad, acompañado de Rubén Cano, secretario técnico, cerraban en Brasil el fichaje de Moacir, centrocampista del Atlético Mineiro en una operación de traspaso de doscientos millones de pesetas.

En apenas unos días, el plan del Atlético de Gil, ese triple fichaje que hacía soñar a los seguidores colchoneros, vuela por los aires. Primero, surge una extraña y surrealista historia que sacude al club el 10 de mayo. Varios medios de comunicación informan de que la exmujer del entrenador colchonero, Ramón, *Cacho*, Heredia, se había suicidado en Buenos Aires. El técnico, sorprendido, comparece ante los medios y lo desmiente todo: asegura que está felizmente casado en primeras nupcias con la mujer que comparte su vida, la madre de sus tres hijos, y confiesa que se ha quedado «alucinado», porque, aunque algunas personas le habían dado el pésame por la muerte de alguien a quien no conocía, él no se había quedado viudo. Un día después, el 11 de mayo, Heredia sí confirma la noticia del interés del Atleti en el fichaje de Ginola: «Jesús Gil me lo comentó el pasado domingo, pero yo solo le he visto jugar dos partidos. Eso sí, Ginola me gustó».

El 13 de mayo, dos días más tarde, la directiva del PSG se niega en redondo a traspasar a Ginola, salvo que llegue una oferta de ochocientos kilos, una cantidad inasumible para el Atleti. Además, el extremo anuncia que, en el caso de salir de su club, solo lo haría para jugar en el Madrid o en el Barcelona. El 14 de mayo, apenas veinticuatros horas después del «no» de Ginola, también se cae la «operación Palinha». Pese a que Miguel Ángel Gil se desplaza para convencer a los cariocas del traspaso de su mediapunta, el consejo de administración del São Paulo se niega a cerrar su venta, alegando que el Atlético aún les debe dinero por el fichaje del delantero Mario Tilico. Conclusión: ni Ginola, ni Palinha. Adiós, fantasía.

La única buena noticia colchonera pasa por la confirmación del fichaje de Moacir para ser el sustituto de Bernd Schuster. El tiempo se encargaría de demostrar que aquello tampoco fue, lo que se dice, una buena noticia. Más bien, todo lo contrario. Moacir no se adaptó a la velocidad de juego europeo, era demasiado lento para organizar al equipo y apenas jugó quince partidos. Acabó marchándose al Sevilla en una operación junto a Juanito y Pedro, en el marco de la operación del fichaje de un centrocampista argentino. Un tal... Diego Pablo Simeone.

10

Macarra, rojiblanco y goleador

En el verano de 2012, Diego Costa regresó al Atleti después de un periodo de cesión en el Rayo Vallecano. Se había roto la rodilla durante un entrenamiento con el cuadro colchonero; tras completar un duro periodo de recuperación, hizo la «mili» con éxito en Vallecas, donde anotó diez goles claves en la permanencia del Rayo en primera. Eso sí, nada más regresar al club colchonero, entonces campeón de la Europa League en Bucarest, Diego intuye que será muy complicado poder jugar. El club tenía a Salvio, Falcao y Miranda ocupando plaza de extracomunitario. No había hueco para ningún extranjero más. Diego Pablo Simeone decide llamar a Costa y hablarle con franqueza. Sin adornos. Discurso corto y en vena, como arma de motivación masiva: «No te voy a tener en cuenta, porque tenemos las plazas de extracomunitarios ocupadas ya por tres compañeros. Pero eso sí, te aseguro que de acá, hasta que te vayas, te vas a entrenar con nosotros como si fueras jugador nuestro». Dicho y hecho. Diego Costa procesó y asumió la dificultad deportiva y se empeñó en darle la vuelta a su situación en cada entrenamiento. Simeone lo recuerda como si fuera ayer: «Empezó a entrenar... y me quería morir. Corría a todos, metía goles de todos los lados, podía con todos, diagonales para acá, diagonales para allá, un animal, era un animal».

Los meses pasaron, Diego siguió entrenando con fuerza y entonces, apareció, de la nada, una oportunidad. El Atlético de Madrid recibió una buena oferta económica por el Toto Salvio y el club la aceptó. Quedó una plaza de extracomunitario libre y Costa tuvo vía libre para comerse el mundo. Poco a poco, comenzó a entrar en las convocatorias, a tener minutos como suplente y, con el correr de los partidos, acabó haciéndose con la titularidad. Nadie, ni siquiera Costa, pensó alguna vez que se convertiría en el delantero total del Atlético de Madrid y en la punta de lanza del esquema del Cholo Simeone. Pero así fue. Goleador y pendenciero, fuerza de la naturaleza, Costa fue adrenalina pura en el área. Un volcán en constante erupción, un terremoto 7,5 en la escala del cholismo. El brazo armado de Diego Simeone en uno de los mejores años de la historia del Atleti. Marcó veintisiete goles en treinta y cuatro partidos de Liga, conquistó el campeonato en la última jornada en el Camp Nou y cuajó una gran temporada en Europa, donde alcanzó la final de la Champions en Lisboa, que se disputó frente al Real Madrid. En vísperas del trascendental duelo, Costa ya sabía que sería jugador del Chelsea, que no había vuelta atrás y que jugaría en Londres. Su participación en aquella final de Champions que el Atleti perdió en la prórroga, tras un gol de Ramos en la prolongación del partido, duró ocho minutos. Costa estaba lesionado, pero no quería perderse el que sería su último partido de colchonero y decidió recurrir a un sorprendente tratamiento exprés con placenta de caballo. El hispanobrasileño lo reconocería años después en ESPN: «Se habló mucho del tema de la placenta de caballo, que si era mentira. Fue verdad ese tratamiento, aunque, mientras me ponían electroshock, el médico se fumó dos cigarros. Resultó duro y muy doloroso, tanto que cuando corría luego no sentía ningún tipo de dolor. Eran sesiones de dos horas y luego al hotel. Para mí, no había otra cosa en ese momento que no fuera la final de Champions». Costa duró apenas unos minutos en el campo y dejó huérfano a su gran valedor, Simeone, que acabó viendo cómo se le escapaba el título en unos agónicos instantes finales.

Diego Costa, «macarra, rojiblanco y goleador», según la letra de la canción del maestro Pancho Varona, acabó poniendo rumbo a Londres. El arte de la guerra con el 19 a la espalda había firmado un precontrato con el Chelsea en mitad de la temporada y, aunque días después se arrepentiría de haber estampado su firma, acabó en Stamford Bridge. La operación se fraguó por treinta y seis millones de euros —de ese dinero, en realidad, el Atleti solo percibía diecinueve kilos—; cuando Costa quiso cambiar su decisión, ya era tarde. Desde el primer día que firmó por el Chelsea, Diego ya quería regresar. Eso sí, en el Chelsea no le fue nada mal. Todo lo contrario. En la Premier League se convirtió en un ídolo para los hinchas *blues* y continuó siendo un volcán en constante erupción. Coleccionó goles y jaleos, partidos épicos y juego sucio, actuaciones colosales y constantes cruces de cables. También dejó un vacío enorme en el corazón de Simeone. Y en el Atlético. Sus posteriores sustitutos estuvieron a años luz de su rendimiento. Mandžukić, guerrero aceptable pero seco en la segunda vuelta, no cuajó. Jackson fue una ruina deportiva. Vietto estuvo por debajo de las expectativas. Y Gameiro nunca despegó.

Después de un par de temporadas en Londres, Costa forzó la máquina para volver a Madrid y jugar de nuevo en su Atleti. Desoyendo las voces que alertaban que segundas partes nunca fueron buenas y previo pago de un dineral, el club rojiblanco se rascó el bolsillo y volvió a fichar a Costa. No salió bien. El de Lagarto encadenó una serie de sanciones y lesiones que le hicieron fracasar con estrépito. En las Navidades de 2020, abatido y un tanto harto de su situación, Diego pidió marcharse y rescindió su contrato. Se fue con la gratitud eterna de la hinchada del Atleti, que siempre le recordará como un animal del gol y como un delantero «macarra, rojiblanco y goleador». Diego Costa fue, sobre todas las cosas, el primer soldado del cholismo. Un delantero hecho a imagen y semejanza de Diego Pablo Simeone.

11

Contra Maradona, de rojo y con el 9

Antes de dar el salto a Europa y fichar por el Pisa, para Diego Pablo Simeone, el domingo era el mejor día de la semana. En aquel tiempo era jugador del Vélez Sarsfield, solía comer pizza y podía ver los partidos de la liga italiana para disfrutar de su gran ídolo, Diego Armando Maradona. El 30 de septiembre de 1990, el Cholo cumplía uno de sus grandes sueños de la infancia: se iba a enfrentar por primera vez a su héroe. Fue en el estadio San Paolo, que presentaba una buena entrada. Era la cuarta jornada del campeonato italiano. El Pisa llegaba francamente bien. A pesar de que tenía una plantilla diseñada para luchar por la permanencia, había ganado a domicilio en la primera jornada, había goleado en la segunda —4-0, con gol de Simeone— y empatado en la tercera. El Cholo soñaba con ganar en Nápoles al equipo de su admirado Maradona, pero sabía que sería una empresa muy complicada.

El Nápoles, con Albertino Bigon como entrenador, formó un once inicial integrado por Giovanni Galli; Corradi, Francini, Baroni, Ciro Ferrara; Di Napoli, Venturín, Crippa, Silenzi; Maradona y Careca. Por su parte, el Pisa de Lucescu formó con Simoni; Bosco, Calori, Argentesi, Lucarelli, Cavallo; Dolcetti, Piovanelli, Simeone; Neri y Padovano. Maradona y Simeone se cruzaron varias veces sobre el terreno de juego. El primero con el 10 a la espalda. El segundo con el 8, su primer dorsal en Europa. El partido lo acabó ganando el Nápoles por 2-1, con un gol agónico en el minuto 90. Primero marcó Maradona desde el punto de penalti; después empató Padovano; en el descuento, anotó el brasileño Careca. Ese gol *in extremis* frustraba las aspiraciones de puntuar del equipo de Simeone, que recuerda perfectamente aquel primer duelo ante Maradona: «Me saludó antes del partido; después, ya en la cancha, me insultó por una falta que le hice».

Día 17 de febrero de 1991, esta vez en Pisa, se produjo el segundo enfrentamiento entre Simeone y Maradona. Y fue en un partido considerado mítico por los fervientes seguidores del Diego, ya que, en aquel encuentro, Maradona acabó disputando el partido con la camiseta número 9. En aquella visita, el Nápoles estrenó una peculiar camiseta de color rojo. Por su parte, Diego Armando Maradona le cedía su legendaria camiseta número 10 a Gianfranco Zola, entonces un prometedor juvenil del club partenopeo. Cuando comenzó el choque, Maradona saltó al campo con la cinta de capitán, pero con el dorsal número 9 a la espalda. Esa sería la primera y última vez que Diego jugaría en Italia con ese dorsal. El Nápoles usaría esa camiseta roja dos veces más, siempre de visitante, ante Atalanta y Sampdoria, pero en ambas ocasiones Maradona luciría su mítico 10.

En aquel segundo duelo, Pisa y Nápoles firmaron tablas. Se adelantó el equipo napolitano en el marcador con un tanto de Ciro Ferrara, de cabeza, en el minuto 47; sin embargo, en la segunda parte, el empuje del equipo local encontró premio. Simeone empujó como nadie y dispuso de una gran ocasión para empatar con un gran disparo con la zurda, desde fuera del área, pero se encontró con la respuesta del portero. Más tarde, a media hora para el final, el goleador Michele Padovano recortaba a su par y definía con precisión para igualar el choque.

Era un empate tremendamente meritorio para el modesto Pisa, que conseguía sumar un punto ante el campeón de Italia. Incluso el conjunto local pudo haber ganado, porque Simeone, en una gran jugada personal, se marchaba completamente solo a portería, hasta que fue duramente «cazado» por Corradini, con una entrada terrorífica.

Después de aquel partido en casa ante el Nápoles, el modesto Pisa perdería la categoría, pues solo sumó dos victorias en los trece partidos restantes del campeonato. El Pisa, a pesar de la bravura de Simeone, Padovano y Larssen, acabó decimosexto, solo por delante de Cesena y Bolonia. El Nápoles, por su parte, acabaría el torneo 90-91 en un decepcionante octavo lugar, fuera de las competiciones europeas y a nada más y nada menos que a catorce puntos del campeón, la Sampdoria.

Las cámaras de la RAI, la radiotelevisión pública italiana, captaron en su resumen del partido cómo Maradona abandonaba el terreno de juego mientras los recogepelotas le pedían un autógrafo, y los periodistas, sus primeras impresiones tras el partido. Justo antes de llegar al vestuario, se produjo un cariñoso abrazo entre los dos Diegos, Simeone y Maradona, exhaustos tras la batalla. Quién le iba a decir al Cholo ese día que, años más tarde, acabaría siendo el escudero de Maradona en el Sevilla y que, además, sería lugarteniente del Pelusa con la selección.

12

La charla de Irene

«Ganar está muy cerca de perder, pero nunca hay que dejar de luchar. Siempre hay que estar alerta, porque la vida te puede golpear muchas veces, pero hay que levantarse después de cada caída. Hay que saber encajar el éxito y la adversidad. Hay que pelear día a día, sin dejar escapar ninguno». Aquella frase se grabó en el subconsciente de toda la plantilla del Atlético de Madrid, concentrada en un céntrico hotel bilbaíno. Era la charla previa al trascendental duelo que debían jugar ante el Athletic Club, en San Mamés. Las palabras no eran de Diego Pablo Simeone. Formaban parte de un discurso motivador de Irene Villa, víctima de un atentado de la banda terrorista ETA, en 1991, cuando una bomba le seccionó las dos piernas. Irene acudió al hotel vizcaíno para charlar con los jugadores del Atleti.

Irene les mostró imágenes del atentado, de sus vivencias después de que aquello cambiase para siempre su vida y de todas las ocasiones en las que se obligaba a pelear para salir adelante y poder seguir con su vida después de tan terrible experiencia. Les habló de un accidente que sufrió esquiando, cuando ya no tenía piernas, en el que se rompió una vértebra. Otro «palo» que superó a base de un duro trabajo mental. El ejemplo de Villa conmovió a la plantilla del Atleti, a petición de Simeone, que conoció a Irene y quiso que trasladara su lucha diaria a los jugadores, para que tomaran buena nota de su ejemplo de superación personal. Irene Villa llevaba años impartiendo conferencias para relatar cómo había tenido que superar el traumático atentado que cambió su vida y la de su madre, reivindicando que, aunque te puedan golpear muy fuerte, nunca hay que rendirse.

Gabi, Godín, Diego Costa y compañía se emocionaron durante la charla. El lateral brasileño Filipe Luís recuerda la presencia de Irene y sus palabras: «Fue algo muy personal. Creo que viene bien escuchar siempre para que uno pueda valorar lo que tiene en la vida y lo que vive. Yo he pasado por situaciones difíciles que no llegan ni a una décima de lo que ha pasado esta luchadora; me emocionó muchísimo. Te puedes levantar por la mañana y agradecer lo que tienes. Siempre puedes mirar la vida de dos formas. Y el ejemplo que da Irene Villa de mirar de una forma positiva y optimista es impresionante». La charla no estaba prevista para preparar el partido, pero Simeone quiso que hablara con los jugadores, para hacerles ver que, por muchos obstáculos y zancadillas que te ponga la vida, siempre hay que seguir luchando.

Horas después, el Atlético de Madrid se impuso en San Mamés al Athletic, logrando una importante victoria en el Botxo que apuntalaba sus opciones de ser campeón de liga. Esa tarde-noche, Diego Costa se marcó un partido antológico. En el vestuario del Atlético comenzaron a creer que, como les decía su entrenador, si se creía y se trabajaba, se podía. Así fue. Aquel campeonato liguero se tiñó de rojiblanco.

Antes del comienzo de la temporada, las casas de apuestas consideraban que el equipo de Simeone tenía una posibilidad sobre noventa de levantar el título. Se equivocaban. Los del Cholo salieron campeones. Con apenas el quinto presupuesto del torneo, quedaba por delante del Madrid de Cristiano Ronaldo y del Barça de Messi. Lo lograba en el último partido, en el Camp Nou, con dos de sus mejores jugadores lesionados, con un tanto en contra y gracias a un cabezazo histórico de Diego Godín. El público del Camp Nou se rindió al esfuerzo del conjunto visitante para superar las dificultades y terminó ovacionando al equipo colchonero. Un gesto señorial que premiaba a un equipo que nunca dejó de creer.

13

El sueño imposible

Verano de 2021. La noticia cae como una bomba. El Barça anuncia que no podrá renovar el contrato del mejor jugador de todos los tiempos: Lionel Andrés Messi Cuccitini. El club azulgrana, en apenas cuarenta y ocho horas, decide dar marcha atrás a una renovación que estaba acordada y pactada entre las partes. El presidente Joan Laporta y su junta habían citado a Messi para firmar su ampliación de contrato en las oficinas del Camp Nou, pero, a falta de veinticuatro horas para sellar el compromiso, el Barça dio marcha atrás y Messi se quedó sin equipo. La coartada, la delicada situación económica del club y la sensación de que no podían cumplir los requisitos para inscribir su contrato según las reglas del control económico de la liga. El verano anterior, Messi había pedido con un burofax salir del club, harto de las mentiras de Bartomeu. Finalmente, se quedó después de conceder una entrevista en exclusiva a quien esto escribe, Rubén Uría. Meses después, con el Barça ofreciéndole una renovación que nunca llegó, Messi, entre lágrimas, decía adiós al club de su vida. Le habían echado.

¿Cuál sería el nuevo destino de Leo? ¿Qué nueva etapa comenzaría? ¿Qué club podría hacerse con su fichaje? En apenas unas horas, se disparó la rumorología y el teléfono de los Messi echaba humo. Con el mundo del fútbol en estado de shock, los acontecimientos se precipitaron. Y ahí, en aquellos instantes de incertidumbre y dudas, apareció Diego Pablo Simeone. Alguien le advirtió de que Messi iba a salir del Barcelona; tras la sorpresa inicial, el Cholo decidió sondear la situación. Llamó a Luis Suárez, íntimo amigo de Leo, para preguntarle cómo estaba Messi. «Por si estaba con ganas, por si por cualquier cosa había una mínima posibilidad de que viniese al Atlético de Madrid». Simeone soñaba despierto: si el mejor de todos los tiempos estaba sin equipo, había que intentarlo.

La ilusión duró apenas unas horas, porque el todopoderoso PSG se cruzó en el camino de los Messi y presentó una oferta imposible de igualar para la economía del Atlético de Madrid. El sueño de Simeone se esfumó. Meses después, lo acabaría reconociendo en la prensa argentina, cuando le preguntaron si Messi pudo haber estado bajo sus órdenes: «¿Si quedó en algo? No, en nada, ves el avión que pasa por el cielo y dices pues por ahí viene, pues así fue, más o menos». Simeone habló con Suárez, hizo un par de llamadas; pero, cuando el Atleti quiso moverse y soñar con lo que parecía imposible, ya era demasiado tarde. El PSG tenía prisa por cerrar el fichaje de Leo, le fletó un avión y al cabo de cuarenta y ocho horas lo presentaban en París.

El sueño de ver a Messi junto a Simeone no se hizo realidad y el mejor de todos los tiempos acabó en Barcelona. Eso sí, años antes, en junio de 2009, en Rosario, Messi sí vistió la camiseta del Atlético de Madrid. Fue en un partido benéfico, organizado por la fundación del club colchonero y por la de Javier Zanetti, entonces capitán del Inter, para ayudar a los niños más desfavorecidos de Argentina. Messi, siempre comprometido con las obras sociales, jugó ese día con la camiseta rojiblanca. Aquel gesto del crack fue aplaudido por el Atleti, que sentó las bases solidarias para mejorar el proyecto del Hogar de Tránsito de la Madre Soltera Primeriza.

14

Charla en el Colombino

Apenas llevaba unas semanas en el Atlético de Madrid, pero Diego Pablo Simeone quiso mostrar su tremendo carácter al vestuario. Sucedió en el verano de 1994, justo después de haber fichado de manera relámpago por el cuadro colchonero. El Cholo, enrolado en el Sevilla, le comentó a Luis Aragonés que tenía una oferta del Atleti y le pidió consejo, por si creía que debía abandonar Nervión. La respuesta del Sabio de Hortaleza fue lapidaria: «¿Y a qué está esperando usted para decir que sí?». Previo pago de cuatrocientos millones de pesetas, Simeone recaló en el Calderón. Y en su primer torneo de pretemporada, en el Colombino de Huelva, Simeone se encargó de dejarle claro al vestuario para qué había llegado.

Después de dos amistosos ante el Betis (empate) y Zaragoza (derrota), el Cholo, que llevaba solo unos días en el equipo, improvisó una reunión nocturna con toda la plantilla: «Muchachos, hoy reunión en la habitación». Dicho y hecho. Simeone juntó a todo el equipo, agradeció al grupo su caluroso recibimiento y, acto seguido, tomó la palabra con voz grave: «Muchachos, no he venido acá para nada. Quiero ganar, me gusta ganar y necesitamos ganar. El que no quiera ganar sobra. Ahí está la puerta. Tenemos que ganar. Queremos ganar. Y para eso los necesitamos a ustedes. Kiko, te necesitamos a tope. Manolo, sin ti no podemos. Toni, lo mismo...». Simeone fue enumerando, uno por uno, a todos los jugadores del equipo, para hacerles ver que tenía una personalidad fortísima y que el grupo necesitaba creer en sí mismo para conseguir armar algo importante. Si había grupo, había familia. Y si había familia, había equipo.

Sus compañeros quedaron realmente sorprendidos de la energía y seguridad que transmitía el argentino. Era un recién llegado y ya estaba metiendo presión al núcleo duro del vestuario. Apenas contaba con veinticuatro años recién cumplidos, tenía madera de líder y estaba claro que, en el futuro, acabaría siendo entrenador: «Muchachos, si lo damos todo, no tengan duda. Este grupo puede salir campeón». El Cholo no había llegado para perder. Simeone era un líder nato y su verbo favorito era ganar. Kiko recuerda perfectamente aquella charla con Simeone, que le marcó de por vida: «Me llevé la peor parte de la charla. Simeone me miró a los ojos fijamente y me dijo: "¿Tú qué quieres hacer con tu vida?". Y yo me quedé: "¿Esto qué es?". Y siguió diciéndome: "Kiko, dependemos de ti, si no tienes compromiso, si no estás a tope, si no tienes continuidad... Eres grande, la aguantas, juegas de cara, creas segundas jugadas... Si estás con los cinco sentidos puestos en el equipo, nos puedes dar la vida, dependemos de ti". Me dio una charla que ni mi padre». Así las gastaba Simeone con veinticuatro años, y apenas tres semanas después de fichar por el Atlético de Madrid. Tras un primer año complicadísimo, en el que llegó a coquetear con el descenso, el Atleti enderezó la nave con Radomir Antić y logró el primer «doblete» de su historia, con un triunfo ante el Albacete en la última jornada de la liga 1995-1996. Cosas del destino: el primer tanto colchonero en aquel partido decisivo fue obra de Simeone; el segundo, de Kiko.

15

Prohibido dormir

Mayo de 1996. Con la Copa del Rey en las vitrinas, el Atlético de Madrid avista el título de liga. El gol de Milinko Pantić de cabeza se convierte en un tanto eterno para los aficionados del Atleti, pero el equipo dirigido por Radomir Antić sabe que puede pasar a los anales de la historia del fútbol español si consigue, en el mismo año, llevarse el título de liga. Todo está a punto en la penúltima jornada del campeonato. El Atleti lleva todo el curso aguantando en solitario como líder. Ha dejado fuera de la carrera al Barcelona de Johan Cruyff y depende de sí mismo para rubricar el primer «doblete» de su historia. El único que lo puede evitar es el Valencia C. F., dirigido en aquel entonces por un tipo que es santo y seña atlético, Luis Aragonés. En la penúltima jornada, las cuentas colchoneras son muy claras: si el Valencia no gana al Espanyol, el Atleti se proclamará campeón.

En el vestuario colchonero no se habla de otra cosa. De hecho, varios componentes de la plantilla deciden quedar en casa de uno de los jugadores, para ver todos juntos el partido del Valencia, deseando una derrota che para cantar el alirón. Si el Valencia pierde, el Atlético de Madrid será matemáticamente campeón. Todos los jugadores del equipo, incluso el entrenador, Radomir Antić, empujan para que el Valencia, entonces dirigido por Luis Aragonés, pierda. Eso les daría el título. Todos desean la victoria del Espanyol. Todos..., bueno, todos menos uno: Diego Pablo Simeone. El argentino no quiere ser campeón de esa manera y les dice a sus compañeros que lo soñado debe ser salir campeón en su estadio, con su gente, en el Calderón, para poder vivir un momento único. Sus compañeros tratan de convencerle, pero el Cholo no ceja en su empeño. Sostiene que lo mejor para el Atleti es que el Valencia consiga ganar su partido, porque así tendrán la posibilidad de salir campeones ante su gente, contra el Albacete, en la última jornada, en un Vicente Calderón a rebosar. Dicho y hecho. A pesar de que los jugadores del Atleti están deseando que el Valencia de Luis Aragonés tropiece para festejar el título, el cuadro che no cede. Ante cincuenta mil almas en un Mestalla lleno hasta la bandera, el Valencia saca adelante su compromiso y consigue los tres puntos. Lo lograba después de un partido realmente tenso y que solucionó por la mínima un gol del veterano Carlos Arroyo. El triunfo del cuadro che obliga al Atlético de Madrid a tener que puntuar en la última jornada para salir campeón, ante el Albacete. Esa noche, muchos jugadores del Atleti parecen decepcionados, pero Simeone sonríe y está eufórico. El destino le ha permitido salirse con la suya. Está completamente convencido de que el destino les ha regalado una extraordinaria oportunidad: «campeonar» con su gente.

El 25 de mayo de 1996, en la víspera de la última jornada de liga, Radomir Antić diseña los últimos detalles del partido ante el Albacete. Por la tarde, llega la hora de la siesta para el grupo. Hay calma tensa en el ambiente. El equipo sabe que no puede fallar, que tiene una gran responsabilidad y que está en juego algo histórico: conseguir un «doblete» por primera vez en la historia del club. La siesta se interrumpe cuando empiezan a escucharse gritos y golpes en las puertas: «¡Muchachos, no se duerme, ahora no se duerme! ¡Despierten, porque hoy vamos a salir campeones!». Kiko, Santi, Toni, Solozábal y compañía no dan crédito. Los gritos les son muy familiares. Sí, es Diego Pablo Simeone. El Cholo anima a todos a no dormir, a no descansar, a vivir el partido horas antes de que se juegue y disfrutar del apoyo incondicional de la hinchada. «Aquí no se relaja nadie, porque hoy el Atlético de Madrid va a salir campeón».

Nadie durmió... y, horas después, el Atleti se proclamó campeón de liga en una tarde inolvidable para la historia colchonera. Dos horas antes, los aficionados del Atlético colapsaron los aledaños del estadio, hasta el punto de que el bus rojiblanco tuvo problemas para entrar en el recinto. Esa tarde, el estadio Vicente Calderón se llenó hasta los topes. De hecho, si el Atleti hubiera tenido dos estadios, los habría llenado ambos. Empujado por un ambiente volcánico, maravilloso e irrepetible, el Atleti pisa el campo decidido a salir campeón. El Valencia busca el «milagro»: tiene que ganar en Vigo y esperar el tropiezo rojiblanco. No hay opción. El destino está escrito. Diego Pablo Simeone, con el parietal y de manera contundente, descorcha el duelo con un cabezazo picado imparable para Plotnikov. Su festejo, rabioso, pura energía, desata la locura en el Calderón. El Cholo fue la chispa adecuada del doblete. Salió campeón justo como él soñó y quería. En el Calderón. Con su gente. Y marcando.

16

No se lo consiento ni a mi padre

Año 1994. El enésimo proyecto de Jesús Gil y Gil no termina de despegar. El equipo no se encuentra cómodo, los resultados no llegan y, a pesar de que se ha fichado al entrenador colombiano Pacho Maturana, la temporada arranca mal. El equipo no está en un buen momento y la responsabilidad atenaza a la plantilla. La situación desata la ira (otra vez más) del huracán Jesús Gil. El técnico está en el alambre, la prensa publica que el despido del entrenador es inminente y Maturana intuye que sus horas en el banquillo del Manzanares están contadas. El colombiano, discutido en aquellos días, solo encuentra el respaldo de Simeone. «Intentaba explicar a varios jugadores los movimientos. Sentía que mi mensaje no era asimilado. Volvía sobre lo mismo, y nada. Fue entonces cuando Simeone emergió imponente, como solía hacer para desbaratar una maniobra del rival en campo de su equipo y, fastidiado, vociferó: "¡Pacho, el que no sepa de estas cosas que se vaya a jugar a la calle!"». A pesar del apoyo inquebrantable del Cholo, los resultados no llegan y el que acaba en la calle es Maturana, que decide dimitir de su cargo ante la falta de confianza de Gil.

El desplome del Atlético de Madrid se cobra la víctima esperada: el entrenador. Pacho Maturana abandona el club. El colombiano presenta su dimisión, aceptada de mil amores por

Gil, después de una derrota ante el Betis. El presidente, el mismo día, explica que ya tiene elegido su sustituto. El encargado de intentar enderezar la nave colchonera será el argentino Jorge D'Alessandro. Sin embargo, Gil sigue estando muy insatisfecho con la marcha del equipo y decide cargar públicamente contra la plantilla. Lo hace con unas declaraciones explosivas. Uno de los peores parados resulta precisamente Simeone. «Hay algún jugador que lleva cuatro, siete o diez partidos desde Albacete, que nos ha llevado a la ruina en la Copa y en todo», comenta el presidente, señalando en público al Cholo. Los aficionados colchoneros ya saben que la temporada no puede acabar bien. Cuando el presidente pierde los estribos, el desastre se avecina.

Al día siguiente, el vestuario del Atlético se desayuna con las furiosas críticas de Gil en los periódicos. La rajada del presidente, la enésima, duele mucho en la caseta colchonera. Manolo, Tomás, Solozábal, Vizcaíno o Kiko, entre otros, intentan calmar las aguas. Saben, por experiencia, que lo mejor es no mantener un enfrentamiento público con Gil, porque eso sería apagar el fuego con gasolina y la situación podría perjudicar aún más al equipo. Sin embargo, Simeone es la excepción. Se siente señalado injustamente y no está dispuesto a recibir lecciones en público de nadie. Y menos en esas formas. El argentino, en contra de los consejos de algunos de sus compañeros, decide dar rienda suelta a su temperamento. Así que el Cholo, ni corto ni perezoso, coge el toro por los cuernos y concede una entrevista al diario *Marca* en la que, lejos de achicarse, contesta con dureza al máximo mandatario rojiblanco: «Gil me faltó al respeto, y eso no se lo consiento ni a mi padre». La entrevista tiene recorrido, se comenta en el vestuario y, sobre todo, entre los aficionados. Simeone le ha plantado cara a Gil. En público. Justo donde casi nadie se atreve con el presidente atlético. Todo hace presagiar que se va a destapar la caja de los truenos. Sin embargo, la semana transcurre con calma. Gil no responde y las declaraciones del Cholo parecen haber quedado ahí, en el limbo, como si no hubiera pasado nada.

El fin de semana, el Atlético juega en La Romareda, ante el Real Zaragoza. Cuando quedan unos minutos para que comience el encuentro, Jesús Gil baja al vestuario visitante. Simeone ve venir al presidente colchonero y piensa que, ahora sí, va a tener un serio enfrentamiento con el «jeque» de Burgo de Osma. Gil se coloca a la altura del argentino, delante del resto de los jugadores y le dice en voz alta: «Cholo, ven conmigo». Se lo lleva a un aparte, fuera de la vista del resto de los futbolistas y le suelta: «Olé tus huevos, Diego. Me ha encantado lo que has dicho. Ahora, Simeone, demuéstralo en el campo». Aquel año, el Atleti se salva del descenso *in extremis* después de una temporada caótica. Acaba el campeonato decimocuarto, con más derrotas que victorias. Eso sí, tanto Gil como el vestuario saben que el equipo cuenta con un tipo argentino que no se arruga. Un año después, con Radomir Antić en el banquillo, el Atleti sería campeón de liga. Y el primer gol del último partido, el que abría las puertas del título, fue obra del Cholo Simeone.

17

Resurrección

Diciembre de 2011. El primer día que Diego Pablo Simeone aterrizó en el Vicente Calderón como entrenador del Atlético de Madrid, decidió abrir las puertas del entrenamiento, para que todo el público asistiera a ver a los jugadores. Allí se dieron cita miles de almas. El Atleti tenía problemas y todos querían ver *in situ* al Cholo. Aleccionó a los suyos, les habló de superar la dificultad, y el resto es historia. Y allí, durante ese entrenamiento, se dio cuenta de que tenía un chaval de la cantera con una pinta inmejorable. Simeone preguntó por aquel joven talento y en el club le alertaron: «Es una pena, Diego, porque el chico lo tiene hecho para irse al Málaga». De eso, nada de nada.

Simeone abandonó el entrenamiento, se dirigió a las oficinas del club a toda prisa y paró la operación con el Málaga, que estaba a punto de firmar al jugador. Diego usó todas sus dotes de persuasión, reclamó al club que el canterano no se fuera y, cuando tuvo luz verde desde las oficinas, llamó al chaval para tener una charla a solas con él. Simeone apeló a su fe y le hizo una promesa: «Ahora no me creerás, pero quédate porque vas a ser importante». Dicho y hecho. No fue importante, sino clave. Puro Atlético de Madrid. Aquel talento que se habría ido al Málaga de no ser por Simeone era Jorge Resurrección Merodio, alias Koke, el centro de gravedad del Atlético, su gran amor desde niño. Si cualquier hincha rojiblanco tuviera que enumerar la lista de cualidades de Koke para ser un ídolo colchonero, pasaría horas redactando el magisterio de un volante que soñó jugar en este equipo desde que no levantaba un palmo del suelo y que logró hacer realidad su sueño. Al igual que Gabi o Torres, Koke juró amor eterno al Atleti, en la salud y en la enfermedad, en la riqueza y en la pobreza, hasta que la muerte los separe. Su fuerza, sus padres. Su ídolo, su hermano. Su escuela, el fútbol de barrio. Su universidad, el Atleti. Si hay que correr, corre como el que más. Si hay que trabajar, curra como el que más. Si hay que defender al compañero, dentro y fuera del campo, se pone el primero de la fila.

Una vez que se ganó la confianza de Simeone desde el primer día, Koke fue quemando etapas, consolidándose como pieza clave del equipo, y después, en plena madurez y como jugador de jerarquía, se ganó el estatus de capitán y peso pesado del vestuario. Koke lleva años siendo la brújula de un Atleti donde todos sus compañeros saben que nadie como él es capaz de filtrar una pelota imposible para dejar en ventaja al compañero. Si el Atleti de Simeone vive partido a partido, Koke vive pase a pase. Desde aquel primer entrenamiento con el Cholo, desde aquel día que casi se marcha al Málaga, Koke lleva toda una vida honrando la camiseta que defiende. Y cuando ha sufrido un bajón de juego, siempre ha terminado haciendo honor a su apellido: Resurrección.

18

El que no sepa, a la calle

Verano de 1994. Jesús Gil y Gil era una trituradora de entrenadores. Y presumía de serlo. Cada vez que veía una cámara de televisión, remataba en plancha: «Para mí, echar a un entrenador es como beber una cerveza. Puedo echar a la calle a veinte en un año. Y hasta cien, si hace falta». A Peiró y Maguregui los largó de malas formas, con Luis Aragonés escenificó una pelea pública, a Basile le despidió en directo en la radio durante una intervención en el programa de José María García —«me cago en el contrato», alegó el argentino— y, cuando el «jeque» de Burgo de Osma dudaba sobre la continuidad o no de un técnico, consultaba con su consejero de cabecera, que no era otro que un caballo que le costó una fortuna, un flamante semental. Gil preguntaba en voz alta, rodeado de cámaras, a su caballo: «"Imperioso, ¿qué hacemos con fulanito? ¿Le echamos?"». Y si Imperioso relinchaba, el presidente ejecutaba. Tenía claro su modelo de club. Con él, los entrenadores se diluían como un azucarillo en el café. «Mi método es el método Berlusconi: el presidente hará la alineación».

Pacho Maturana, figura clave del fútbol colombiano, llevaba tiempo en la agenda del Real Madrid y del AC Milan. Estaba considerado un revolucionario del fútbol y había triunfado en el Valladolid. Jesús Gil decidió su fichaje. Comenzaba

EL QUE NO SEPA, A LA CALLE

su enésimo proyecto. Esta vez, con el «doctor» colombiano en el banquillo. La verdad es que Maturana, contratado para pelear por títulos, no tuvo tiempo ni siquiera para fracasar. Duró lo que un caramelo en la puerta de un colegio. El cafetero intentó, sin éxito, enseñar a sus jugadores varios movimientos tácticos que, según él, iban a convertir al Atleti en un equipo de referencia en el mundo. De hecho, Maturana siempre recuerda una anécdota imborrable de su paso por el equipo colchonero. Fue durante una sesión de entrenamiento. Insistía en enseñar algunos conceptos tácticos a algunos futbolistas mientras Diego Simeone, cada vez más impaciente, le observaba a unos pocos metros. «Estaba esforzándome al máximo por explicar a varios jugadores los movimientos. El tiempo pasaba y sentía que mi mensaje no era asimilado. Volvía sobre lo mismo, y nada», recuerda Pacho. La charla del colombiano no acababa de convencer a los jugadores, así que Simeone interrumpió el ejercicio con vehemencia. Se volvió hacia el entrenador y, realmente fastidiado, gritó: «¡Pacho, el que no sepa de estas cosas que se vaya a jugar a la calle!».

Años después, Maturana sigue convencido de que «con once jugadores como Simeone iría tranquilo a recorrer el mundo. Fue el jugador que todo entrenador quisiera tener. Estaba al lado, siempre preguntando y cumpliendo con una intensidad única cada entrenamiento. Era un líder dispuesto a estimular a sus compañeros». A pesar del apoyo del Cholo, el que acabó en la calle fue Maturana. Y eso que comenzó con buen pie. Arrancó ganando el extinto Trofeo Villa de Madrid frente al Colonia alemán (5-1) y descargó una tormenta de goles ante el Valladolid (6-0). El equipo carburaba, el ambiente del vestuario era bueno y la afición creía. Craso error. Vizcaíno y Simeone se lesionaron. Después llegó la baja de Caminero. Y, más tarde, la de Pirri Mori. Aquel aluvión de problemas físicos mermó al equipo. Gil perdió la paciencia y dejó claro lo que iba a pasar: «O le echo, o nos vamos a segunda». Maturana, sin ningún tipo de apoyo, no tuvo otra que dimitir. Sus números: dos triunfos, un empate y cinco derrotas. «No tuve tiempo. Estuve más cerca del jugador que del ser humano. No es lo mismo Madrid que Valladolid. El jugador en Madrid es más independiente y va más con la *dolce vita*. Me faltó tiempo para trabajar la parte humana». Maturana fue el decimoctavo entrenador que perdió su cabeza a manos del ciclón Gil, que ese mismo año también sacrificó a Jorge D'Alessandro, a Alfio, *Coco*, Basile y a Carlos Aguiar. De entrenador en entrenador y tiro porque me toca.

19

«Tu vida somos nosotros»

¿Cómo es Diego Pablo Simeone fuera de los terrenos de juego? ¿Cómo es en casa? ¿Cómo es su vida cuando está alejado de la adrenalina competitiva? ¿Qué tipo de padre es? ¿Cómo es el lado más íntimo de un personaje tan introvertido como el Cholo? Todas esas preguntas las resuelve *Simeone. Vivir partido a partido*, una docuserie de Prime Video que sumerge a los espectadores, de lleno, en la apasionante vida del argentino. La serie, un auténtico éxito televisivo, consta de un total de seis capítulos, de alrededor de una media hora cada uno, en el que se hace un apasionante viaje acerca del pasado, presente y futuro de Simeone, ya no solo como el gran futbolista y entrenador, sino también en lo personal.

Al Simeone más pasional y rebelde, al entrenador carismático, le sucede un Simeone más calmado, sosegado, reflexivo y cercano. Un tipo casero, con mucho sentido del humor, una fácil convivencia y un marcado sentido familiar. En realidad, la docuserie sirvió para que los aficionados atléticos conocieran, de primera mano y por boca de su protagonista, al genuino Simeone. Al hombre que, embutido casi siempre en un traje negro, vive el día a día como si fuera partido a partido, entregado al fútbol, a su país y su familia. Durante varios capítulos, aparecen grandes figuras del mundo del fútbol, compañeros y rivales, con intervenciones estelares de genios como Messi, Cristiano Ronaldo, Juan Sebastián Verón, Pep Guardiola, Ronaldo, David Beckham o Fernando Torres, entre otros. Sin embargo, la serie nos descubre el lado menos conocido de un tipo reservado como el Cholo: su familia. Más allá del exitoso entrenador, la docuserie de Simeone nos revela la figura del hombre que sacrificó todo para hacer realidad sus sueños. Es la historia del hijo de don Carlos, un hombre sencillo, humilde y trabajador que le inculcó que el esfuerzo no se negocia. Es la historia del marido que hace muy fácil la convivencia del día a día. Es la historia del padre que les exige a sus hijos que persigan sus metas. Es la historia del hombre de familia que ha tenido que reinventarse, una y otra vez, en cada una de las diferentes etapas de su proceso vital. Su vida con Carla Pereyra, sus dos hijas en común (Francesca y Valentina), sus tres hijos fruto de su anterior relación (Giovanni, Gianluca y Giuliano), su nexo con su hermana (agente de futbolistas), la devoción que siente por su madre y la complicidad con su padre (don Carlos). En realidad, la vida de Simeone son dos efes: fútbol y familia, familia y fútbol. Son las únicas dos grandes pasiones del Cholo.

Que Simeone es un «enfermo» del fútbol no escapa a nadie. Él mismo lo reconoce. Y su familia tampoco es ajena a esa pasión inexplicable. Respira fútbol las veinticuatro horas del día. Desayuna fútbol, almuerza fútbol, merienda fútbol y cena fútbol. Es un auténtico obseso. Se entrega, en cuerpo y alma, a su pasión. Tanto que su trabajo es un relato íntimo de su vida. Sin embargo, esa pasión inexplicable por el Atleti y esa constancia en el trabajo quedaron crudamente expuestas en una anécdota que el propio Simeone cuenta en su docuserie. Su vínculo con el Atlético de Madrid y su pasión por mejorar en su trabajo y por ganar, a veces, le llevan a perder la noción de su vida cuando está alejado de los focos y del banquillo. El

«TU VIDA SOMOS NOSOTROS»

propio Cholo, en un pasaje realmente emocionante de su serie, explicaba cómo, en algunas ocasiones, hasta sus propios hijos le hacen darse cuenta de que no tiene medida cuando se entrega al fútbol. Su hijo Gio siempre se lo recuerda: «Muchas veces le digo a mi padre que tiene que desconectar, que le vendrá bien para su vida. Tiene el fútbol todos los días en la cabeza, tiene que buscar algo nuevo, algo que le sirva para pensar en otras cosas, para poder desconectar y disfrutar de otras cosas».

El punto álgido del relato vital de Simeone fue el capítulo en el que se analizaba cómo es el día a día del Cholo y su relación con su familia. El propio Simeone, con voz entrecortada y visiblemente emocionado, contaba una anécdota con su hija, acerca de su visión de la vida. «El fútbol es mi vida», insistía una y otra vez. En un momento dado, su hija pequeña, con apenas cuatro años entonces, decidió corregir a su padre. «No, tu vida somos nosotros». Simeone miró a su hija, se encogió de hombros y reflexionó, emocionado, en voz alta: «Tenía cuatro años, pero, bueno, tenía razón».

20

Historia de un pisotón

Bilbao, San Mamés, 8 de diciembre de 1996. En el césped, Athletic de Bilbao y Atlético de Madrid, «padre» frente a «hijo», en un partido de liga con lleno hasta la bandera. A los cinco minutos de juego, el corajudo Diego Pablo Simeone protege, con su cuerpo, una pelota que está cerca de rebasar la línea de fondo. Sin embargo, Julen Guerrero, estrella del conjunto local, pretende rebañar el cuero lanzándose a ras de suelo para llegar a una pelota muy complicada. El argentino ve llegar al de Portugalete, que decide encoger las piernas mientras recibe un pisotón de Simeone en el muslo. El Cholo deja salir la pelota por la línea de fondo y el colegiado César Barrenechea Montero no pita absolutamente nada. Ni falta. Sigan.

Sin embargo, Julen se queda tirado en el suelo, dolido, cojeando, llevándose las manos al muslo. Las cámaras de televisión muestran que Guerrero tiene un boquete en el muslo, producido porque Simeone le había clavado un taco en la pierna. Mientras los doctores atienden a Julen en la banda, las repeticiones nos muestran una y otra vez la violenta entrada del Cholo. El doctor del equipo local tiene que aplicar tres puntos de sutura al de Portugalete. El partido sigue su curso, pero, cada vez que Simeone toca la pelota, recibe los silbidos del público de San Mamés. Con la afición del Athletic enfurecida

HISTORIA DE UN PISOTÓN

cada vez que Simeone toca el balón, el entrenador colchonero, Radomir Antić, decide sacar al Cholo del terreno de juego. El argentino se va del campo, entre abucheos, dejando su lugar en el campo a Roberto Fresnedoso cuando apenas habían transcurrido diecisiete minutos del segundo tiempo. El partido finaliza con empate (1-1), con tantos de Joseba Etxeberria para los vascos y de Milinko Pantić para los madrileños.

Sin embargo, el foco de la polémica se sitúa en el pisotón de Simeone. Radios, televisiones y periódicos explican la jugada desde todos los ángulos y la reacción de la opinión pública es lógica: condena sin paliativos a Simeone por una acción completamente antideportiva. En el vestuario del Athletic, hay indignación por el comportamiento del Cholo y se señala que el argentino merece un castigo ejemplar por parte de la justicia deportiva. En el vestuario del Atleti, los compañeros del Cholo tratan de arropar a su compañero, pero no esconden que ha actuado mal y que él es el primero que lo sabe. Toni Muñoz, excompañero atlético recuerda que, aquel día, Simeone, nada más terminar el partido «acabó realmente tocado porque sabía que se había equivocado». Kiko Narváez, que también formaba parte de aquel plantel colchonero, rememoraba el episodio así: «No hacía falta que el Cholo nos dijera nada. Estaba triste, sabía que había metido la pata y que aquello que había hecho estaba muy mal. Todos éramos conscientes y no era una situación agradable para nadie. Lo pasó mal». Días después, el Comité de Competición actúa de oficio y castiga a Simeone con tres partidos de sanción al considerar que su acción sobre Guerrero era «violenta pero no intencionada». Desde entonces, la parroquia San Mamés no olvida. Desde aquel censurable episodio, es un estadio absolutamente hostil con Simeone.

Curiosamente, tres meses después del pisotón, el 26 de febrero de 1997, Atlético de Madrid y F. C. Barcelona juegan eliminatoria de cuartos de final de Copa en el Vicente Calderón. Durante el choque, Simeone y Fernando Couto, central azulgrana, pugnan por un balón aéreo. Couto gana el duelo y se eleva con más consistencia, pero cuando va a impactar con la pelota, suelta la pierna y clava los tacos de su bota, adrede, contra la pierna del Cholo. La entrada es aparatosa, innecesaria y fea. Busca hacer daño al contrario. Couto solo ve tarjeta amarilla y sigue en el terreno de juego. Simeone pasa de verdugo a víctima y termina siendo atendido por los médicos del Atleti sobre el césped. Recibe tres puntos de sutura. Justo el mismo número que tres meses antes había recibido Julen Guerrero. Nada más acabar el partido, preguntado por los periodistas sobre la agresión de Couto, Simeone pide a su club que no denuncie la acción del rival ante la justicia deportiva: «Espero que el Atlético de Madrid no denuncie. No deseo que el club denuncie nada sobre todo lo que ha pasado. Repito: hay que obrar con el ejemplo, aunque la otra vez los que pagamos fuimos nosotros. Esto tiene que servirles a los demás para que aprendan que en el fútbol las cosas tienen que quedar en el campo. Si el árbitro ve una cosa o no ve nada, todo tiene que terminar ahí». Ni el Atleti ni Simeone denunciaron la acción antideportiva de Couto. Años después, ambos coincidieron, esta vez como compañeros, en la Lazio de Roma. Su relación tampoco mejoró allí, donde también protagonizaron algún que otro incidente subido de tono.

Casi veinticinco años más tarde del famoso pisotón de Simeone a Guerrero, el ahora técnico del Atlético de Madrid reconocía su tremendo error y pedía perdón a Guerrero. «Fue una reacción innecesaria. Siempre fui fuerte, siempre fui temperamental..., pero eso es una agresión. Obviamente, está mal. Nunca más nos cruzamos y las veces que nos tocaba jugar con el Bilbao no le tocó venir a jugar con nosotros para tener esa oportunidad al menos de pedir disculpas, pero yo creo que a veces hay cosas que ni pidiendo disculpas. Sí, te sacas la situación de pedir perdón..., pero lo que está mal está mal». Julen Guerrero aceptaba las disculpas del argentino. Más vale tarde que nunca: «Creo que él ha sido sincero, y eso es bueno. Agradecido. Nunca es tarde para este tipo de cosas. Se agradece y es una mejor forma de pasar página». Así se zanjaba, después de veinticinco largos años, el pisotón más famoso de la historia del fútbol español de los noventa.

21

La profecía del Cholo

El de 1987 no es un año fácil en Argentina. Entra en vigor la Ley de Punto Final, con la que se pone fin a las denuncias contra los militares de la dictadura por genocidio y venta de bebés. Meses después, unos individuos profanan la tumba del expresidente Juan Domingo Perón, le cortan las manos con una sierra eléctrica y las hacen desaparecer. Son tiempos difíciles. En aquellos días, un jovencísimo Diego Pablo Simeone (apenas dieciséis primaveras) recibe su primera citación para incorporarse a la selección juvenil argentina. El Cholo se ha ganado la confianza del técnico Carlos Pachamé y tiene que presentarse a las ocho de la mañana en la puerta del edificio de la Asociación del Fútbol Argentino (AFA), en el corazón de Buenos Aires, para coger un autobús con rumbo a Ezeiza, la sede de concentración del seleccionado albiceleste.

Simeone llega a la cita con cuarenta y cinco minutos de antelación al horario previsto. Se planta en el edificio de la AFA a las 7.15 de la mañana con una bolsa de mano. Está impaciente por empezar a entrenar con las inferiores de la selección. Sin embargo, algo no va bien. En el edificio no hay nadie y, con el correr de los minutos, nadie aparece por el lugar. El joven Simeone espera cinco minutos, diez, quince..., y entonces se da cuenta de que algo ha pasado. A la carrera, decide preguntar a un vendedor de periódicos a la vuelta de la esquina. «Pibe, se fueron hace un rato, a las siete». Simeone no se lo puede creer. El primer día con la selección y el autobús se ha ido sin él. Cuando está regresando al edificio de la AFA, se cruza con un compañero al que también le habían dicho mal el horario, Antonio Mohamed. «Primer día y llegamos tarde, de esta nos echan», se lamenta Simeone. En aquel entonces no existían los teléfonos móviles y no podían avisar a nadie de la AFA. Y tampoco tenían suficiente dinero para coger un taxi, porque el trayecto era bastante largo. Caminando es imposible llegar al destino, así que Simeone convence a Mohamed para que los dos, juntos, tomen diferentes autobuses hasta poder llegar a Ezeiza, el lugar de concentración del seleccionado.

Los dos muchachos se deciden y toman un par de autobuses; cuando llega la hora de coger el último, se dan cuenta de que ya no tienen dinero para poder pagar el billete. Mohamed está desolado y piensa en tirar la toalla. Simeone se decide justo a lo contrario: está dispuesto a hacer lo que sea para poder entrenar con la camiseta de Argentina. Sube al último colectivo con rumbo a Ezeiza y, nada más entrar, se dirige al conductor del autobús: «Mirá bien esta cara. Un día voy a ser futbolista profesional y seré una estrella de la selección», dice el Cholo para sorpresa del conductor, que se queda realmente sorprendido. Simeone prosiguió: «Algún día jugaré en la selección, y él también —dijo señalando a Mohamed—, te lo puedo asegurar. No te olvides de nosotros. Solo necesitamos un pequeño favor, no tenemos dinero, pero necesitamos que nos lleves cerca de Ezeiza para el entrenamiento». Tras unos segundos de duda, el conductor compra el relato de ese chico tan desesperado y decide no cobrarles el viaje. Eso sí, dejó a los dos juveniles a unos seis kilómetros de la sede de la selección. Simeone y Mohamed tuvieron que correr para intentar no retrasarse; apenas llegaron unos minutos tarde.

Cuando acabó la práctica de aquel primer día tan complicado, llegaron las buenas noticias. Carlos Salvador Bilardo, el seleccionador nacional absoluto, se enteró de las peripecias de los dos muchachos y de todo lo que habían hecho para intentar llegar a tiempo al entrenamiento, así que decidió que todo ese entusiasmo tuviera una recompensa. El Doctor citó a los dos juveniles, Simeone y Mohamed, para entrenar al día siguiente con Maradona y el resto de los jugadores campeones del mundo en México 86. Desde ese día, ya no hubo marcha atrás. Mohamed aprovechó la ocasión. Simeone hizo algo más que eso. Ahí comenzó su gran romance con la albiceleste. Un amor a primera vista. Desde aquel entonces, se quedó para siempre entrenando con la selección, con la que disputó tres Mundiales y ganó dos veces la Copa América.

Antonio, *el Turco*, Mohamed siempre recuerda aquella anécdota con especial admiración hacia la figura del entonces precoz pero ya convincente Diego Pablo Simeone: «Se le notaba la pasta de líder desde el primer momento. Aquel día lo miraba y no podía creer lo que decía. Pero convenció al conductor de autobús y llegamos a Ezeiza». Simeone vistió la camiseta albiceleste en ciento ocho ocasiones, anotó once tantos y fue una estrella del fútbol argentino de los años noventa. El Cholo cumplió su profecía. Y aquel conductor de autobús pudo presumir, de por vida, de haber sido clave en la carrera de Simeone.

22

La primera charla

Diciembre de 2011. Dos días antes de Nochevieja, el Atlético de Madrid decide abrir las puertas del estadio Vicente Calderón para el primer entrenamiento del equipo a las órdenes de Diego Pablo Simeone. El club está hecho unos zorros, el equipo vaga por la zona media de la tabla, a diecinueve puntos del Real Madrid, y acaba de caer eliminado de la Copa del Rey por el Albacete, de segunda división B. Sin embargo, la afición del Atleti está entusiasmada con la llegada del Cholo. Siente mucha curiosidad por saber cómo será Simeone como entrenador y está dispuesta a brindarle todo su apoyo desde el primer día. El nombre del técnico se ha coreado en el fondo sur, durante todos y cada uno de los partidos del equipo, desde que se fue del cuadro colchonero en el año 2005, acompañado en el césped por sus hijos. El Atleti está deprimido, necesita un nuevo líder y, precisamente por eso, el club decide celebrar un entrenamiento a puerta abierta.

Hasta cinco mil hinchas rojiblancos se dan cita en las gradas del estadio Calderón el 29 de diciembre. No es día de partido, pero algunos aficionados esperan que la llegada de Simeone sea positiva para el equipo. El Atleti apenas ha sumado cinco victorias en cinco meses, la plantilla ha tocado fondo, el equipo no juega a nada y, aunque el Cholo es un ídolo para la hinchada, la tarea de enderezar la nave parece algo más que complicada. A la hora del entrenamiento, los futbolistas de la plantilla colchonera saltan al césped para hacer unos cuantos ejercicios de calentamiento. De fondo, música de viento. Silbidos. Pitos que se tornan aplausos cuando, de repente, aparece Simeone por la bocana de vestuarios. El Cholo asoma en chándal, saluda al público asistente, que no para de corear su nombre y repetir la banda sonora que siempre acompaña al argentino («Ole, ole, ole, Cholo Simeone»), que pronto decide reunir a los jugadores en torno al círculo del centro del campo. Será la primera charla del argentino como entrenador del Atlético. Una conversación privada, pero escenificada en el césped y delante de toda la afición colchonera.

Simeone no se anda con rodeos. Es consciente de que el equipo tiene la autoestima por los suelos después de quedar fuera de la Copa y sabe perfectamente que toda la afición está muy descontenta por la marcha del equipo. «Recuerdo que entrenamos en el Calderón en el primer día del Cholo. Hubo mucha gente ese día en el campo, como unas cinco mil personas, y eso que no era día de partido. Estaban allí no para vernos a nosotros, sino para ver a Simeone», recuerda Filipe Luís. Con ese ambiente y esa atmósfera, el Cholo tenía claro qué se esperaba de él, cuál era el contexto en el que había aterrizado en el club y qué debía transmitir a una plantilla que estaba sin confianza y prácticamente bajo mínimos. Su mensaje fue muy claro. Contundente y preciso. Un discurso corto y en vena. «Nos hizo formar en el centro del campo. Así lo hicimos. Entonces nos preguntó si sabíamos por qué estaba toda esa gente en la grada. Nosotros, extrañados, le contestamos que para vernos entrenar. Era Navidad y acababa de firmar como entrenador. Nos dijo que no. Que toda esa gente estaba ahí en las gradas para ver al Cholo futbolista, que era de lo único de lo que se acordaba la

LA PRIMERA CHARLA

afición. Y que, a pesar de haber entrenado en River y en Estudiantes, que, a pesar de haber estado en otros equipos, la gente no tenía ni idea de cómo era el Cholo como entrenador, porque la gente no sabía cómo iba a entrenar», recuerda Gabi. Esa era la correa de transmisión de afecto que Simeone quería trasladar a sus jugadores. Hacerles ver que él también tenía por delante un desafío. Mostrar a la gente todo lo que él era como entrenador, porque ahora necesitaban resultados y puntos, y no iba a bastar con el buen recuerdo que dejó entre la gente por su etapa como futbolista. «Nadie vive del pasado, él sabía lo que había logrado como jugador, pero quería dejar claro al plantel que aceptaba el nuevo desafío, que estaba a prueba, como el grupo, y que tenían que sacar al equipo adelante todos juntos, unidos y con todo», explicaba el que fuera jefe de prensa de Simeone, Pepe Pasqués. El cariño del público del Calderón era para el Cholo futbolista. Ahora faltaba descubrir al Cholo entrenador.

Gabriel Fernández Arenas, Gabi, entonces capitán colchonero, recuerda la primera charla de Simeone con nitidez: «Teníamos que darle la vuelta a la situación, empezar a trabajar mejor, unidos, y que el equipo estuviera por encima de cualquiera de nosotros. Ese fue el resumen de la charla, que la afición estaba para ver al Simeone futbolista y tenía que demostrarles a todos, a nosotros los jugadores también, que el Simeone futbolista se había acabado y que ahora era el Simeone entrenador quien tenía que demostrar su valía». Ahí, justo en esa primera charla, fue donde el Cholo se ganó poco a poco la confianza de Gabi y del núcleo duro del vestuario.

Otro que se quedó impresionado por Simeone fue Juanfran, que conectó con el Cholo desde el primer momento. El suyo fue un amor a primera vista. «Mi primer día con él fue muy especial. Yo siempre llegaba antes al gimnasio para currar, y así empezar bien el entreno. Dos horas antes del entrenamiento resulta que también estaba ahí Simeone, que yo creo que llegó muy pronto para preparar la sesión, su primera sesión. Estaba Reyes, que le dijo que se quería marchar; fue cuando se marchó al Sevilla. No había nadie en el vestuario y me vio currando, haciendo abdominales. Entonces me miró a los ojos y me dijo que era un placer conocerme y que se alegraba de verme trabajando. Me preguntó si estaba con ganas y le dije que sí. Vino con Germán, *el Mono*, Burgos y le dijo: «Mirá, Germán, este es de los nuestros». Recuerdo que Simeone me miró a los ojos y vio las ganas que tenía de triunfar en el Atleti.

«Esa semana hicimos entrenamientos durísimos, me puso de titular en Málaga y empatamos a cero. Luego nos quedamos sin laterales para jugar contra el Villarreal y me preguntó si quería jugar de lateral. Le dije que sí y, desde entonces, tuvimos una relación especial. Cuando se formó la línea de cuatro con Miranda, Godín, Filipe y yo, aprendí muchísimo. Hacíamos ejercicios de siete contra cuatro, ocho contra cuatro... Era una locura. Movimientos de defender, de salir, cerrar, bascular... Hice un aprendizaje top en una semana. A Simeone le gusta que le miren a los ojos hablando, y creo que le gané. Quería triunfar en el Atleti y él se dio cuenta de que tenía ilusión y corazón para dar todo», rememora Juanfran, que sintió, desde el primer día, que Simeone sería un elemento crucial en la historia del Atlético de Madrid. No se equivocaba. Desde que llegó, el Cholo convirtió al equipo rojiblanco en una máquina de competir, en un muro carnal, en un equipo programado para cualquier guerra. Armó una defensa impenetrable, ganó la liga, la Copa, la Europa League, la Supercopa de España y la de Europa, y llegó a alcanzar hasta en dos ocasiones la final de la Champions League. Si la leyenda cuenta que Luis Aragonés un día se acostó jugador y al siguiente se levantó entrenador, Diego Pablo Simeone supo

LA PRIMERA CHARLA

interpretar, a la perfección, cómo zanjar su etapa como futbolista y cómo cimentar su leyenda como entrenador. Desde el primer día, se ganó al vestuario. Fue en su primer día. En su primera charla.

23

Fracasar y el luto de Milán

Miguel Ángel Gil Marín, consejero delegado del Atlético de Madrid, siempre recordará Milán. Diego Pablo Simeone también. Otra vez, la Champions League se escapó, como el humo, entre los dedos rojiblancos. Y aquellos días se clavaron como puñales en la piel colchonera. Gil Marín recuerda aquellas jornadas con claridad: «Mi primer recuerdo es del año 94, cierro un acuerdo con Roberto Settembrini, y viajé donde estaba concentrada la selección de Argentina en Boston, yo solo con mi contrato, y estuve diez minutos con Simeone. El segundo fue en la cancha de San Lorenzo y charlé con Diego y pensé: "No sé cuándo, pero tenemos que trabajar juntos algún día". Y el tercer día importante fue después de la final de Milán, intentando localizarle, él quería desaparecer. A través de su hermana, Natalia, contacté, organicé una charla en Buenos Aires, viajé solo para volver a la normalidad y levantar a un hombre dolido». Así estaba Simeone, tocado, destrozado, hundido.

El 29 de mayo de 2016, nada más acabar la final de Champions en Milán, decidida tras la tanda de penaltis, el Cholo exteriorizó su dolor en sala de prensa. «Del segundo no se acuerda nadie. Perder dos finales es un fracaso. Hay que aceptar el momento y curarse las heridas en casa —comentó con crudeza extrema—. El que gana siempre es el mejor. El Madrid fue mejor porque ganó. Nosotros no pudimos resolver en la tanda de penaltis la posibilidad de ser campeones». Había perdido su segunda final de Liga de Campeones, esta vez por penaltis, consciente de que el único gol legal del partido lo había marcado su equipo, ya que el tanto madridista fue en fuera de juego. Y, sin embargo, Simeone se sentía fracasado. Ahí nacieron sus dudas. «Necesito pensar —explicó cuando se le interrogó sobre el futuro—. Fracaso es cuando tienes un objetivo y no llegas», zanjó.

La herida era tremenda y un ganador como Simeone necesitaba tiempo para suturar y poder cicatrizar. Había dejado fuera al mejor Barcelona de Messi y al todopoderoso Bayern de Guardiola, pero había vuelto a quedarse a apenas unos centímetros de la gloria. Simeone se marchó a Argentina, lejos del ruido mediático, con el ánimo de intentar olvidar lo inolvidable, de encontrar el equilibrio, de restañar la herida y de pasar su particular luto. Pero ¿de verdad era un fracaso perder una final de la Champions en los penaltis, ante el equipo con más Copas de Europa, siendo el suyo el único equipo que había marcado legalmente?

Esa pregunta fue la base del vínculo profesional entre Gil Marín y Simeone. Uno que Milán, a pesar de la enorme cicatriz que supuso, no pudo romper. Fracasar habría sido que el líder que llevaba cinco años diciendo que nunca hay que dejar de creer hubiera sucumbido a la tentación de dejar de creer. Fracasar habría sido que los miles de atléticos que nunca dejaron de creer lo hicieran al calor de una derrota, porque eso implicaría que, realmente, nunca creyeron. Fracasar sería que un grupo que lleva cinco años sabiendo que nunca hay que dejar de creer tuviera la sensación de haber llegado al final del camino, sin atreverse a intentarlo una vez más. Fracasar habría sido que el club que llevaba beneficiándose de un entrenador que les llenaba el estadio de gente, las vitrinas de títulos y la caja de dinero no fuera capaz de entender el dolor de un ganador. Y fracasar habría sido no metabolizar que, cuando uno lo da todo, no está obligado a más, que ser del Atlético es caerse, levantarse y volver a combatir, porque no hay nada mejor que pelear para conseguir lo que otros te dicen que es imposible.

Durante muchos días, el Atlético de Madrid no tuvo noticias de su entrenador. La hinchada sufría, el club dudaba y el mundo del fútbol se preguntaba si Simeone volvería a liderar la nave colchonera. Enrique Cerezo y Gil Marín entendieron que era un momento crucial, que el Cholo estaba sufriendo y que no podían dejar escapar a su gran líder. Así pues, se desplazaron a Buenos Aires para hablar con él y convencerle de que tenía que seguir en el club. «Era una parte necesaria, yo lo sentí así, porque no poder ganar y tener que continuar con los jugadores no es fácil. De no haber ido a verme, quizá hoy no estaría en el Atleti», recuerda hoy Simeone. Aquella crisis cholista se atajó en un viaje relámpago que concluyó con una foto publicada en las redes sociales en la que aparecían, sonrientes, Andrea Berta, director deportivo colchonero, Miguel Ángel Gil, CEO de la entidad, y el propio Simeone. El Cholo se quedaba. Meses más tarde, el Atlético volvería a una final europea. Otra vez, ante el Real Madrid. Fue en Tallin, con motivo de la final de la Supercopa de Europa. Ahí se impuso el equipo del Cholo, en otra prórroga agónica: 4-2. El Atleti había vuelto. Como Simeone.

24

El fichaje por el Sevilla

«Nos pegábamos unas patadas en los rondos que eran alucinantes. No se paraba el entrenamiento si no había heridos». Así recuerda José Miguel, *Tiburón*, Prieto cómo entrenaba Diego Pablo Simeone cuando fichó por el Sevilla en el verano olímpico de 1992. Prieto, en una deliciosa entrevista concedida al diario *El Mundo*, evoca que siempre mantuvo una excelente relación en el vestuario sevillista con el irreductible argentino: «Algunos de los momentos más divertidos de mi vida los he pasado junto a él. Un día fuimos a un parque acuático con nuestras parejas y nos estuvimos tirando por los toboganes y bañándonos con la gente. Las típicas cosas de chicos de veinte años que intentan vivir del fútbol, pero a los que también les gusta divertirse».

El joven Cholo había sido una petición expresa de Carlos Salvador Bilardo al presidente Luis Cuervas. El Narigón tenía una excelente opinión de Simeone, le consideraba un jugador altamente competitivo y creía que sería un líder dentro y fuera del campo para su Sevilla. No se equivocó. Simeone había dado el salto a Europa tras fichar por el modesto Pisa. Cuajó una gran temporada en el fútbol italiano con apenas dieciocho años, pero el equipo no estuvo a su altura. El Pisa descendió a la serie B, y fue entonces cuando el Sevilla se interesó por el

Cholito. El club hispalense, en pleno verano de la Expo 92, apostó por Simeone. El argentino, exultante por la posibilidad de jugar en el fútbol español y estar otra vez en primera línea de fuego, le dio el «sí, quiero» a Cuervas, se subió al avión privado del presidente del Pisa y puso rumbo a Andalucía. A finales de julio de 1992, Simeone firmó su nuevo contrato con el Sevilla en las oficinas del club en Eduardo Dato y se comprometió por cuatro años para jugar en el Ramón Sánchez-Pizjuán. El monto del traspaso ascendió a ciento sesenta millones de las antiguas pesetas. Casi un millón de euros.

El entonces cancerbero sevillista, Juan Carlos Unzué, recuerda el impacto del Cholo en Nervión: «La primera impresión que tuve es que no estaba muy dotado técnicamente, pero tenía una actitud y una capacidad física enormes. Era un pulmón». A eso, Simeone añadía un liderazgo tremendo, imponente, contagioso. Monchu, exjugador sevillista, lo recuerda: «Siempre tenía algo que decir. Muchas veces era el que más hablaba. Era muy exigente consigo mismo, pero también con el equipo. Siempre quería más. Ese carácter lo tenía desde niño y lo seguirá teniendo». Prieto afina aún más: «Por su juventud no era tan efusivo en su dialéctica como ahora, pero ya lucía una fuerza, una rabia y un gen competitivo que le hacían parecer mayor».

Que un campeón del mundo como Bilardo confiara en un chico tan joven reforzó mucho su autoestima. Fue el escudero de Diego Armando Maradona en el campo y un puntal indiscutible para el equipo. Tanto que Simeone acabó su primera temporada en el Sevilla con un bagaje de treinta y tres encuentros en la competición doméstica con cuatro goles, además de otro más en el torneo del KO. Sin embargo, Maradona dijo adiós después de una pelea pública con el Narigón; al poco tiempo, se cerró la etapa de Bilardo de manera abrupta. Entonces, el Sevilla decidió firmar como entrenador a Luis Aragonés. Él fue quien tendría, para toda la vida, una conexión especial con Simeone.

El Sabio de Hortaleza hizo despegar al Cholo, sacó lo mejor de él, le convirtió en su mariscal de campo y le volvió aún más competitivo de lo que ya lo era. Tiburón Prieto lo recuerda: «Con Luis, Simeone da un salto enorme y su juego evoluciona. Luis era un tío muy inteligente y le soltó para que se volcase en ataque. Le convirtió en un centrocampista con más prestaciones». Monchu, por aquel entonces delantero del conjunto hispalense, también recuerda que ambos tenían un grado de compenetración enorme: «Luis era un referente para Diego. Siempre tuvo una historia especial con él y hablaba de lujo cuando se refería al míster», desvela. Con Zapatones al mando de las operaciones, Simeone subió de nivel y mejoró sus números de una manera muy considerable. En la liga, participó en treinta y un partidos en los que logró ocho dianas, mientras que en la Copa aumentó su cuenta goleadora con tres tantos más en siete encuentros. El Cholo era un auténtico líder en el vestuario y uno de los jugadores más queridos por la hinchada sevillista. Varios equipos muy importantes pretendían su fichaje y en la prensa aparecieron rumores de que Real Madrid, Inter de Milán y Juventus estaban muy interesados en hacerse con sus servicios.

Luis Aragonés, genio y figura, acabaría siendo crucial en la salida de Simeone, que puso rumbo al Atlético de Madrid. El club entonces presidido por Jesús Gil y Gil pagaría cuatrocientos cincuenta millones de pesetas por Simeone en concepto de traspaso, más el pase de dos jugadores, Pedro y Patxi Ferreira. El Cholo se convertía así en el segundo fichaje más caro de la historia del Atlético de Madrid. Pero esa es otra historia...

25

Y el Cholo se bajó del caballo

Diciembre de 2011. El Atlético de Madrid acaba de ser eliminado de la Copa del Rey por un segunda B, el Albacete, en el Vicente Calderón. La crisis es galopante, la afición está empachada de mediocridad y el equipo coquetea otra vez con un posible descenso a segunda. Los teléfonos de las oficinas del club echan humo. El despido del entonces entrenador colchonero, Gregorio Manzano, es un secreto a voces. Sin embargo, la pregunta del millón de dólares es: ¿quién será el elegido para capitanear la nave rojiblanca e intentar que no choque contra los arrecifes? En el club no lo tienen claro. Es un momento muy delicado en el vestuario, el equipo acaba de tocar fondo y los aficionados necesitan una figura que tenga capacidad para ilusionar al club y relanzarlo en la clasificación.

Varios agentes y representantes llaman a las oficinas del Calderón para ofrecer a diferentes candidatos para el banquillo. Las propuestas son interesantes y oscilan entre el producto nacional y el extranjero, pero ninguna de las ofertas acaba por convencer a Miguel Ángel Gil Marín, consejero delegado del club. El CEO rojiblanco está cansado de los continuos bandazos y piensa en un perfil que pueda darle la vuelta a la situación. Cree que el Atleti necesita alguien que levante al vestuario, que inyecte ilusión en las venas de los aficionados y que pueda, a largo plazo, dar estabilidad al club. Se precisa alguien carismático y de personalidad arrolladora. Alguien que no tenga miedo de afrontar un desafío complicado y con sentido de pertenencia con la tribu atlética. Y ahí, en ese contexto, Gil Marín se decide. Levanta el teléfono, marca el número de Toni Muñoz y le explica que el elegido para el banquillo del Atlético de Madrid es su amigo y excompañero Diego Pablo Simeone: «Tienes que convencerle como sea. Lo necesito y lo quiero. Siempre has tenido una gran relación con Diego, le conoces muy bien, has seguido su trabajo como entrenador en Argentina y en Italia, y ahora es el momento. Contacta con Diego, tienes que convencerle de que vuelva al Atleti como sea». El mensaje es cristalino.

Toni, legendario lateral del Atleti, había sido una pieza fundamental del doblete y fue uno de los mejores amigos de Simeone en aquel equipo. Nadie conocía al Cholo como Toni. El argentino había sido, durante tres años, su compañero de habitación en las concentraciones. «Le padecí tres años [risas], tenía un carácter tremendo, no me dejaba dormir la siesta nunca. En la previa de los partidos era pura energía. Me hablaba del rival, del jugador al que me iba a enfrentar, de cómo le tenía que marcar, de cómo debía jugar y hasta me explicaba cómo podría superar una situación de dificultad para aprovecharla y sacar ventaja durante el partido. Tenía una mentalidad tremenda como jugador. Era bestial y se sabía lo que podría ser. Estaba claro que terminaría siendo entrenador, tenía una personalidad fuera de serie. He visto a pocos compañeros con esa obsesión, carácter y mentalidad en el campo», rememora Toni.

Esa obsesión por la victoria del Cholo era justamente lo que Gil Marín buscaba. Por eso le pidió al cordobés Toni que le convenciera como fuera. El Atleti estaba mal, y Simeone, que siempre había soñado con dirigir al equipo colchonero, podía ser una buena solución. Dicho y hecho: Toni llamó al Cholo. El primer contacto para que Simeone fuera el nuevo entrenador del Atlético de Madrid resultó muy curioso. Justo cuando lo llamó, el Cholo estaba montando a caballo en Argentina. «Le dije literalmente lo que me transmitió Gil Marín, que le querían y que le necesitaban. La ilusión la tenía metida en vena desde la primera llamada, y fue mucho más fácil de lo que se podía pensar. Le conté más o menos lo que quería Miguel Ángel. Fue ponerles en contacto para una reunión. El Cholo estaba esperando esa llamada desde hacía mucho tiempo. Hubo ese corto periodo que él tenía que entrenar allí en Argentina tres temporadas para poder hacerlo aquí, en Europa, pero estaba dispuesto. No le pillé por sorpresa. Miguel Ángel echó mano de nuestra amistad para fichar a Diego, pero, si lo hubiera llamado directamente, la reacción habría sido la misma. Estaba seguro de querer venir», recuerda Toni.

El caso es que aún no había terminado la llamada y Simeone ya estaba pensando. Se bajó del caballo deprisa y corriendo, y se puso a pensar en cómo sería «su» Atleti. Toni colgó el teléfono minutos más tarde. Años después, tiene claro lo que su amigo debió haber hecho después de la llamada: «Se bajó del caballo y seguro que ya estaba preparando todo. Esa noche fijo que no durmió, estoy completamente seguro. Con la memoria que tiene, seguro que se puso a pensar en jugadores, posibilidades, maneras de jugar y métodos para mejorar al equipo. Iba siempre un paso por delante de lo que iba a pasar». Dicho y hecho. Nada más bajar del caballo, Simeone les comunicó a sus hijos que cruzaba el charco y fichaba por el Atlético de Madrid.

En aquellos días, nadie imaginaba que, con el paso de los años, Simeone batiría en el banquillo rojiblanco todos los récords del mítico Luis Aragonés. Ambos se acostaron jugadores y se levantaron entrenadores. Y los dos forman parte de algunos de los mejores recuerdos de Toni Muñoz, que no tiene ninguna duda cuando evoca la manera de ser de ambos. Dos motivadores natos: «¿Luis y el Cholo? Algunas cosas tienen. El que tuvo el Cholo de Luis fue todo un aprendizaje. El magnetismo de la personalidad de Luis era único. La forma en que te transmitía. Morías por él. Y te identificabas en el juego, o a lo mejor no, pero lo hacías. Luis era un genio, y Diego tiene cosas de Luis». Eran dos motivadores natos. Sus discursos, cortos y en vena. «Salías con los ojos encendidos desde que te montabas en el autobús».

26
«¿Y a qué está usted esperando?»

Verano de 1994. Diego Pablo Simeone está a un paso de fichar por el Real Madrid. El club maneja excelentes informes, creen que sería un buen refuerzo para el centro del campo y advierten al Sevilla de que el jugador les interesa. El propio Simeone hace unas declaraciones en las que asegura que, si tiene que salir, irá al Madrid. Sin embargo, el fichaje no cristaliza y el equipo madridista opta por firmar al también argentino Fernando Redondo. Y el Atlético, viendo pista libre, decide negociar con el Sevilla el fichaje del Cholo. Se trata de una negociación complicada, porque el Sevilla pide mucho dinero. Y, además, porque primero hay que convencer a Simeone de recalar en el cuadro colchonero, que entonces no está atravesando, precisamente, por un buen momento deportivo. El Cholo es un jugador franquicia en el Sevilla de los Davor Šuker, Marcos, Diego, Martagón o Unzué, entre otros, y sacarle de Nervión no será tarea fácil para el conjunto colchonero.

Justo ahí emerge la figura de Luis Aragonés. El Sabio de Hortaleza ocupa entonces el cargo de entrenador sevillista y mantiene una estrecha relación con Simeone. El Atleti avanza los primeros contactos con el agente del Cholo para conocer si estaría dispuesto a jugar en el Calderón. Simeone,

«¿Y A QUÉ ESTÁ USTED ESPERANDO?»

que es feliz en Sevilla y que se ha consolidado como un jugador diferencial en el equipo hispalense, duda en un primer momento y decide pedirle consejo a su entrenador, ya que Luis conoce todos y cada uno de los secretos del club colchonero. Así pues, tras conocer el interés del Atleti, Simeone decide acudir a la oficina de Luis para preguntarle qué debe hacer.

Cuando lo llamó el Atlético de Madrid, Simeone se acercó a ver a Luis. Fue a su oficina y le dijo: «Míster, me quiere el Atlético de Madrid». Luis se giró, miró al Cholo de arriba abajo y soltó con seguridad: «Muy bien, ¿y a qué está usted esperando para ir para allá?». Con el visto bueno y las bendiciones de Luis, Simeone dio luz verde a su fichaje. «Cuando me lo dijo así, tan seguro... Me marcó. Me transmitió cariño y afecto», rememora el argentino.

Jesús Gil, presidente del club madrileño, tiene decidido edificar sobre Simeone su octavo proyecto y, una vez que cuenta con el «sí» del centrocampista argentino, fuerza la máquina en las negociaciones con el Sevilla, que consigue un traspaso realmente jugoso. El Cholo, pieza de raza y carácter en Nervión, se va al Atleti. Años después explicaría su decisión, reforzada por los consejos de Luis Aragonés. «Sin duda, creo y estoy convencido de que cambié de club por una cuestión de necesidades. Me fui del Sevilla por lo que creo que todos conocen. Si aquí me hubieran dado lo mismo que en el Atlético de Madrid, quizá me habría quedado». Palabra de Simeone.

El cuadro rojiblanco abonó un total de cuatrocientos cincuenta millones de pesetas por el traspaso, más el pase definitivo del lateral Pedro y del defensa Patxi Ferreira. Una operación enorme que convierte a Diego Pablo Simeone en el segundo fichaje más caro de la historia del club de la ribera del Manzanares. Nada más llegar, el fondo sur del Vicente Calderón le recibe con los brazos abiertos y la revista del club le dedica un titular que, con el paso de los años, resulta absolutamente profético: «Ole, ole, ole, Cholo Simeone». Lo demás es historia del Atlético de Madrid.

27

A punto de ser del Madrid

Verano de 1994. El Barcelona de Johan Cruyff domina el campeonato con puño de hierro. El Real Madrid necesita contraatacar y busca un futbolista para liderar su centro del campo. El club de Concha Espina ha alcanzado un acuerdo verbal para fichar como entrenador a Jorge Alberto Valdano. Después de arrebatarle dos ligas en la última jornada al cuadro madridista y de dejarle KO en la Copa del Rey como entrenador del Tenerife, Valdano se compromete públicamente a devolverle la gloria al Real: «Algún día le podré devolver al Madrid lo que le he quitado». Precisamente para eso, para devolver la gloria al Madrid y poder superar al Barcelona, busca en el mercado a un centrocampista dominador. El elegido es su compatriota Fernando Carlos Redondo. No obstante, el Tenerife ni tiene necesidad de vender al jugador ni parece predispuesto a pactar un traspaso. Sin embargo, Redondo no es el único nombre sobre la mesa blanca. Al margen del gusto particular de Valdano, el club cree que ese líder que el Madrid necesita es Diego Pablo Simeone, también argentino y entonces estrella indiscutible del Sevilla. En Chamartín existen excelentes informes del Cholo y el propio Simeone se deja querer en unas declaraciones al diario *ABC*: «Si me fuera de Sevilla, solo me iría al Real Madrid. Decir lo contrario sería mentir, como cualquier profesional es normal que aspire a estar en uno de los grandes».

Aunque el presidente madridista, Ramón Mendoza, insiste en contratar al Cholo, el Sevilla no está dispuesto a rebajar sus altas pretensiones económicas. La operación no termina de avanzar. Algo parecido sucede con el interés por Redondo. El fichaje parece bloqueado, no llega. Jorge Valdano recuerda que, después de varios días de incertidumbre y negociaciones, Ramón Mendoza le llamó a su casa a las once de la noche para comunicarle que era muy complicado fichar a Fernando Redondo, pero que el club tenía un plan B avanzado: el fichaje de Diego Pablo Simeone. El presidente estaba entusiasmado con la posibilidad de firmar al Cholo, pero a Valdano no le convencía porque, aunque ambos jugaban juntos en la selección argentina, tenían un estilo de juego antagónico. El periodista Santiago Segurola recordaba, años después, aquellos tensos días: «Valdano y su segundo, Ángel Cappa, querían a Redondo a toda costa. Lo que ocurrió es que aquel día que ya estaba previsto el fichaje pasaban las horas y no se concretaba —recuerda—. La operación no se cerraba y no se sabía muy bien por qué. Al final surgió un nombre desde la parte del presidente: Simeone».

Real Madrid y Sevilla estaban cerca de cerrar un acuerdo, pero entonces llegó el ultimátum de Jorge Valdano. El argentino lanzó un órdago a la grande al presidente cuando este le comunicó que era imposible fichar a Redondo. Valdano, que todavía no había firmado su contrato como nuevo entrenador del Real Madrid, fue tajante: «Ahora tienes dos trabajos: fichar a un mediocentro y también a un entrenador, porque todavía no he firmado mi contrato». Al final, Valdano se salió con la suya. Terminó la reunión con Mendoza bien entrada la madrugada con una promesa del presidente: el Madrid descartaría a Simeone y ficharía a Redondo.

Fernando Redondo fue clave en aquella liga de 1995, que

el Real Madrid ganó a las órdenes de Jorge Valdano. El mediocentro estuvo en el cuadro madridista seis temporadas; llegó incluso a ser capitán, ganó dos Champions y salió del club de manera polémica y abrupta, entre protestas, por decisión unilateral de Florentino Pérez nada más llegar a la presidencia. En cambio, Diego Pablo Simeone, cuyo fichaje por el Madrid se truncó, acabó firmando por el Atlético de Madrid, con el que ganó la liga y la Copa un año después, en 1996.

28

La número 10

Julio de 1991. Tras caer en la final del Mundial de Italia ante Alemania, Argentina tiene un nuevo objetivo: conquistar la Copa América. La albiceleste acumula la friolera de treinta y dos años sin levantar el cetro de rey de América. Su último campeonato continental había sido en el Sudamericano de 1959, disputado en suelo argentino. Desde entonces, Argentina no pintaba nada en su propio continente y acumulaba demasiadas decepciones. Tras la dolorosa derrota en la final del Mundial por un polémico gol de penalti de Andreas Brehme, la AFA trata de reconstruir su proyecto. Ya sin Carlos Salvador Bilardo como entrenador y con la llegada de Alfio Basile como nuevo seleccionador, Argentina afronta una nueva etapa sin su gran estrella, Diego Armando Maradona. El Coco Basile sabe que la ausencia de Diego es irremplazable y que, para poder llegar lejos en la Copa América, tendrá que apelar a la fortaleza del colectivo. Basile cuenta con gladiadores gloriosos de la selección, como Óscar Ruggeri, Sergio Goycochea y Claudio Caniggia, auténticos líderes en el vestuario. Y también decide incorporar a la selección a algunas refrescantes apariciones como el goleador Gabriel Batistuta, el regateador Diego Latorre y el talentoso Leo Rodríguez. La Copa América se disputa en Chile. Argentina está encuadrada en el grupo A, junto al anfitrión, Chile, Paraguay, Perú y Venezuela.

En vísperas del torneo, Basile seguía dándole vueltas a cómo jugar, a cómo tapar la ausencia de Maradona. Futbolísticamente, era imposible. Nadie tenía el talento de Diego. El Coco busca encontrar el perfil de un jugador capaz de, con otras cualidades, liderar al resto del grupo. Basile lo pensó mucho durante meses y en los días previos a la Copa América, y decidió que el elegido sería Diego Pablo Simeone. «Estaba en la concentración de la selección junto a los muchachos. Entonces me llama el Coco y me dice: "Nadie quiere la 10 de Maradona, nadie. Vamos camino de la Copa América y nadie la quiere. Cholo, una cosa, ¿se atreve usted a jugar con la 10? ¿Se atreve?"». Basile busca un líder. Un hombre capaz de llenar un vacío gigante. Un tipo capaz de cualquier cosa. Y Simeone acepta el desafío: «En ese momento creo que no pensaba. Cuando éramos chicos, me ponía la camiseta número 10, tenía una moral y una valentía. Me llama el Coco. Y se atreve a preguntarme, con veintiún años, cuando yo pasaba por dentro de una roca, y me pregunta: "Cholo, ¿se atreve a jugar con la 10?". Y yo le digo: "¿Yo? Claro, claro que me atrevo. Jugaré con la 10"». Dicho y hecho. En esa Copa América, Simeone lució la camiseta número 10, la casaca sagrada heredada por el genio del fútbol mundial.

Aquel gesto, mitad valentía, mitad locura, provocó una catarata de reacciones entre la prensa y los aficionados. Algunos creían que esa camiseta al Cholo le quedaría muy grande. Otros pensaban que era una locura, directamente. Y algunos decían que había que tener mucho valor para ponerse esa camiseta y aceptar el liderazgo del grupo. Sergio, *Parapenaltis*, Goycochea recuerda aquella decisión como si fuera ayer: «Basile le tiró la camiseta número 10 y el Cholo se la puso tal cual. Imagina el carácter que tenía». El padre de Simeone también se acuerda de aquel momento en la carrera de su hijo: «Cuando vi a mi hijo con la 10, me dije a mí mismo, pero, si no puede ser, no tiene características para llevar la 10». Y el propio Cholo, años después, confesaba a tumba abierta: «No era un 10, pero me creía un 10». Justo eso era lo que precisaba Basile. Un tipo que no fuera un 10, pero que creyera que lo era. Con eso bastaría para que todo el grupo pensara que era posible ganar la Copa América. Así fue. Argentina barrió a sus rivales en el grupo A: 3-0 a Venezuela, 1-0 a Chile, 4-1 a Paraguay y, finalmente, 3-2 a Perú. Con un pleno de victorias, once goles a favor y solo tres en contra, la albiceleste avanzó a la siguiente fase. En la ronda final, Argentina acabó encuadrada en un grupo junto con Brasil, Chile y Colombia.

En el primer partido de la ronda final, ante Brasil, la albiceleste completó un buen partido y dio cuenta de los brasileños con dos goles de Darío Franco y otro de Batistuta: 3-2. El segundo envite, ante Chile otra vez, acabó con un empate sin goles, por lo que el equipo de Basile quedaba a una sola victoria de ser campeón. Si vencía a Colombia, Argentina volvería a ganar la Copa América después de treinta y dos años de espera. El 21 de julio de 1991, en el Estadio Nacional de Santiago, Argentina derrotó 2-1 a Colombia. Cuando el veteranísimo capitán Ruggeri levantó la Copa América ante el estrellado manto del cielo chileno, Argentina vibró como nunca. Aquellos jugadores no parecían campeones, pero lo eran. La clase de Leo Rodríguez, el poderío de Batigol y la calidad de Caniggia fueron claves en el título, pero la guinda del pastel fue el liderazgo de un motor incombustible. El tipo con el diez a la espalda: el Cholo Simeone. Él representó como nadie la fuerza del grupo, la ambición del equipo y el orgullo de todo un país. Simeone no era un 10, pero se creía un 10 y terminó rubricando un torneo digno de un 10.

Argentina ganó seis de sus siete partidos, el Cholo anotó

LA NÚMERO 10

dos tantos, uno clave en el partido final, y se ganó el respeto del vestuario, de Basile, del periodismo argentino y, sobre todo, del país entero. Hacía treinta y dos años que Argentina no ganaba la Copa América. La volvió a ganar con Simeone con el 10 de Maradona en la espalda. Don Carlos, el padre del Cholo, estuvo presente en el duelo final ante Colombia. Su hijo marcó, levantó la Copa y dio la vuelta olímpica al estadio. Cuando se cruzó con su padre, separados por el alambre, Diego se fundió en un abrazo eterno con don Carlos y le regaló la 10 que había heredado de Maradona. Simeone no era un 10, pero se creía un 10 y acabó siendo un 10.

29

Soldado del cholismo

«Había veces que estaba en la cama, ya dormido, y Simeone me llamaba por teléfono. Es una locura, nunca me había pasado con otros entrenadores. Me hablaba de cosas que podría mejorar y yo estaba tratando de dormir. Recibía mensajes de texto al azar, llamadas suyas hablando sobre fútbol. Ahí ves que está obsesionado. El Cholo es un entrenador increíble. *Emocional* es la palabra». Kieran Trippier, lateral derecho, internacional inglés, fue uno de los hombres sobre los que se levantó la segunda liga de Simeone en el Atlético como entrenador, durante la temporada 2020-2021. Aterrizó en España sin hablar «ni papa» de castellano, salió del Tottenham sufriendo las mofas de muchos aficionados de su club y llegó al Atlético de Madrid sin saber absolutamente nada del que sería su nuevo entrenador, Diego Pablo Simeone. En apenas un año, el inglés formó una extraordinaria pequeña sociedad con Marcos Llorente que le dio al equipo colchonero grandes tardes de gloria. Trippier, cuyo fichaje provocó cierto recelo entre los aficionados colchoneros nada más llegar, cayó de pie en el vestuario y también entre la grada. Fue, con diferencia, uno de los jugadores más queridos por la gente del Atleti. Y, sobre todo, por sus propios compañeros.

Su relación con Simeone, desde el principio, fue realmente

especial. «Es uno de esos entrenadores que quiere que corras y atravieses una pared de ladrillos por él. Si no trabajas duro, te vas a quedar fuera. No le importa lo bueno que seas, cuánto dinero ganas, cuánto pagaron por ti o cuál sea tu nombre. Tienes que correr. Es implacable, pero increíble», recuerda Trippier. De entrada, el idioma fue una barrera entre ambos. Sin embargo, el Cholo se comunicaba constantemente con el defensa inglés a través de su lenguaje corporal: «Era increíble cómo me hacía sentir. Casi todo era a través del lenguaje corporal. En ciertos momentos del entrenamiento, si no hacía algo de la manera correcta, que sabía que no lo había hecho bien, me lo hacía saber por su lenguaje corporal y me gritaba en castellano. Entonces yo sabía que algo había hecho mal». En el campo, Trippier sabía perfectamente lo que Simeone quería de él. No hacía falta hablar. Con los gestos, bastaba y sobraba. Algunas veces, el Cholo intentaba hablarle en inglés, pero Kieran prefería siempre palabras en castellano. «En el campo no es un problema. Sé lo que les pide a los jugadores, lo que necesita y lo que espera del equipo». Al cabo de tres meses, el idioma ya no era un problema. Al contrario, era un motivo de recurrentes bromas.

Durante los dos primeros meses de Kieran en la capital de España, Simeone se aplicó en mejorar la faceta defensiva del británico. Trabajó con él hasta que alcanzó el nivel que el equipo necesitaba. Programó sesiones de vídeo, clips con sus errores en la salida de la pelota, le diseñó tres maneras diferentes de conectar con Marcos Llorente sobre el campo y solía mantener una breve charla con él antes de cada partido, explicándole las características del jugador al que se iba a enfrentar. «Me sentí bastante intrigado y orgulloso de que un defensor inglés pudiera trabajar con Simeone. Para el Cholo, se trata siempre de respetar a todos y correr todos. Si no te postulas para él, no importa cuánto pagó el club por ti o cuánto salario tengas... Te habrás ido. En el Atlético de Madrid, con Simeone, tienes que correr».

Otra de las características de Simeone que enamoró a Kieran Trippier fue su intensidad: «La manera en la que se le ve en la banda es tal y como es en los entrenamientos. No hay ningún tipo de maquillaje. Así es él. Antes de cada partido, le ves durante cuarenta minutos yendo de arriba abajo en el pasillo y mirando al suelo, pensando. No sé en qué pensará. Es como si se tomara cinco Red Bull antes del partido. No puede tomarse el sexto». Otro factor que impresionó al inglés fue la pasión de Simeone. Trippier no podía creer que su entrenador se emocionara durante las charlas antes de los partidos, o que en un determinado momento estuviera al borde de la lágrima o que, por ejemplo, en alguna ocasión se le quebraba la voz de la emoción que transmitía en sus discursos. «Cuando Simeone habla, la emoción es única. Es como si estuvieras listo para ir a la guerra por él, independientemente de contra quién juegues. Contra el Cádiz, contra el Levante, contra el Barcelona..., es lo mismo. Es su mentalidad».

En la Navidad de 2022, después de ganar con el Atleti la famosa liga de la pandemia, donde brilló con luz propia como uno de los destacados, Kieran Trippier le planteó al club su marcha. Tenía asuntos familiares que requerían su presencia en las islas y manejaba una buena oferta del Newcastle, que había sido adquirido por un fondo de inversión saudí. Cuando la oferta estaba sobre la mesa y Trippier comunicó en el vestuario que se iba del Atleti, Simeone se llevó un buen disgusto. Se iba un hombre que le había dado todo. Se marchaba un tipo que, en un abrir y cerrar de ojos, en muy poco tiempo, había entendido lo que comportaba jugar para él. Se iba un futbolista que le había demostrado que el trabajo pagaba. Cuando la prensa le preguntó por Trippier, el Cholo se mostró agradecido con una persona que se merecía todo lo bueno que

SOLDADO DEL CHOLISMO

le pudiera pasar. ¿Qué explicación había para la marcha del inglés? «Hay millones de explicaciones. Es extraordinario, deportivamente siempre nos ha dado cosas buenísimas. Es un jugador importante para nosotros. Depende siempre del futbolista lo que pueda suceder, buscaremos que se quede, pero está claro que hoy no se puede retener a nadie», respondió Diego.

Meses después, con Trippier como flamante fichaje de las urracas, el defensa del Newcastle relataba un curioso episodio durante su último día en el Atleti: «Podría haberme quedado en el Atlético de Madrid, podría haber firmado un contrato por tres años. Simeone incluso me esperó en el parking el día de mi salida. Estuvo allí hablando conmigo un rato, para intentar convencerme de que no me fuera. Básicamente, me dijo que no quería que me fuera. Que entendía todas mis razones y mi decisión, pero que igualmente no quería que me fuera. Fue realmente agradable escuchar eso de Simeone, viniendo de alguien como él. Incluso me hizo dudar cuando estaba camino al aeropuerto». Trippier sigue jugando en la Premier League, apurando su carrera deportiva en su país natal. Pero, esté donde esté, será, de por vida, un soldado del Cholo.

30
Ronaldo y el derbi *della Madonnina*

Duro fajador ante fino estilista. Trabajo frente a talento. Garra contra sonrisa. Obrero contra artista. Estrategia frente a improvisación. Argentino contra brasileño. Diego Pablo Simeone vs. Ronaldo Nazario. Una rivalidad de toda la vida. En el césped, el Cholo se midió hasta diez veces a Ronaldo, ya fuese con el argentino con la camiseta del Atlético de Madrid, con la de la Lazio o con la de la selección de Argentina. Por su parte, el Fenómeno se enfrentó a Simeone con las camisetas de Barcelona, Real Madrid, Inter de Milán y, por supuesto, Brasil. Duelos a cara de perro, de máxima rivalidad, con grandes equipos, en la lucha por los grandes títulos. Choques en la serie A, en el derbi madrileño y con la selección, donde, entre partidos oficiales y amistosos, se enfrentaron hasta seis veces, con cuatro victorias para Brasil y dos para Argentina. A toda esa saga de duelos, cabría añadir el más particular de todos, el que dirimieron en el último partido de la liga española, en plena pandemia mundial y sin espectadores en las gradas, en el año 2021. Simeone, como entrenador del Atlético de Madrid, vencía en Zorrilla al Real Valladolid, el equipo del que era presidente Ronaldo. El conjunto del Cholo se coronaba campeón, y el del Fenómeno descendía a segunda división. En total, en sus particulares enfrentamientos, nada más y nada menos que once, siete victorias fueron para Ronaldo y cuatro para Simeone.

Sin embargo, el destino quiso que Simeone y Ronaldo fueran también compañeros de equipo. Ambos militaron en el Inter de Milán entre 1997 y 1999, coincidiendo durante dos temporadas en el cuadro *neroazurro*. Ambos ganaron la Copa de la UEFA en París ante la Lazio de Roma —que, a la postre, sería el siguiente equipo de Simeone en el *calcio*— y los dos mantendrían una especial relación durante aquellos días en Milán. Simeone recuerda la indiscutible calidad del brasileño. Era incluso mejor de lo que se podía ver en los partidos. Mucho más. «Ronaldo te hacía ganar por sí solo. Era un fenómeno. Se la daba larga y le llegaba, se la daba fuerte al pecho y la paraba, se la daba picando antes y la bajaba, hacía todo lo difícil muy fácil. Ante un jugador de esas características, te rindes. Recuerdo una semifinal de Copa de la UEFA en Rusia. Frío, barrio, y la pide. La agarra, yo estaba viendo la jugada lateralmente. La agarra, tira una pared con Zamorano, la agarró otra vez y los defensores se iban cayendo, uno detrás de otro, amago tras amago, el portero también lo tira al suelo y marcó con la izquierda. Parecía imposible y él lo hacía todo fácil. Era increíble», recuerda Simeone.

Sin duda, su episodio más conocido se produjo el 22 de marzo de 1998. El Inter se jugaba el Scudetto con la Juventus de Turín. Mano a mano. Para salir campeón, el cuadro *neroazurro* necesitaba ganar en San Siro al eterno rival, el AC Milan, que contaba con cracks como Maldini, Boban, Albertini, Weah, Kluivert o Roberto Fabián Ayala, entre otros. Aquel partido fue, sin duda, el más memorable de Simeone con la camiseta del Inter. En la previa, su entrenador, Gigi Simoni, se reunió con los jugadores y los alertó de que era un partido trascendental para el título. Y, además, le pidió a Simeone, que era algo así a su extensión sobre el césped, un pequeño favor: durante ese encuentro, iba a jugar en punta, como delantero, junto a Ronaldo. La respuesta de Simeone, que hasta entonces había sido alineado como interior, pivote e, incluso en alguna ocasión, como defensa líbero, fue lapidaria: «¿Jugar de delantero? Claro que sí». Dicho y hecho. Simeone jugó como delantero. Y su actuación ante el Milan en el «derbi *della Madonnina*», en la vigesimosexta jornada de aquel campeonato de Italia, sigue estando muy presente en la memoria de los aficionados.

El Milan empezó a la carga buscando la portería visitante, mientras que el Inter cedió espacio y balón al cuadro local, para intentar golpear a la contra. Situado en vanguardia como había decidido su entrenador, Simeone desató las hostilidades muy pronto. Agarró una pelota y, desde treinta y cinco metros, lanzó un potente derechazo que Rossi desvió a saque de esquina. Primer y último aviso del Cholo. Algo después, córner para el Inter, envío al corazón del área milanista por parte de Youri Djorkaeff, y allí, entre un enjambre de camisetas rojinegras, emerge Simeone para conectar un cabezazo seco, inapelable, que se estrella con violencia en la red. Gol del Cholo. Un tanto psicológico al filo del descanso. Después sentenció el Fenómeno, el inevitable Ronaldo, con una vaselina espectacular con el exterior ante la salida desesperada de Sebastiano Rossi.

Con el Milan volcado y el crono corriendo en favor del Inter, en los últimos instantes, el cuadro visitante recupera la pelota y arma una contra letal. Ronaldo conecta con Moriero; el italiano levanta la cabeza y, al ver a Simeone desatado, en plena carrera, le envía un pase en profundidad. Con medio estadio rezando para que falle y el otro medio para que sentencie, el Cholo caza la pelota al contraataque y cruza todo el campo completamente solo, mientras tres defensas rivales le persiguen en una carrera frenética. Simeone, que resopla una y otra vez mientras avanzaba al límite de sus fuerzas, regatea al portero a duras penas y, aunque está a punto de perder el equilibrio por el enorme esfuerzo, se mantiene de pie y marca a puerta vacía. El Cholo, completamente eufórico, quiso celebrar el tanto con el fondo del estadio, pero pronto se dio cuenta de que era la tribuna donde estaban los hinchas del Milan, así que volvió sobre sus pasos y, tras correr todo lo que le aguantaban las piernas, se dejó caer en el césped, para ser literalmente «enterrado» por una montaña de compañeros.

Cuando se levantó, sin aliento, se dirigió al banquillo clavando la mirada en su entrenador. Levantó el puño y se reivindicó con un grito al viento: «Lo he hecho, lo he hecho». Un gol icónico. Un recuerdo imborrable para la afición del Inter. «Fue maravilloso. La jugada nació de un contraataque. Cuando se plantó delante del portero, le hizo un regate después de correr cuarenta metros. Casi se desmaya del cansancio. Todos nos tiramos encima de él para abrazarle», rememora Moriero.

Ese día, Simeone pareció Ronaldo.

31

Diego al cuadrado

En los albores de 1993, Diego Armando Maradona era un tipo feliz. Lucía esbelto, había bajado más de diez kilos en la báscula y llevaba el pelo corto. Se ponía en forma con sesiones dobles de entrenamiento, vivía en la casa del torero Espartaco y se sentía exultante porque quería llevar al Sevilla a lo más alto en el campeonato español. El Pelusa era la gran estrella del cuadro hispalense, la carta ganadora del presidente Luis Cuervas y el gran capitán del vestuario sevillista, ya que a su llegada le ofrecieron el brazalete en señal de respeto, para que su integración fuera aún más rápida. Diego estaba tranquilo, entrenaba bien, salía poco, jugaba mucho con sus hijas, trabajaba con un psicólogo particular y, cuando respiraba fútbol, tenía un «compañero de armas» ideal. Un lugarteniente de lujo. Otro Diego: el Cholo Simeone. Entre Diegos andaba el juego, y en Sevilla no tardaron en darse cuenta. Maradona ponía la pausa y la clase. Simeone, la garra y la entrega. La fórmula era Diego al cuadrado.

Por Nervión aterrizaba un Maradona «renacido». Diego había llegado a Sevilla recién cumplidos los treinta y dos años. Ya no tenía la chispa de velocidad de antaño, pero conservaba una calidad técnica increíble y era capaz de hacer mejores a sus compañeros con su visión de juego y su clase a balón parado. Llegaba al Sevilla con ánimo de rehabilitarse y volver a ofrecer su mejor versión, después de haber cumplido con una durísima sanción de la FIFA. En su cabeza, el objetivo de prepararse para el Mundial de Estados Unidos de 1994 con la selección de Argentina; sabía que, a las órdenes de Carlos Salvador Bilardo, podría alcanzar un nivel óptimo para reencontrarse de nuevo con la gloria. Ahí, en ese contexto, irrumpía el otro Diego, Simeone, con apenas veintidós años. El Cholito venía de hacerlo bien en Italia, le había costado un buen dinero al Sevilla y era un jugador con un potencial tremendo, que ya estaba en los planes de Bilardo para ser el «guardaespaldas» de Maradona en el campo. Con el Sevilla y con Argentina.

Bilardo tenía la ecuación clara. Si Simeone corría y Maradona jugaba, el Sevilla sería un hueso duro de roer en la liga. De ahí su apuesta por la unión de ambos. El Doctor, con su carácter obsesivo y pasional, fue el responsable de unir tanto en lo futbolístico como en lo personal a un Maradona experimentado con un Simeone joven y prometedor. Fue una combinación de talento en su máxima expresión. Los Diegos pasaban mucho rato juntos, iban a entrenar juntos, salían juntos, bromeaban juntos..., y en el campo de juego... peleaban juntos. Simeone recuerda con mucho cariño su etapa junto al Pelusa: «Debe de haber sido difícil ser Maradona. No podía ir a ningún lado, siempre estaba vigilado, siempre con ruido alrededor, siempre estaba rodeado de gente. No era fácil ser Maradona. Pero, con nosotros, con los muchachos del equipo, era muy afectivo, cariñoso y muy buen compañero. Siempre defendía los contratos y las primas para que todos pudiéramos estar involucrados».

La relación entre los Diegos dejó un sinfín de anécdotas en el vestuario del Sevilla, pero, sin duda, la que más recuerda el Cholo Simeone fue la que sucedió en mitad de un partido en el que se animó más de la cuenta y Maradona le llamó la atención justo inmediatamente después. «En Sevilla era mediocampista y me gustaba mucho subir. Un día estaba muy animado, pido la pelota, la conduzco con energía y decido patear a la portería desde unos treinta metros». La pelota salió desviada. Maradona miró de arriba abajo a Simeone y le gritó desde su posición con gravedad extrema: «Cholo, Cholo, oí, ¿alguna vez hiciste un gol desde ahí?». Simeone se encogió de hombros y contestó: «No, Diego». Maradona se revolvió y le respondió a gritos: «Entonces... ¿y para qué mierda pateas desde tan lejos?». Los dos empezaron a morirse de la risa sobre el campo. El Cholo siempre recuerda que jugar con Maradona era maravilloso, porque para cualquier futbolista era una sensación muy especial. Era como saber que tenías siempre la carta ganadora en tu equipo.

Aquel Sevilla de la temporada 1992-1993 alternó buenos y malos partidos. Junto a los Diegos, Simeone y Maradona, jugaban futbolistas como Unzué, Monchi (al que Maradona regaló un reloj bastante caro, un gran detalle con su compañero), Rafa Paz, Prieto, Martagón, Diego, Conte o el croata Davor Šuker. El equipo estuvo toda la temporada arriba, pero no se clasificó para la Copa de la UEFA y acabó el curso en séptimo lugar. Poco a poco, con el paso de los meses, la tranquilidad y la magia de Diego Armando Maradona se irían marchitando. Tanto que acabaría sintiéndose traicionado por Bilardo y terminaría saliendo del club después de una bronca pública con el presidente Cuervas. La cosa no acabó bien. Tampoco para Bilardo, que también acabó fuera del Sevilla. Su recambio sería Luis Aragonés. Justo el tipo que resultó crucial en el fichaje de Diego Pablo Simeone... por el Atlético de Madrid.

32

La mesa chica

En la docuserie *Partido a partido*, el Cholo desgrana momentos clave de su vida, en un viaje por su pasado y su presente, jalonando diferentes episodios de su carrera como jugador y entrenador. Eso sí, la docuserie también refleja su otra cara, su lado más familiar. La serie fue todo un éxito y contó con la aportación en la producción ejecutiva de David Quintana, Gustavo López —parte del cuerpo técnico del Atleti— y del exjugador colchonero Toni Muñoz, íntimo amigo del Cholo. El objetivo de la docuserie era doble. Primero, tocar la fibra de Diego Pablo en un momento determinado de su vida, tanto en lo personal como en lo deportivo: «Vio que era el momento idóneo por las personas que iban a estar detrás del documental». Segundo, mostrar algunos aspectos y episodios inéditos en la vida de Simeone.

La serie, estrenada en Prime Video, es muy intensa. Hizo las delicias de los seguidores del Atlético de Madrid, pero también enganchó a los aficionados de otros equipos desde el primer instante. Era puro Simeone. El entrenador y la persona. Sin filtros. «La intención no es que la gente vea solamente la parte del fútbol, sino mostrar la parte humana del entrenador». Su vida, partido a partido. Si el Atleti gana, se come fuera de casa. Si se pierde o se empata, se come en casa. Si

Simeone no sabe sufrir la derrota, no sabe festejar la victoria. Porque, para él, perder o empatar no es igual que ganar. Sin duda, el capítulo más vibrante de la docuserie de Simeone es el que se titula «La mesa chica». A ese nombre responde el lugar en el que la familia Simeone se reúne para decirse «las cosas directas»; solo hay una regla: no vale enfadarse por muy duro o crudo que sea lo que allí se comente. Los espectadores pueden ver al Cholo y a sus hijos en esa «mesa chica»; es un momento muy emotivo, donde los protagonistas se emocionan, lloran y bromean, exponiendo sus sentimientos. Se puede comprobar cómo los Simeone solucionan sus problemas. Mirándose cara a cara, diciéndose verdades incómodas, en torno a una mesa donde todos tienen un turno de palabra para expresar sus emociones. Sin familia no hay equipo.

El punto álgido del capítulo se produce cuando Diego Pablo Simeone rememora cómo fue el día en el que comunica a sus hijos que se irá a vivir a Madrid para ser el nuevo entrenador del Atlético. El Cholo recuerda que, en un primer momento, la idea le encantó a su hijo Giuliano —hoy jugador del primer equipo, entrenado por su padre—, pero eso fue cambiando con el paso de los minutos, cuando su hijo se dio cuenta de que, si a su padre le iba bien en Madrid, «no le vería más». Ese fue un momento cumbre de la vida del clan Simeone. Para Diego fue muy difícil despedirse de sus tres hijos cuando llegó la hora de incorporarse al equipo colchonero. Las tres «G», Giovanni, Gianluca y Giuliano, sufrieron de lo lindo en un momento que marcó sus vidas.

«Yo me voy al Atlético de Madrid, quería una cosa profesionalmente, sabía que me alejaba de ellos y era duro», recuerda el Cholo. Justo en ese momento, sus hijos se emocionan. Sobre todo, Gianluca: «Lo vas entendiendo cuando vas siendo más grande. Pero yo ahí tenía trece o catorce años. Nos agarró un día de noche y nos dijo "me voy". Fue muy duro, me acuerdo. Yo me puse a llorar, estuve muy mal... ¿Te acordás de que te dije "no quiero que te vayas"? Sentía que se iba mi papá, me dolió mucho». El padre y los hijos, juntos. Queriendo y sufriendo. Ganando y perdiendo. Pero siempre unidos, saliendo adelante. Viviendo «partido a partido».

33

«A mí esto no me gusta, no lo siento»

Febrero de 2006, Diego Pablo Simeone apura los últimos partidos de su vida deportiva como jugador. Milita en Racing de Avellaneda, apenas le quedan goles y carreras en el sótano y siente que su etapa como jugador profesional alcanza su recta final. Fernando Martín, entonces gerente de La Academia, le ofrece el cargo de entrenador. «Es un enfermo, un obseso del fútbol, jugó con los mejores y fue dirigido por los mejores, lo hará muy bien». El Cholo acepta el desafío y repite la historia de Luis Aragonés: un día se acuesta jugador y, al siguiente, se levanta entrenador. Y, como Luis, triunfa. Dirige con éxito a Racing, sale campeón con Estudiantes de La Plata, vuelve a ganar el título con River y, tras dimitir con el cuadro millonario, también dirige a San Lorenzo. Los primeros años del Cholo en los banquillos son positivos, pero aún no ha dado el gran salto. Todavía no ha cruzado el charco para someterse al gran examen: dirigir en Europa.

Impulsado por sus ganas de mejorar y por sus ansias de saber más y más, Simeone se anima a hacer varios viajes para aprender de todos aquellos entrenadores por los que siente respeto y admiración profesional. Uno de esos técnicos es Pep Guardiola. Simeone acude a ver sus entrenamientos cuando es entrenador del F. C. Barcelona. Con el paso del tiempo, Guar-

«A MÍ ESTO NO ME GUSTA, NO LO SIENTO»

diola acabaría recordando aquel encuentro con el Cholo ante la prensa y comentó lo que el argentino le transmitió en aquellas sesiones de entrenamiento: «A veces nos piden muchos entrenadores ver las sesiones, y yo siempre abro las puertas de mi equipo, sin problemas, porque a mí me las abrieron en su momento. Y siempre digo lo mismo. Si algo que han visto les gusta, esto se verá en la derrota, y en el día a día [...]. Simeone, cuando estaba en Argentina, vino a vernos, antes del Atlético de Madrid. Vino a vernos entrenar. Hablamos y me dijo: "A mí esto no me gusta. No lo siento". Y me encantó. De eso se trata —rememora Pep—. Le pongo a mucha gente este ejemplo de Simeone porque no puedes hacer algo que no sientes. Mis equipos siempre jugarán con el estilo que yo he vivido, como yo quiero. Luego el espectador jugará y haremos debates infinitos».

Diez años más tarde de aquella visita de Simeone a los entrenamientos del Barça de Guardiola, en la que el Cholo le dijo a Pep aquello de «esto yo no lo siento, no me gusta», el técnico catalán siguió insistiendo con su estilo de juego obteniendo grandes éxitos en Alemania e Inglaterra, con Bayern Múnich y Manchester City, respectivamente. Mientras tanto, Simeone, justo en las antípodas del estilo estético promulgado por Guardiola, conseguía siete títulos con el Atlético de Madrid, y llega incluso a dos finales de Champions. El Cholo no se arrepentía de aquella charla con Guardiola. Más bien al contrario, se sentía feliz porque su equipo, su Atleti, transmitía algo que a él sí le gustaba. Por eso no entendía la crítica: «Están los que desprestigian un estilo y los que aceptamos todos los estilos No escuché a gente hablar mal de un equipo de posesión. Sí he escuchado a los que les gusta ese estilo opinar desprestigiando a otros. Mi pregunta es: ¿por qué? Hay que respetar a todos los entrenadores y todos los estilos».

Cuestionado sobre aquel contacto con Guardiola cuando

él todavía no había tenido la oportunidad de entrenar en el fútbol europeo, Simeone hizo una profunda reflexión sobre su charla con el catalán, sazonada con una anécdota deliciosa: «Me gustó una cosa buenísima de Pep en esa charla. Le pregunté por Messi. Le dije: "¿Por qué lo ponés de punta falsa —de falso nueve— a Messi?". Entonces me dice: "Lo que pasa ya sucedió en la época del Barcelona de Cruyff. En ese equipo, Laudrup también jugaba de delantero falso, con Stoichkov en los costados, porque, jugando en ese puesto, pues era una manera de involucrarlo para poder trabajar defensivamente sin que él tuviera una función clara"». Un sensacional apunte táctico que cautivó al Cholo.

Simeone recuerda que Guardiola le dijo que colocaba a Messi, el mejor de todos los tiempos, como falso nueve para protegerse en fase defensiva: «Pep me dijo: "Mirá, cuando llegamos a cuartos de final con Messi a la derecha, los equipos me empiezan a atacar por el sector izquierdo". Entonces dije "pucha", al final, dentro de su pasión por el ataque, la inteligencia de Pep lo lleva a pensar defensivamente también, desde una posición ofensiva como la de Messi». Puro ingenio táctico.

Guardiola y Simeone, el Cholo y Pep, siguen siendo fieles a su estilo. A aquello que los representa. A aquello que les gusta. A aquello que sienten.

34
Especialista en «milagros»

Cuando era jugador profesional de fútbol, Diego Pablo Simeone se las sabía todas. Absolutamente todas. Era un futbolista forjado en la universidad de la calle. Un tipo listo como el hambre, vivo como pocos y que manejaba toda la picardía del fútbol para salirse siempre con la suya. El Cholo odiaba perder aún más de lo que le gustaba ganar; precisamente por eso, recurría a cualquier tipo de estrategia, truco y trampa para salir victorioso en cualquier lance del partido. Nunca habló de ello cuando era jugador, pero, ya como entrenador del Atlético de Madrid, contó un divertido pasaje de su vida como jugador durante una entrevista concedida al programa de televisión *El Hormiguero*, conducido por Pablo Motos. El Cholo relató una de sus mejores estrategias sobre el campo: memorizaba los nombres de pila de todos sus rivales para pedirles la pelota y confundirlos. «Milagros» Simeone.

Días antes del partido estudiaba los nombres de los contrarios. Buscaba sus nombres en la prensa, se los aprendía lo mejor que podía y aplicaba esos conocimientos que había adquirido durante los encuentros. Cuando el árbitro daba el pitido inicial, Simeone ponía en marcha su táctica en cada contraataque peligroso del rival. Cuando los contrarios salían de estampida en busca de la portería de su equipo, el argentino corría hacia el contrario, intentaba ponerse lo más cerca posible, pero sin que el jugador pudiera reconocerle; entonces, gritaba su nombre, para que el rival equivocara y le diera la pelota en carrera. Y pasaba. Se equivocaban. Se la daban. Una, dos y hasta tres veces durante un mismo partido. Sucedía tantas y tantas veces que los compañeros del Cholo no daban crédito. Simeone era pura picardía.

«Sí, me aprendía los nombres de los rivales para pedirles la pelota. ¡Es buenísima! Hay veces que pasaba. Y, ojo, que pasaba mucho, ¿eh? Me acordaba sobre todo de los nombres de los defensas laterales». Es decir, que, en la picaresca del Cholo, había una metodología. ¿Por qué los laterales? Simeone lo explica: «Cuando vas de contragolpe por la banda, estás cegado, vas para adelante como un caballo. Algunos miran, los que más saben, pero otros que tienen dificultades no». Y, justo entonces, cuando la teoría «cholista» se ponía en práctica, Simeone se salía con la suya y el jugador contrario le acababa regalando la pelota para sorpresa del público que estaba en la grada y no se explicaba el fallo del jugador. ¿Qué había sucedido? Lo que había pasado era puro Simeone. «Se podía llamar Pedro, Diego o Pablo. Me ponía cerca y gritaba su nombre y el flaco me la daba, ¿viste? [Risas]. ¿Cómo lo iba a escuchar o sentir el árbitro con treinta mil personas en la cancha? Pasó mil veces», recordaba Simeone con una sonrisa dibujada en la cara.

Testigos de aquellos «milagros» de Simeone fueron excompañeros suyos como José Miguel, *Tiburón*, Prieto en el Sevilla o Toni Muñoz en el Atlético de Madrid, que recuerdan perfectamente cómo se las gastaba el Cholo. Siempre concentrado. Siempre en guardia. Siempre dispuesto a sacar ventaja. Tenía tantas ganas de ganar, tanto entusiasmo por la victoria, que planificaba y estudiaba todo lo que podía sobre el rival. Quién pateaba con la derecha, quién era zurdo, cómo se movía el tipo que le podía marcar y, por supuesto, también el nombre de los árbitros, para llamarlos por su nombre de pila, si era necesario, pues eso proyectaba en los colegiados una sensación de cercanía que les gustaba y, en cierta medida, los condicionaba. ¿Cómo amonestar o expulsar a un tipo que se había pasado todo el partido llamándote por tu nombre de pila? Simeone era más listo que el hambre. Más de un compañero de habitación no podía pegar ojo la noche antes de un partido porque Simeone se pasaba horas preguntándole y explicándole cómo era el jugador al que se iba a enfrentar, cuál era su punto fuerte, cuál era su punto débil y hacia qué lado debía salir con la pelota para evitar su presión. El Cholo desayunaba fútbol, comía fútbol, cenaba fútbol y soñaba fútbol. Era un tipo veinticuatro horas fútbol.

Simeone siempre ha sido un ganador. Una de sus frases más repetidas, hasta la saciedad, es la siguiente: «Quiero ganar». Es un obseso del fútbol y un adicto a la victoria. Por eso busca todo lo que esté en su mano, todo lo que pueda usar, para ganar. Por algo muy sencillo y simple de explicar: es un ganador que, sobre todas las cosas, odia perder. «Cuando pierdo y llego a casa, trato de hacer sentir que no duele nada. Decir que está todo genial: "¿Cómo están ustedes?". Pero si por dentro uno no sabe identificar y sufrir la derrota, no puede disfrutar nunca de la mejor manera de la victoria, porque son las dos cosas en común», explica. Su pasión por la victoria es incluso menos intensa que su fobia a la derrota. Simeone convive en las dos, pero concediendo un espacio que las delimita. «Si sabés festejar, tenés que saber sufrir. No da igual perder o empatar, no da igual. No es igual que ganar. Tiene que haber una diferencia, un espacio. Lo voy teniendo más para dentro —precisa—. Hablo con la cara. Cuando empiezo a hablar, se me nota bajo en mi tiempo de recuperarme y renovarme. Porque al otro día hay que levantarse y estar bien con los chicos, tratando de transmitirles que todo sigue».

35

«Sacá el palo»

Domingo 3 de enero de 1993. En mitad del campeonato liguero, el C. D. Tenerife recibe al Sevilla en el estadio Heliodoro Rodríguez López. El partido tiene morbo. Primero, por la tensión enorme entre los dos ocupantes del banquillo. A un lado, Jorge Valdano, técnico chicharrero. Al otro, Carlos Bilardo, entrenador sevillista. ¿El motivo de la enemistad entre ambos? En el verano de 1990, justo antes del Mundial de Italia, Bilardo, entonces seleccionador argentino, prescindió de Valdano sin tener el valor de comunicárselo directamente tras hacerlo regresar de su retiro y tenerlo meses concentrado. Otro asunto que alimentaba aún más el morbo del partido era que los líderes de ambos conjuntos, Fernando Redondo por el Tenerife y Diego Maradona por el Sevilla, no tenían precisamente una relación cordial después de que el 5 decidiera renunciar a la selección para centrarse en sus estudios, algo que desairó al Pelusa. A un lado del cuadrilátero estaban Bilardo, Maradona y Simeone. Y, en el otro, Valdano, Cappa y Redondo. Casi nadie se acuerda de cómo acabó el partido, pero casi todo el mundo recuerda que aquella tarde el Heliodoro vivió una batalla campal. El partido fue una continua y gigantesca tangana, con doce cartulinas amarillas y tres expulsiones.

Tras dos penaltis convertidos, el Tenerife mandaba 2-0

«SACÁ EL PALO»

cuando Redondo se cruzó con Maradona en el césped. Ambos tenían ya tarjeta amarilla. Entonces, Fernando zancadilleó a Diego y ahí se montó el jaleo. El árbitro, González Lecue, lejos de echar a la calle a Redondo, vio que una nube de jugadores le rodeaba exigiéndole la tarjeta. Sin embargo, el colegiado, entre empujón y empujón, se hizo sitio y decidió expulsar a Juan Antonio Pizzi, delantero del Tenerife, pero no así a Redondo. Al ver la decisión del árbitro, Maradona montó en cólera y, ni corto ni perezoso, se dirigió al colegiado gritándole: «Fue el cinco, árbitro, el cinco, no este, el cinco». El colegiado no quería saber nada de Diego, pero Maradona insistía una y otra vez. Estaba completamente fuera de sí. «El cinco, el cinco, el cinco... ¡Ha sido el cinco!». González Lecue, lejos de rectificar, decidió expulsar al Pelusa. Redondo, que había dado la patada y debía estar en la calle, seguía en el campo. Y Maradona, que había recibido la zancadilla, acababa expulsado, enfurecido y desesperado. En mitad de un jaleo tremendo, el Diego, fuera de sus casillas, abandonaba el terreno de juego en dirección a los vestuarios, escoltado por una nube de compañeros, rivales y policías que trataban de poner orden. El público tinerfeño no paraba de protestar, los jugadores de los dos equipos no cesaban de increparse y una lluvia de botellas inundaba el terreno de juego. Casi todas volaban con dirección al banquillo visitante, donde Bilardo se encaraba con todo aquel que pasaba por allí. Todo se descontroló.

Maradona se fue a por el cuarto árbitro, que estaba en la banda, los aficionados del Tenerife empezaron a insultarle. La policía tuvo que intervenir porque parte de los hinchas querían ir a por Maradona, pero, mientras algunos agentes separaban para que la sangre no llegase al río, otros mostraban una actitud amenazante con los jugadores sevillistas. Justo en ese momento de máxima tensión, los jugadores del Sevilla reaccionaron con violencia. Los más enérgicos fueron Diego

Pablo Simeone y Monchi, entonces portero suplente hispalense. Ambos lanzaron botellas de agua contra la grada; aquello desató la tormenta. Simeone, que no había repartido precisamente caramelos durante el partido, acudió como un resorte a la escena: llegó a la carrera hasta las inmediaciones de Maradona, con el ánimo de proteger a su ídolo y compañero. Hecho una furia, se topó con hasta tres policías, armados con sus respectivos escudos y porras. El argentino, lejos de acobardarse ante los agentes del orden, se encaró con dos de ellos porque no le dejaban pasar hasta donde estaba Maradona. Los micrófonos de ambiente de Canal Plus, el operador televisivo que retransmitía el partido, captaron la escena de máxima tensión entre un policía y el Cholo. El agente había amagado con sacar a pasear la porra para golpear a los jugadores sevillistas y Simeone se encaró con fiereza: «¡Sacá el palo, sacá el palo!». Varios compañeros tuvieron que llevarse al Cholo, que estaba fuera de sí, pues parecía dispuesto a enfrentarse con quien fuera con tal de defender a Maradona, que llegó como pudo al túnel de vestuarios.

La bronca multitudinaria entre Tenerife y Sevilla en el Heliodoro Rodríguez López fue tremenda. El equipo local acabó ganando por 3-0, pero eso fue lo de menos. Lo de más fue que el Ministerio del Interior hizo un informe para investigar todo lo que ocurrió ese día. Maradona le pasó factura al árbitro, González Lecue: «Juro por mis hijas que este árbitro estaba predispuesto contra mí. No quiero quitarle méritos a la victoria del equipo de Valdano y que la gente crea que estoy llorando por este resultado. He perdido muchas veces en mi carrera deportiva y nunca lloré», dijo. El presidente sevillista, Luis Cuervas, no se quedó atrás en sus críticas: «Este árbitro estaba en primera, le descendieron, lo subieron y lo designan para este partido. La culpa no es suya, sino de quien le dio el partido». Bilardo fue mucho más allá cuando le preguntaron por la refriega: «Vi a los ladrones con guantes blancos». Simeone, Maradona y Monchi fueron multados por «provocar reacciones en el público que puedan alterar la seguridad ciudadana», según rezaba la Ley de Seguridad Ciudadana. Días más tarde, la Comisión Nacional contra la Violencia en el Deporte solicitó al gobernador civil de Tenerife que impusiera una multa de cien mil pesetas a Simeone y Monchi por forcejear con la policía. Aquel Tenerife-Sevilla resultó de alto voltaje. Durante toda la semana, las televisiones no pararon de emitir las imágenes en las que Simeone, fuera de sus casillas, se dirigía a un policía con una frase que acabó haciéndose famosa para el sevillismo: «¡Sacá el palo!».

36

Pisa

Año 1990. El domingo es el día favorito de Diego Pablo Simeone. Puede ver los partidos de la serie A de Italia por la televisión y sueña con la posibilidad de, algún día, jugar en el Calcio junto a grandes monstruos como Maradona, Matthaus, Gullit, Van Basten, Rijkaard y Platini. El adolescente Cholo tiene diecinueve años. Hace tres ha debutado como jugador de Vélez Sarsfield en primera y empieza a destacar como centrocampista por su agresividad, liderazgo y remate llegando desde segunda línea. Eran días felices para Simeone. «Por ahí pasaba que, con el cambio de hora, a las tres de la tarde jugaba Maradona en el Nápoles y en Argentina era por la mañana. Obviamente, estaba futbolísticamente enamorado del Diego por su juego, por todo lo que transmitía, aquella era la mejor manera de empezar un domingo previo a mi partido. Soñabas con algún día poder jugar en Italia, como Maradona». Aquel sueño se cumplió en un abrir y cerrar de ojos. Simeone pasó de ver los partidos del Calcio por la televisión a recibir una oferta para jugar allí.

«Tenía diecinueve años, me llamaron de la oficina del representante y me dijeron que había una posibilidad de jugar en el Pisa italiano, pero debía decidir en cuarenta minutos. Me dejaron solo. Mi agente era Roberto Settembrini y estaba en

Italia, mis padres tampoco estaban, se habían ido de vacaciones a Mar de Plata, así que estaba solo. No había móviles entonces, ¿eh? Había que resolver, con diecinueve años de los de entonces, no de los de ahora», recuerda el Cholo. Vélez Sarsfield quería hacer el traspaso porque necesitaba dinero y la oferta tenía fecha de caducidad. La decisión estaba en manos de Simeone. Acostumbrado a consultar todo con su familia, este era un tema importante. Implicaba cambiar toda su vida. Era contestar a la oferta formal de un club extranjero. Y eso tenía un significado inmediato: alejarse de la familia. «Mi representante no contestaba, estaba en Italia. No había teléfono móvil, un carajo. Estaba solo. ¿Y ahora qué hago? Miraba las fotos de Troglio, Caniggia, Balbo, Sensini..., todos con camisetas de equipos del Calcio. Y me dije: voy. Creo que fue una buena decisión, me ayudó a madurar».

«Apareció una oportunidad y había que aprovecharla. No dudé mucho. Primero dije que sí, luego pude hablar con mis padres para darles la noticia, y luego me puse a mirar quiénes eran los jugadores del Pisa». Por aquel entonces, apenas había información sobre el fútbol del extranjero, casi no existían revistas especializadas y, claro, tampoco había Internet. Así que la cuestión pasaba por informarse a través de algún amigo, de algún recorte de periódico o de alguna revista. «Había dos daneses y yo estaba convencido de que uno de ellos, Larsson, tenía que ser Elkjaer Larsen, el delantero centro de la selección de Dinamarca. Resulta que no, que era un lateral [risas] y que no tenía nada que ver con el danés. Y a los tres días me fui a vivir a Italia».

Simeone rememora su ingenuidad de aquellos días, recordando algunos detalles simpáticos de aquel caótico cambio de equipo: «Hice las maletas, pero nadie me dijo que allí era verano. Claro, en Argentina era invierno; cuando aterricé en Italia, pues resulta que hacía treinta y cinco grados. Allí me bajé yo del avión con esa temperatura con mi pantalón negro, mi jersey de cuello alto, mi abrigo... Me quería morir».

En el modesto Pisa completó dos grandes temporadas a las órdenes del técnico rumano Mircea Lucescu, que le dio la titularidad desde el primer día. Allí acabaría compartiendo vestuario con el citado Larssen —el que era lateral y no delantero centro—, con el también argentino José Antonio Chamot —que curiosamente también acabaría años más tarde en el Atlético de Madrid— e incluso con un goleador italiano que llegaría a fichar por la Juventus en su día, Michele Padovano. Simeone se adaptó muy pronto al estilo italiano y fue pieza clave en un equipo diseñado para luchar por la permanencia. Anotó cuatro tantos en su primer año y su primer gol llegó en la segunda jornada, en un 4-0 al Lecce en la segunda jornada del Scudetto de 1990. Sin embargo, el equipo no alcanzó su objetivo final, lastrado por una mala racha de nueve partidos sin ganar. El Pisa acabó decimosexto y consumó su descenso. En total, Simeone militaría en el Pisa dos temporadas, en las que disputó sesenta y dos partidos y anotó seis goles.

Como el modesto Pisa necesitaba dinero y estaba en la serie B y el joven Simeone era demasiado bueno, en el verano de 1992 su vida cambió. Llegó una oferta del Sevilla, entonces dirigido por Carlos Salvador Bilardo y presidido por Luis Cuervas. El presidente del Pisa, ni corto ni perezoso, le montó en un avión con destino a la capital de Andalucía. Simeone sería sevillista por ciento sesenta millones de pesetas. Una fortuna para la época.

37

La primera entrevista

Mayo de 1988. Diego Pablo Simeone es un adolescente que sueña con ser jugador profesional, debutar en primera y jugar con la selección argentina. Es un chico de diecisiete años como cualquier otro. Vive con sus padres, Carlos y Nilda; su abuela, Gracia, de setenta y dos años; y sus dos hermanas, Natalia, de trece años, y Carla, de seis. Todos, juntos, en una casita en el barrio de Palermo Viejo. El joven Diego Pablo está en secundaria. Acaba de terminar el quinto año de los estudios de bachiller en el Urquiza —en el turno de noche—, pero se le atraganta una asignatura: física. En diciembre había sido capaz de aprobar matemáticas, literatura y francés, pero no termina de aprobar física. Nació en Capital Federal, sabe que pronto le tocará el sorteo para el servicio militar, es fanático del grupo Los Fabulosos Cadillacs, le gustan las canciones de Whitney Houston y su película favorita es *Rocky*. Todos los días tiene que tomar el autobús número 34 para ir de Palermo Viejo a Vélez y entrenar con su equipo.

Diego Pablo Simeone todavía es un pibe. Sigue los consejos de su padre, don Carlos, es el ojito derecho de doña Nilda y vive por y para su gran pasión: el fútbol. No hay nada ni nadie que le estimule tanto como el fútbol. Es su gran sueño, su gran desafío y su inexplicable gran pasión. Quiere ser futbolista y está dispuesto a entregarse, en cuerpo y alma, para conseguir cruzar esa meta. Llegó al club Vélez Sarsfield en 1979 y, cinco años después, su progreso quedó marcado con hechos. En 1986, dio el gran salto en las categorías inferiores fortineras, ya que pasó de la séptima división a la tercera. El entrenador Daniel Willington lo convocó para estar en el banquillo del equipo de primera división y, al domingo siguiente, el 13 de septiembre de 1987, Simeone debutó con Vélez en primera, contra Gimnasia en La Plata. Adrián Maladesky, periodista de *El Gráfico*, se desplaza días después a casa de los Simeone para hacerle la primera entrevista de su vida al Cholo. En aquel entonces, Diego Pablo ya forma parte de la selección juvenil de Argentina y está listo para competir en el Torneo Juventudes de América.

«Un día vino don Victorio Spinetto, que manejaba todas las inferiores, a ver el entrenamiento de la octava. Fue la primera vez que lo vi. Al rato, paró la práctica, se me acercó y me dijo: "Pibe, dentro de dos años usted tiene que jugar en primera"», relataba Simeone. La profecía de don Victorio, que fue la primera persona en ponerle el nombre de guerra de Cholo, se cumplió. Simeone debutó en la máxima categoría. Y, en su primera entrevista como jugador profesional, revelaba que su desafío personal era debutar antes de los dieciocho. Lo había logrado, claro: «Cuando me propongo algo, trato de cumplirlo. Y me puse como meta debutar en primera antes de los dieciocho años. Por eso cuando jugaba en la octava me mataba como si fuera un profesional. Para mí, en el fútbol hay que tener tres cosas: fe, suerte y coraje».

Maladesky apunta esas tres cosas y le pregunta por sus ídolos. Simeone los describe con tanta pasión como precisión: «Siempre fui hincha de Racing: cuando estaba en la octava,

LA PRIMERA ENTREVISTA

iba a verlo los sábados, y los domingos seguía a Vélez. De los jugadores del club me gustan Larraquy, Ischia y ahora Claudio Cabrera, mi ídolo. Internacionalmente, me encanta Falcao, el brasileño. El Racing que más me gustó fue el que dirigió Pastoriza en 1980-1981. Yo quiero que gane siempre, menos cuando juega contra Vélez, por supuesto». Sus gustos quedan claros, pero lo más sorprendente de Simeone surge cuando esboza qué tipo de jugador quiere ser, qué tipo de fútbol quiere desarrollar y cómo se definía a sí mismo con apenas diecisiete años. «Me gustan los jugadores de mucha personalidad. Cuando entro en la cancha, me olvido de la edad que tengo. Lo mejor que creo que puedo tener es el cambio de ritmo y la garra. Pateo mucho al arco, es cierto: creo que el mediocampista tiene que sacarse el miedo a pegarle, aunque lo silben si se va afuera, siempre hay que insistir». Boca de niño, discurso de hombre.

Simeone posa para que le tiren una foto. Lo hace de brazos cruzados, luciendo una camiseta colorida de fútbol americano, rodeado de los trofeos que ha logrado en categorías inferiores y justo detrás de un póster de Diego Armando Maradona. El reportero Maladesky, para cerrar la entrevista, pregunta al imberbe Simeone si, con todo lo que le estaba pasando, no se había «agrandado» un poco. La respuesta del Cholo es arrolladora. «No, yo lo vivo tranquilo. Pienso que hay que ponerse metas, pero yo las digo después de cumplirlas, siempre hay que guardarse algo. Ahora voy despacio: primero quiero salir campeón con el sub-19, clasificar para la liguilla con Vélez; después me gustaría jugar un Mundial, no te digo el de 1990, pero... Hay que ser ganador. Dicen que hay que saber perder, ¿no? Yo digo que hay que saber ganar». La entrevista acaba y, días después, sale publicada en las páginas de la prestigiosa revista *El Gráfico*. El periodista, Adrián Maladesky, está convencido de lo que sus ojos han visto y sus oídos han podido escuchar. Ha descubierto a un muchacho que rebosa personalidad, coraje y entusiasmo. Y sabe que, con el paso de los años, Simeone conseguirá todo lo que se proponga. Cero dudas.

38

Un auténtico líder

El 28 de junio de 1997, Diego Pablo Simeone llegaba a un acuerdo con el Inter de Milán por cuatro temporadas, con un salario de casi ciento cincuenta millones de las antiguas pesetas. El Atlético de Madrid se había embolsado nada menos que mil trescientos millones por el traspaso del Cholo. El presidente Massimo Moratti quería fraguar un equipo campeón y fichó a grandes cracks mundiales para pelear por el título. Simeone llegaba a Milán sabiendo que compartiría vestuario con el brasileño Ronaldo, entonces el número uno del fútbol mundial. El Cholo llegaba con una misión muy clara: dotar a su nuevo equipo de su garra y carácter para lograr volver a salir campeón. El italiano Francesco Moriero recuerda que Simeone se ganó al vestuario nada más llegar: «Se ganó a todos los compañeros por esa ansia de ganar y por el compromiso que ponía siempre, tanto en los entrenamientos como en los partidos. Para nosotros fue un jugador fundamental que nunca se daba por vencido». El Inter llevaba cuatro años sin ganar un título y el Cholo llegó para invertir esa tendencia. Era un peso pesado del Atlético de Madrid y estaba convencido de que podría ser también líder en el vestuario interista. Así fue. Desde el primer día, fue uno de los hombres con más jerarquía del grupo, dentro y fuera del vestuario.

Si en Madrid había sido un referente, aún lo fue más durante su breve estancia en Milán. A sus compañeros les impresionaba su actitud. Se comportaba como si llevara toda la vida en el equipo. Como si fuera el más veterano del lugar. Era profesional, llegaba el primero y se iba el último. Defendía siempre al compañero, siempre estaba concentrado y siempre tenía una actitud profesional, dentro y fuera de la cancha. Javier Zanetti, entonces compañero en el Inter y en la selección, recuerda aquella etapa del Cholo como una clase magistral de concentración: «No se equivocaba ni a palos, siempre estaba en el lugar correcto y en el sitio que el compañero necesitaba. Estaba siempre listo, profesional, en el lugar correcto. Estaba tan concentrado que todos sabíamos que, cuando acabara su carrera como jugador, sería entrenador. Siempre sabía lo que era mejor para el equipo».

Sin embargo, su adaptación al Inter de Ronaldo no fue sencilla. El brasileño Ze Elías rememoraba un pasaje que define, a la perfección, el carácter de Simeone. «Recuerdo que, cuando firmó, a muchos hinchas del Inter no les gustaba la forma en que jugaba Simeone. Y empezó a pasar que, cada vez que Diego tenía la pelota, los aficionados silbaban en señal de disconformidad. ¿Y qué hizo entonces Simeone? Se giró a los compañeros y les dijo en el campo: «Muchachos, no hay ningún problema, sigan dándome la pelota, déjenlos que silben, sigan dándome la pelota». Simeone no se escondió. La siguió pidiendo. Una, dos, tres, cuatro veces..., y las que hicieran falta. Estaba seguro de que los pitos se volverían aplausos. Ze Elías recuerda, como si fuera ayer, lo que terminó sucediendo en la grada: «Al tercer mes, todos los aficionados aplaudían cuando Simeone tocaba el balón. Mostró una gran personalidad, jugó muy bien e incluso anotó goles importantes».

Ese carácter ganador, esa rebeldía, Simeone logró integrarse rápidamente en un grupo humano que idolatraba a Ronaldo, pero que, sin saberlo, empezó a adquirir algunas de las costumbres del argentino. Antes de los partidos, en el viaje en el autobús, Simeone animaba a los compañeros a entonar canciones que los tifosi cantaban en el estadio. Se lo tomó muy en serio, implicó a todos y lo transformó en un ritual que se hacía antes de todos los partidos y también después de cada victoria.

Simeone, apenas un recién llegado, tenía muchísimo peso en el vestuario. Ze Elías recuerda que Cholo y Ronaldo protagonizaron una curiosa discusión sobre las primas que debía cobrar el grupo si conseguía el campeonato. Sucedió antes de la segunda temporada del Cholo y generó un terremoto interno en el grupo. «Ronaldo, que era el líder y la estrella del equipo, pidió la palabra y dijo: "Los premios deben pagarse en su totalidad a los que juegan, cincuenta por ciento a los que se quedan en el banquillo y veinticinco por ciento para aquellos que no están convocados"». Pero Simeone estaba en contra. Pidió hablar y dijo que no creía que fuera justo que los jugadores no convocados ganaran el veinticinco por ciento de los premios. Ronaldo respondió y dijo que, si no fuera por todo el equipo, no habría forma de entrenar. Además, la alineación, quiénes jugaban y quiénes viajaban dependía completamente del entrenador, ya que, en la mayoría de los casos, ningún jugador jugaba todos los partidos. La discusión generó una atmósfera extraña en el vestuario, pero, al final, se salió con la suya Ronaldo.

Otra muestra del carácter de Simeone en el vestuario interista llegó durante una charla del entrenador, Gigi Simoni. El técnico estaba pensando en la manera de jugar del equipo y en cambiar el planteamiento. Todos solían estar conformes con la decisión del entrenador: «Míster, el que sabe es usted, jugaremos así». La única voz discordante solía ser la de Simeone: «Míster, ¿no ha pensado que se puede jugar mejor de esta manera?, ¿no cree que si jugamos de este modo podemos superar mejor al rival?». Era el único con la suficiente autoridad moral y con bastante conocimiento futbolístico como para charlar de tú a tú con el entrenador. Simoni, que era perro viejo, sentía especial fascinación y respeto por el Cholo. Y lejos de enfadarse si el argentino le llevaba la contraria, solía departir con él sobre los aspectos tácticos. «Simeone en mi equipo, siempre», solía repetir una y otra vez.

Otra anécdota que se hizo famosa durante los años de estancia del Cholo en Milán fue la que se produjo durante un Inter-Real Madrid de Liga de Campeones. Sebastien Frey, el entonces compañero de Simeone en el conjunto italiano, la recuerda con nitidez: «Pasó después de una falta muy dura de Fernando Redondo, el Cholo permaneció en el suelo durante mucho tiempo. Nuestro entrenador mandó calentar a un compañero para que entrase en su lugar en la segunda parte. En el descanso vimos que la espinilla de Simeone estaba cubierta de sangre, el cambio ya estaba listo. No pasó. Simeone dejó a un lado el dolor y le pidió al míster seguir, que no le molestara, que no podía volver a salir en otra ocasión, pues ese partido ya nunca podría volver a jugarlo. Regresó al campo herido y con puntos de sutura». El argentino jugó todo el partido. Completo. Su equipo remontó y acabó ganando gracias al talento de Roberto Baggio. Por cierto, en la jugada del gol definitivo, el hombre que le tira la pared a Baggio fue... Simeone. «Eso era el Cholo. Tenía mucho valor».

Al término de su segunda temporada en el Inter, con la Copa de la UEFA bajo el brazo tras batir a la Lazio en una final europea «a la italiana», Simeone tenía estatus de líder nato y de ídolo para la hinchada. En los despachos del club no pensaban lo mismo. En las últimas semanas del campeonato, el dueño del Inter de Milán creyó oportuno que la capitanía del club fuera para Ronaldo, la gran estrella del equipo. En teoría, el brazalete le correspondía a Javier Zanetti, pero Moratti se empeñó —dicen las malas lenguas que por influencia de determinados patrocinadores— en premiar con la capitanía al brasileño. La noticia no acabó de caer demasiado bien en el vestuario. O, al menos, en parte de este. El chileno Iván Zamorano fue claro respecto al asunto. Limpio como una mañana de primavera: «Este equipo necesita tener un capitán como Diego Pablo Simeone». Los acontecimientos se precipitaron y el conflicto terminó con el Cholo haciendo las maletas rumbo a Roma. El 8 de junio de 1998, Simeone se convertía en nuevo jugador de la Lazio. Allí dejaría una huella profunda en sus cuatro años como gladiador en el estadio en el Olímpico. Allí cayó de pie desde el primer día. En su primera temporada, Simeone ganó el triplete: liga, Copa y Supercopa de Italia.

39

«Cabeza dura»

Diego Pablo Simeone González se define como un «cabeza dura». Pero ¿de dónde le viene ese carácter? El Cholo se presenta en sociedad como una persona obsesionada con el trabajo que, sobre todas las cosas, tiene fuertes convicciones. Es «cabeza dura». Es su naturaleza. Aguanta firme cuando llega un momento de resistencia y remata fuerte cuando toca definir. «Suerte, fe y coraje» son las tres palabras que suele repetir en su círculo más íntimo. Tanto en público como en privado, Diego insiste en que es como es, en que no engaña a nadie y en que, si está convencido del camino que tiene que recorrer, sus ojos y su cara hablan. No tiene miedo. Toda su vida ha sido así. Cuando era un niño, ya era así. Don Carlos, su padre —que en paz descanse—, y doña Nilda, su madre, recuerdan que su hijo, con apenas cinco años, ya tenía meridianamente claro a qué se dedicaría en su vida.

Diego Pablo pasó toda su infancia pegado a una pelota. Nadie que le conozca recuerda la etapa infantil de Simeone sin una cerca. En la casa, con la pelota. En la farola del barrio, junto al pino que plantaron, con la pelota. En la acera de la calle, con la pelota. En el barrio, con la pelota. Y en el colegio, por supuesto, siempre aparecía al lado de la pelota. Daba igual lo que estuviera haciendo. Su pasión era el fútbol, y su mejor amigo, el balón. La anécdota más popular del Cholo obedece al momento en el que, siendo un niño, le regalaron un fuerte del Oeste, con indios y soldados en miniatura. Ese día, Simeone dividió a sus figuritas en dos equipos de once jugadores. Estaba muy bien que le regalasen un juguete, pero él tenía claro que debía adecuar el juguete a su propósito. Y el suyo era muy sencillo. No solo iba a ser futbolista profesional, sino que el fútbol iba a ser el motor de su vida. «Había que poner la mesa y ordenar los juguetes luego de jugar en el único lugar permitido, el piso; pero esas situaciones menores van construyendo la personalidad», recuerda Simeone.

Con nueve años, Diego Pablo Simeone hacía sus pinitos en el fútbol sala («baby fútbol», lo llaman en Argentina) en el equipo Estrella de Oro. «Desde muy chico intuí que jugar al fútbol consistía en que, en esos minutos que se juega sin pelota, hay que ocupar bien los espacios; entonces, ese juego del que todos nos enamoramos por la pelota es sin la pelota», recuerda. Ya en ese equipo, Simeone planeaba, diseñaba y ejecutaba varias jugadas a balón parado con los muchachos. Jugadas que se había inventado en casa y que había preparado minuciosamente para poder ensayarlas con sus compañeros y hacer mejor al equipo. Lo suyo era auténtica obsesión. No solo le gustaba jugar al fútbol. Sabía que su vida era puro fútbol.

Tres años más tarde, Diego Pablo Simeone era recogepelotas en Vélez Sarsfield. Durante un partido de su equipo como local, ante Boca Juniors, el pequeño Simeone estaba en la banda, muy pendiente de lo que sucedía con el partido. El encuentro estaba igualado y cualquier detalle podía desnivelar el choque. Con 1-1 en el marcador, Gatti cortó un avance como marcador central, tiró la pelota lejos, a saque de banda lateral, y entonces apareció, como un resorte, el recogepelotas Simeone. El joven Diego Pablo vio cómo Mario Vanemerak, el León de Liniers, podía sacar partido de la situación, así que cogió la pelota rápidamente y se la pasó para que Vélez pudiera anotar el 2-1 y ganar el partido. El árbitro se percató, se acercó hasta el lugar donde estaba Simeone y decidió expulsarle como recogepelotas, por haber intentado condicionar la jugada. «Yo ya no estaba alcanzando pelotas, sino jugando al fútbol. El partido estaba 1-1 y tal vez Vanemerak pudo haber definido el partido con mi jugada», rememora el Cholo. Fue la primera expulsión de su vida. Tenía doce años.

Hasta que su madre dejó de trabajar, Diego Pablo creció con su abuela, de origen italiano, nacida en Garofali, en un pueblecito cercano a Nápoles. Ella le influyó mucho, le moldeó el carácter y le enseñó que, para ser miembro del clan Simeone, había que tener genio, constancia y carácter. Así fue, es y siempre será su familia. Gente contestataria, rebelde, inquieta, de personalidad fuerte. Como don Carlos Simeone y doña Nilda González. Gente sencilla, trabajadora y leal. Gente decidida, luchadora, dispuesta a pelear contra cualquier tipo de obstáculo que pueda plantear la vida. La abuela de Diego le enseñó, desde bien pronto, que en la vida tenía que avanzar, sin dejar de aguantar los golpes. Tener determinación. Fuerza. Y ante cualquier desafío, cuando no salgan las cosas, insistir. Ese verbo, insistir, ha sido y sigue siendo clave para comprender y valorar toda la trayectoria deportiva y vital de Diego Pablo Simeone. Es el verbo favorito del cholismo. En la dificultad, resistencia. En la derrota, rebeldía. En la victoria, humildad. Y, ante los problemas, insistencia. «Soy cabeza dura, seguiré insistiendo, esa es mi personalidad».

40

Equipo

«El liderazgo no se puede explicar. O me sigues, o no me sigues». Diego Simeone no engaña a nadie. Encontró su lugar en el mundo, el Atlético de Madrid. Y siente ese club como un relato íntimo de su vida. «Uno no elige ser un líder, son los demás los que te dan esa posición. Cuando entras en el Atlético de Madrid y te encuentras con esa famosa familia de la que se habla, con esa famosa afición, eso te da un empuje constante cuando estás dentro. Y al mantener los valores que te han dado te sientes en casa, feliz, y obviamente eso te lleva a trabajar más». No existen demasiados casos como el de Simeone en la historia del fútbol. En el Atlético, la principal figura no son los jugadores, sino que, desde hace años, la gran estrella del equipo es precisamente el entrenador. Su liderazgo es indiscutible. Y no solo se lo reconocen los atléticos, sino también sus principales rivales. A él no le gusta que le den esa condición, pero quienes le conocen bien reconocen su personalidad. Es, le guste más o menos, un líder. En toda la extensión de esa palabra. «No hay competencia para liderar. Al líder lo eligen los que lo rodean. Hay escuelas de liderazgo y gente que lo estudia, pero, si no es un liderazgo natural, se nota, y yo no le tenía miedo a nada. Para llegar a un lugar determinado en cualquier faceta de la vida, no hay que tener miedo y prepararse para lo que se planteó como objetivo, y yo siempre supe lo que quería, hasta por detalles», recuerda.

La piedra angular de la manera de liderar de Simeone es el equipo. La clave siempre está en el colectivo. En sacar lo mejor del grupo. En trabajar por y para el conjunto. En defender el trabajo de todos por encima de los intereses individuales. El líder marca la pauta de una cadena de acontecimientos que él, personalmente, se encarga de potenciar: si hay familia, hay grupo; si hay grupo, hay equipo, y si hay equipo, llegan los éxitos. El mejor ejemplo del liderazgo del Cholo es la relación con su propia familia. Su compañera, Carla, no para de repetir una y otra vez que ambos forman un equipo. Sus hijos, Giovanni, Gianluca y Giuliano, repiten una y otra vez que su padre siempre forma equipo. Y hasta sus hijas pequeñas, Francesca y Valentina, nacidas en 2016 y 2019, conocen perfectamente cómo funciona su líder. Su padre suele preguntar: «¿Qué somos nosotros?». Y las niñas contestan, las dos juntas, al unísono: «Somos un equipo». Esa es la receta. «Francesca sabe que debemos trabajar en equipo. Cada vez que salimos como familia yo le digo: "Vamos a ayudarnos, vamos a trabajar en equipo, somos un equipo"». Otro vínculo, saberse, recitar y cantar el himno del club. «Vamos en el auto y va sonando el himno del Atlético, y ahí lo aprendió. Francesca sabe la letra perfecta, se la sabe mucho mejor que yo». Todos lo tienen claro. Son un equipo de fútbol unido en torno a un objetivo común y están ligados a un contexto donde las normas son muy claras: no hay nada ni nadie por encima del colectivo.

En el ideario de Simeone, las líneas rojas son naturales y sencillas: si estás con el equipo, si te sacrificas por el grupo y si das lo mejor que tienes en cada partido, estás dentro. Si quieres brillar por cuenta propia, si no te sacrificas por el bien común y no das siempre lo mejor que tienes en cada jugada, estás fuera. «En la competencia hay que ser más fuerte que el otro. La línea entre titulares y suplentes no es tan grande. Gana el que es más fuerte mentalmente, el que tiene más personalidad, aunque sea algo menos técnicamente. La primera materia de un futbolista es la personalidad. Talento tienen todos. No todo es jugar bien», explica siempre el Cholo. Quiere estrellas con alma de gregarios. Necesita soldados.

Simeone ejerce su liderazgo apoyado en una manera muy clara de competir. El partido empieza en la cabeza, la competencia se desarrolla en la mentalidad, y el territorio se marca desde el primer instante. Desde que uno ingresa en el túnel de vestuarios. Ese es el escenario perfecto para marcar la diferencia. «Entrar en el túnel que conduce a la cancha es uno de los mejores momentos del fútbol. Es como un viaje al futuro. Siempre digo que puede explotar una bomba a cien metros que yo no la escucho. Algunos suelen contar chistes. Yo no, estoy concentrado. Para mí, el partido era una guerra y tenía que matar al rival; ambas palabras, claro, en sentido figurado. La del futbolista no es una inteligencia clásica. No se cuenta con mucho tiempo para pensar. Yo la entiendo como una inteligencia física, biológica, de supervivencia», explica Simeone.

Otro lugar sagrado para el líder es el vestuario. Allí se fraguan derrotas y victorias. No pueden existir dudas. Tienen que darse órdenes concretas. Instrucciones básicas. Estrategias motivadoras. Discursos cortos, pero directos, en vena. «Mis charlas son mínimas, duran cinco o seis minutos en el vestuario. Se trata de convencer al jugador de que lo puede hacer, de ayudarle, de acompañarle, de generarle el estímulo y de encontrar la fuerza para cumplir el objetivo. El objetivo común nos une siempre. Queremos ganar». Quien conoce a Simeone, quien ha compartido vestuario con él, sabe cómo es capaz de motivar a un jugador, cómo logra dejarle con rabia y cómo consigue tocarle el corazón. En muchas ocasiones, Simeone se emociona durante sus charlas, tiene que parar porque rompe a llorar o no puede seguir porque se le quiebra la voz. Simeone es sinónimo de emocional. Cuando se entrega, lo hace hasta el final. Siempre se implica con el jugador y siempre se pone en su lugar. Cada partido es un proceso y se empieza a ganar en el vestuario. Si hay familia, hay grupo. Si hay grupo, hay equipo. Y si hay equipo, llegan los éxitos.

Hay quien cree que dirigir un equipo de fútbol, por muy profesional que sea, no tiene nada que ver con liderar una empresa de éxito. Sin embargo, la trayectoria de Diego Pablo Simeone invita a pensar justo lo contrario. Con su liderazgo, sus consignas, su filosofía de vida y sus resultados, el Cholo ha logrado liderar una sociedad anónima deportiva, el Atlético de Madrid, hasta multiplicar por cuatro su presupuesto y por cinco su facturación. Cuando el argentino llegó al banquillo colchonero, el Atleti había sido eliminado de la copa por un segunda B, coqueteaba con el descenso, no contaba con patrocinador en la camiseta y el club tenía doscientos empleados. Hoy, trece años más tarde, bajo el liderazgo del Cholo, el Atleti ha ganado ocho títulos, lleva trece temporadas seguidas en la Champions, ha firmado siete patrocinadores en los últimos siete meses y tiene más de mil doscientos empleados en nómina. Desde su filosofía de vida, desde su particular visión del túnel de vestuarios, Simeone es un líder nato. Un tipo que, haciendo equipo, ha transformado su empresa de arriba abajo, con una cultura del esfuerzo innegociable: si se cree y si se trabaja, se puede.

41

«Siempre hay que creer»

Diciembre de 2006. El Torneo Apertura del fútbol argentino estaba en juego. A un lado, como claro favorito, aparecía el todopoderoso Boca Juniors, líder que buscaba su tercer campeonato consecutivo. El conjunto xeneize sufrió dos derrotas inesperadas en los últimos encuentros ante Belgrano y Lanús, algo que hundió anímicamente al equipo ante la posibilidad de que se le pudiera escapar un título que tenían prácticamente ganado. Al otro lado del cuadrilátero, aparecía un sorprendente Estudiantes de La Plata, entrenado por Diego Pablo Simeone. El cuadro pincharrata no conseguía un título liguero desde el año 1983, pero había completado un *rush* final de competición realmente increíble: en los últimos doce partidos, once triunfos y un empate. Los del Cholo llegaban con la moral por las nubes. Boca tenía todo a punto para consagrarse tricampeón del fútbol argentino si ganaba a Lanús; Estudiantes necesitaba un milagro para forzar un partido desempate. En aquellos días, Simeone tenía muy claro su discurso. «A los hinchas les decía que vayan solamente los que crean. A los negativos les decía que se quedaran en su casa. A los futbolistas, les decía lo que sentía: si nos hubiesen puesto este escenario cuando empezó la liga, pagaríamos por tenerlo. Y el destino hizo que Lanús, que no le ganaba nunca a Boca a domicilio, fuera y le ganara», recuerda

Cholo. El «pincha» hizo lo suyo y pudo con Arsenal, mientras que Boca perdió con Lanús; aquello provocó que se tuviera que jugar un partido decisivo, de desempate, para dilucidar quién sería el campeón argentino. Una final Boca-Estudiantes en el José Amalfitani.

Aunque Simeone aún no había terminado su curso de formación como técnico, él construyó un equipo de la nada, con un rendimiento inmediato, cuya principal característica era un fútbol de ritmo alto, alegre y ofensivo. Estudiantes, invicto durante varias jornadas, se plantó en la final ante Boca. Los «picos altos» de este equipo de Simeone fueron la goleada 7-0 ante Gimnasia y Esgrima La Plata, en el clásico de la ciudad, además de un sorprendente 3-1 ante River Plate, que hasta ese entonces también aspiraba a poder ser campeón. El Cholo se había retirado como jugador profesional hacía solo diez meses y apenas había dirigido a Racing de Avellaneda durante catorce partidos. Sin embargo, estaba ante la primera oportunidad de su vida de ganar un título como entrenador. Y, como Simeone no es precisamente un tipo que deje escapar las oportunidades, salió campeón con Estudiantes, derrotando en una final memorable a Boca Juniors, para completar un torneo impresionante. Estudiantes, de la mano de Simeone, terminaba con una racha de veintitrés años sin títulos.

El 13 de diciembre de 2006 fue la fecha del gran partido de desempate. Ese día, Estudiantes se proclamó campeón del Torneo Apertura tras ganar a Boca Juniors por 2-1, con remontada incluida. Palermo adelantó a los de Lavolpe a los cinco minutos. Sin embargo, el equipo del Cholo no bajó los brazos, siguió creyendo y acabó dándole la vuelta al pleito con tanta entereza como grandeza. El Principito Sosa, de libre directo, y el Tanque Pavone le dieron la vuelta al marcador en la última media hora de partido. Adiós a la nostalgia pincha. Volvía a rugir el león en La Plata. El gol de Palermo ponía en ventaja

«SIEMPRE HAY QUE CREER»

a Boca, pero el grupo de Simeone no se arredró, siguió insistiendo y acabó culminando la gesta. Entre la maestría de Juan Sebastián Verón —el gran capitán y líder del equipo—, el empuje de Pavone y las pelotas paradas de Sosa, Estudiantes dio un paso al frente y acabó imponiéndose en el estadio de Vélez. Aquella tarde, el Cholo alineó a Andújar, Angeleri, Ortiz, Alayes, Álvarez, Sosa, Verón, Braña, Galván (Benítez 53´), Pavone y Lugüercio (Maggiolo 70´). Miles de personas salieron a las calles de la ciudad de La Plata para festejar la victoria. Por fin, después de veintitrés años de sequía, la espera había merecido la pena. Estudiantes era, otra vez, campeón.

Humildad, sacrificio, entrega y dedicación. Esos fueron los atributos de Estudiantes. Simeone, que acabó siendo elevado a hombros por sus jugadores después de fundirse en un abrazo eterno con Verón, estaba exultante tras la victoria ante Boca: «Se me presentan muchas imágenes. Este estadio me vio nacer y ahora consigo aquí mi primer campeonato. Siempre hay que creer. Es así, siempre hay que creer», repetía ante decenas de periodistas mientras daba la vuelta olímpica junto a sus futbolistas en el terreno de juego. Diez meses después de colgar las botas, con treinta y siete años, Simeone ya había ganado su primer título como entrenador. Para el Cholo fue inolvidable: «Lo más lindo de esa tarde, algo maravilloso sucedió cuando pasamos por al lado de la gente de Boca que nos terminó aplaudiendo. Eso se queda en el corazón».

¿Quién habría creído que Estudiantes de La Plata habría sido campeón cuando Simeone asumió el cargo? Absolutamente nadie. Salvo un tipo. El propio Cholo. Así lo recuerdan en el club. Y así lo recuerdan todos los integrantes de aquella plantilla. Simeone no comenzó nada bien la temporada con el pincha, con una dolorosa derrota en los penaltis ante São Paulo en los cuartos de final de la Copa Libertadores. Lejos de venirse abajo, el Cholo lanzó un mensaje a su plantilla en el vestuario para motivar a sus jugadores: «Tranquilos, que vamos a salir campeones de la liga. Y, claro, todos los futbolistas me miraban y decían: ¿qué está diciendo este tipo?». Meses después, Simeone se salía con la suya y Estudiantes era campeón. ¿Cómo había sido posible? Juan Sebastián Verón lo tenía muy claro: «Pocos sabían de la intensidad del Cholo para vivir el fútbol. Eso fue clave. Lo que Simeone transmitía como jugador fue la base de aquel Estudiantes campeón». Con solo siete meses en el banquillo, Simeone conquistaba su primer título. ¿La clave? Sencilla. Puro «cholismo». Discurso corto y en vena: «Siempre hay que creer».

42

Una saga de récord

Noviembre de 2024. La selección de Argentina anuncia que Nahuel Molina ha caído lesionado por unas molestias en el muslo derecho, por lo que debe regresar a Madrid. Al mismo tiempo, un vuelo desde la capital de España sale hacia Argentina con el sustituto de Molina. En el interior del avión está Giuliano Simeone, el hijo menor de Diego Pablo. Sueña con jugar y ganar con la Albiceleste ante Perú. Dicho y hecho. En el minuto 80 del partido, a diez de la conclusión, Lionel Scaloni llama a Giuliano para que entre en el campo. Giuli, con el número 16 cosido a la espalda, entra en el terreno de juego por Lautaro Martínez. Ese ingreso en el campo por parte del menor de los hijos del Cholo se convertía en pura historia del fútbol mundial. Giuliano seguía los pasos de sus familiares más mayores con la selección. Al igual que su padre, Diego Pablo, y su hermano Giovanni, el Cholito disputaba sus primeros minutos con la selección absoluta albiceleste.

No era la primera vez que se daba que un padre y un hijo hubieran jugado en la selección de Argentina. A lo largo de la historia había habido nueve casos parecidos. Tampoco era la primera vez en que dos hermanos se ejercitaban con la absoluta, ya que, antes del debut de Giuliano, había sucedido veintiséis veces, coincidiendo ambos hermanos en doce ocasiones en el campo. Sin embargo, el hito de los Simeone iba mucho más allá. Nunca un futbolista que había jugado con la selección argentina habría tenido a dos de sus hijos emulando sus pasos. Diego Pablo Simeone ganó dos Copas de América y llegó a disputar tres Mundiales con la Albiceleste. Fue el primer jugador en alcanzar las cien internacionalidades con su país, debutó en el año 1988 y anunció su retirada de la selección en el año 2002. Su hijo Giovanni debutó con la «selección mayor» de Argentina años después, en 2018, cuando disputó cinco partidos en los que, además, logró marcar un gol. En noviembre de 2024, el hijo pequeño del Cholo, Giuliano, con apenas veintiún años, debutaba con Argentina ante Perú: disputó esos diez últimos minutos de partido. Nadie en la historia del fútbol argentino logró el hito alcanzado por la familia Simeone. Jamás se había visto que un padre y sus dos hijos hubieran vestido la camiseta de la selección.

No era la primera vez que los Simeone hacían historia. Sin ir más lejos, Diego Pablo y su hijo Gio ya lo lograron en la Champions League. Solo había dos jugadores argentinos que habían marcado cuatro goles en sus cuatro primeros partidos en la antigua Copa de Europa. Uno era Diego Pablo Simeone. ¿El otro? Su propio hijo, Giovanni. En la temporada 1996-1997, Simeone anotaba dos tantos ante el Steaua de Bucarest rumano y otros dos ante el Widzew Lodz polaco. Años después, Giovanni Simeone igualaba la gesta de su padre en Champions y firmaba cuatro goles en otros tantos partidos con el Nápoles. De tal palo, tal astilla.

El clan Simeone también escribió su propia gesta en un escenario digno de los elegidos: los Juegos Olímpicos. La familia del Cholo tuvo hasta tres familiares olímpicos en categoría masculina. Diego Pablo Simeone (1996), Giovanni Simeone (2016) y Giuliano Simeone (2024). Diego Pablo participó en los Juegos de Atlanta de 1996, donde se llevó la medalla de plata: perdieron el oro ante Nigeria. Justo veinte años después, su primogénito, Giovanni, se enfundó la albiceleste en los Juegos de Río (2016). Sin embargo, no pudo superar la fase de grupos. Y dos ediciones después, el tercer Simeone, Giuliano, siguió los pasos de su padre y su hermano mayor. El seleccionador le incluyó en la lista final de convocados después de haber pasado varios meses fuera de combate tras una grave lesión, cuando sufrió una entrada terrorífica en un partido de pretemporada disputado con el Alavés, equipo al que le había cedido el Atlético de Madrid. Cuando superó su lesión, Giuliano entró en el equipo argentino. Y entró con buen pie. Jugó de titular los Juegos Olímpicos de 2024 junto a la estrella del equipo, Julián Álvarez; además, marcó en el partido inaugural del torneo: Argentina-Marruecos. Con ese gol, Diego Pablo Simeone y su hijo, Giuliano, se convertían en la primera pareja padre-hijo que había marcado en unos Juegos Olímpicos. Simeone padre marcó a Estados Unidos en 1996. Vivir para ver.

Por increíble que parezca, existen algunos casos similares a los de los Simeone. Un mito de Ghana, Abédi Pelé, tuvo hasta tres descendientes en la selección, André Ayew, Ibrahim Ayew y Jordan Ayew. Por su parte, el exdefensa del Barcelona Ronald Koeman y su hermano Erwin fueron ilustres *oranjes*, como su padre, Martin, que también jugó como internacional neerlandés. Otro ejemplo es el de los Laudrup. El padre, Finn, fue internacional danés. Y años más tarde lo fueron sus hijos, Michael y Brian. Otra familia futbolera son los Thuram, con Lillian y sus dos hijos, Marcus y Khéphren, internacionales con Francia; o la de Mazinho, que debutó con Brasil y cuyos hijos, Thiago y Rafinha, lo hicieron con España y Brasil, respectivamente. Sin embargo, el caso de los Simeone es el más relevante. Han batido récords en la selección argentina, en los Juegos Olímpicos y en la Champions League. Y aún pueden seguir reescribiendo su propia historia en los Mundiales...

43

El Imperio romano

Verano de 1999. Diego Pablo Simeone aterrizó en Roma como un actor secundario, formando parte de la operación de traspaso de Christian Vieri al Inter de Milán. No era un reto sencillo para el argentino. Llegaba procedente del rival que le había arrebatado la gloria al equipo en que iba a empezar a jugar. El Cholo había sido clave para derrotar a la Lazio en la final de la Copa de la UEFA de 1998, así que llegaba como un sospechoso a Roma, por lo que intuía que debería comenzar a ganarse a su nueva hinchada desde el primer minuto. Así fue. Increíble, pero cierto. «Se me pone la piel de gallina cada vez que recuerdo mis días en Roma», evoca Simeone. Su desembarco en el Imperio romano fue, sin lugar a dudas, una de las etapas más brillantes y felices de su carrera deportiva. Durante cuatro años, se convirtió en el gran ídolo de la hinchada y en uno de los jugadores más respetados del campeonato. Dejó una huella profunda en el corazón de los tifosi de la Lazio. Su aval tangible, cuatro títulos: ganó liga, Copa y Supercopa en su primera temporada, más la Supercopa de Europa después. Su aval intangible, su personalidad de hierro, su capacidad para liderar y su espíritu combativo en los grandes partidos.

No hay hincha de la Lazio que se precie de serlo que no tenga a Simeone por un auténtico ídolo. En la memoria de cada tifosi está el indiscutible protagonismo del Cholo en el campeonato de 1999-2000. Simeone, que se había proclamado campeón con el Inter de Milán, privando a la Lazio de la gloria europea, se redimió catapultando al título al cuadro romano en un trepidante final de campeonato. El 14 de mayo de 2000 se disputaba la última jornada de la serie A. El título era cosa de dos: Juventus de Turín, que tenía toda la ventaja y el favoritismo para salir campeón, y Lazio de Roma, que había completado un gran final de curso, pero que necesitaba un pinchazo del cuadro *bianconero*. La Lazio jugaba en casa ante la modesta Reggina. Necesitaba ganar y esperar un tropiezo de la Juve. El cuadro de Turín, por su parte, jugaba ante el Perugia fuera de casa. La recta final de la temporada fue épica. Seis jornadas antes, en la fecha vigesimoctava del campeonato, ambos se habían enfrentado en un duelo que sería clave para el desarrollo de los acontecimientos.

En un repleto estadio Delle Alpi, Juventus y Lazio se medían con el cuadro local como clarísimo favorito. El equipo de Turín, con Zidane como estrella, era el líder de la competición y sabía que, si conseguía la victoria, prácticamente se aseguraría el título. Todo parecía destinado a ser así hasta que apareció el aguafiestas del Cholo. En el minuto 67, Simeone cabeceaba a la red un gran centro de Verón. Aquel tanto hacía enmudecer Turín, sellaba la victoria romana y metía a la Lazio, de cabeza, en la pelea por el título. En las cuatro últimas jornadas, el mano a mano fue tremendo. Y en cada una de ellas apareció, de manera definitiva, el mejor Simeone. El Cholo marcó gol todos y cada uno de los cuatro partidos. Increíble, pero cierto. Fue, sin duda, el gran héroe de la impresionante remontada romana.

Simeone, Simeone, Simeone y, por cuarta vez, Simeone. Su figura fue fundamental. Jamás desistió, lideró hasta el final y siempre creyó en el título. Marcó en la jornada 31, en la 32,

EL IMPERIO ROMANO

en la 33 y en la última, la 34. Cuatro goles de oro en los cuatro últimos compromisos. El primero de todos, al Piacenza. En el 0-2 en el estadio Leonardo Garilli, Simeone había sido suplente cuando él se veía para ser titular. Entró en el minuto 57 y, solo tres minutos después, abrió la lata para su equipo. Diego celebró el tanto señalándose el número de su camiseta con los pulgares. En la siguiente jornada, llegó otro tanto clave. El 3-2 al Venezia. Y en la penúltima jornada, con el campeonato al rojo vivo, anotó otro ante el Bolonia (2-3), para darle los puntos al cuadro romano. Gracias al poderío anotador del Cholo y a su inquebrantable fe en el triunfo, la Lazio llegaba viva a la última jornada. Debía ganar y esperar que la Juve no lo hiciera en Perugia.

La Lazio, que no ganaba el Scudetto desde el año 1974, saltó al campo decidida a derrotar a la Reggina. Dicho y hecho. Acabó goleando por 3-0. Y uno de los tantos, por supuesto, faltaría más, llevó la rúbrica de Diego Pablo Simeone. El partido acabó y la Lazio sumó el triunfo, pero ¿qué estaba pasando en Perugia? Pues algo inédito. Había caído una tromba tremenda de agua sobre el estadio y el partido se había tenido que suspender. En Roma, la espera era tan tremenda como agónica. La hinchada no abandonaba sus localidades y esperaba sentada mientras aguardaba noticias de Perugia. Los jugadores de la Lazio esperaban el milagro. Habían ganado su partido y sabían que, si la Juve perdía, podían ser campeones. Entonces, sucedió. En el minuto 49 del segundo tiempo, Alessandro Calori acabó batiendo a Van der Sar y puso por delante al Perugia. La Juve, grandísima favorita al título, estaba en serios apuros. Y con ese resultado, la Lazio era campeona de Italia. La Vecchia Signora se volcó buscando el tanto del empate, pero los minutos pasaron, el Perugia aguantó el asedio *bianconero* y la Lazio acabó ganando el título de manera inesperada. «Cuando estaba entrando en la ducha, me dijeron que

325

había marcado el Perugia, nada más empezar la reanudación. Me paré y no me volví a mover. Me quedé allí hasta que terminó el partido. La derrota de la Juventus nos hacía campeones de Italia», recuerda el Cholo. Allí se quedó. En la ducha. Sin moverse. El tiempo que hizo falta. Cuando le contaron que el famoso árbitro Collina había pitado el final en Perugia y que la Juve había caído, Simeone se abrazó con el mundo. Nada más y nada menos que veintiséis años después, la Lazio recuperaba la grandeza del Imperio romano.

«Teníamos un equipo completo, con grandes jugadores. Gente con personalidad y capacidad de superación. El vestuario tenía clara la intención de ganar, y a eso se sumaba un entrenador excelente como Eriksson. Fuimos de menos a más; a lo largo de la temporada, nos dimos cuenta de que podíamos marcar la historia», rememora un Cholo que fue el gran líder de un vestuario trufado de talento, con compañeros de armas como Juan Sebastián Verón, Marcelo Salas, Néstor Sensini, Matías Almeyda, Roberto Mancini o Alessandro Nesta, entre otros. Un bloque para la eternidad en la Lazio. El secreto mejor guardado de aquel equipo era la extraña relación entre Simeone y Verón. «Nos cambiábamos uno al lado del otro, pero yo no lo saludaba y él no me saludaba. Y si lo tuviera que elegir para ganar, no tengo duda de que lo elijo», dice el Cholo. Y la Brujita no se quedaba atrás: «No lo tenía como un amigo, pero adentro de la cancha mataba, y sabía que él iba a matar por mí». Fuera del terreno de juego eran dos desconocidos. Dentro, dos hermanos de sangre. Dos tipos que no tenían nada que ver y que se unieron por un objetivo común: ganar.

La remontada romana se consumó en la última jornada de un campeonato memorable y Simeone se convirtió en un héroe para la hinchada. Había marcado el tanto que derrotaba a la Juve para abrir las puertas del título y había anotado cuatro goles en las cuatro últimas fechas del torneo. En apenas un año, había pasado de ser un actor secundario a protagonista de una película inolvidable. «Este título es, para mí, una victoria personal. Cuando llegué acá, nadie me daba posibilidades. Era como que no tenía lugar, como que nunca iba a ser titular. Y, bueno, competí, hice sacrificios y supe aprovechar las oportunidades. Al final, además de haber ganado el título, gané una batalla personal».

Años después, cuando Simeone regresó al Olímpico de Roma, ya como técnico del Atlético de Madrid, la hinchada le dedicó una atronadora ovación. Y, en la curva del fondo del estadio, los hinchas desplegaron una pancarta gigante, donde se podía leer una declaración de amor eterno: «Roma y la Lazio serán siempre tu casa. Bienvenido, Cholo, nuestro campeón de Italia». En el universo Simeone, Madrid es toda una vida. Y el Imperio romano, un recuerdo maravilloso.

44

Renunciar

7 de noviembre de 2008. Las redacciones de los medios de comunicación de Buenos Aires se alteran tras un terremoto informativo 7,5 en la escala del fútbol argentino. La noticia es de un impacto brutal. «Diego Simeone ha presentado su renuncia como entrenador de River Plate». Es viernes, último día de la semana, y el Cholo, que había logrado el título con el conjunto millonario, decide poner fin, de manera tan abrupta como inesperada, a su etapa al frente del equipo. River, envuelto en una profunda crisis de resultados, ve cómo su líder decide dar un paso al costado. El equipo es último en el torneo argentino y acaba de ser eliminado de la Copa Sudamericana tras igualar 2-2 en su visita al mexicano Chivas de Guadalajara. Simeone comunica a su directiva que lo deja, que se va, que no tiene sentido seguir y que espera que su marcha sea positiva para el futuro del club.

Simeone se compromete a dirigir por última vez a River Plate ante Huracán, en un partido de la decimocuarta jornada del torneo argentino, pero después abandonará el cargo. River Plate, que en junio pasado había ganado el Torneo Clausura 2008 de primera división, suma solo nueve puntos, producto de una sola victoria, seis empates y otras tantas derrotas. Es la peor campaña de la centenaria historia del club, uno de los más populares de Argentina. Roberto Cuiña, directivo del cuadro millonario, decide comparecer ante los periodistas para confirmar oficialmente los rumores. El entrenador se marcha. «Simeone nos pidió una charla y nos comunicó que dejaba de ser el técnico a partir del partido del domingo. Esta decisión nos toma muy por sorpresa, no sabíamos nada de esto. Estamos en una situación complicada y nuestra apuesta pasaba porque el técnico siguiera con nosotros en el cargo». Unilateralmente, el Cholo había decidido no continuar.

Cuiña, quien acompañó a River Plate tras la dolorosa eliminación ante el Chivas de México en la Copa Suramericana, lamentó la marcha de Simeone. Insistió en que el club no había visto venir ese adiós, en que los había cogido por sorpresa y en que se habían quedado en estado de shock por la decisión de Simeone: «Estábamos casi convencidos de que Simeone iba a continuar. Nunca nos dejó ver una situación así». Añadió que era una decisión personal de Simeone, al que calificó como «una persona que siempre está entera» porque «es un luchador». A Simeone se le había podido ver frustrado y crispado durante el partido disputado en tierras mexicanas, con el brazo aún fisurado después de haberlo estrellado contra el banquillo tras un traumático empate en casa ante Gimnasia de Jujuy. El Cholo había llegado a la dirección de la plantilla de River en diciembre de 2007, tras la renuncia de Daniel Passarella, tras haber revitalizado al equipo y conquistado el título, algo que no ocurría en el plano local desde el Clausura 2004. Ahora Simeone, cansado de no dar con la tecla y consciente de que, si no eres parte de la solución, lo eres del problema, decidía renunciar.

Tras el KO en México, los acontecimientos se precipitaron. Apenas terminó el encuentro, el vestuario fue puro silencio. Diego Simeone no asistió a la conferencia de prensa, y los jugadores, salvo una breve declaración del delantero Sebastián

Abreu, no hablaron con los periodistas. No había ganas. Directos al hotel. La cena de los jugadores duró un suspiro, treinta y cinco minutos desde que entró el primero hasta que se fue el último. Los dirigentes, encabezados por el presidente, José María Aguilar, se quedaron a charlar con el cuerpo técnico encabezado por Simeone y sus ayudantes, Nelson Vivas, Óscar, *el Profe*, Ortega, Pablo Vercellone y José Luis Pasqués. La conversación se alargó hasta bien entrada la madrugada. Al amanecer, el Cholo le dijo a su círculo íntimo que se iba. Se marchó bien temprano por la mañana al campo de entrenamiento y llamó al presidente a su habitación para explicarle los motivos de su adiós. Aguilar no lo entendía: «No lo puedo creer. Le dimos todo, armó el plantel, echó al ídolo del club y lo apoyamos, y nos hizo esto. Esto no se hace», comentó. Simeone habló con sus jugadores a la hora del almuerzo. Iba a renunciar y estaba conmovido por la situación, quebrado por dentro. En el comedor del hotel y ante la mirada de sus futbolistas, intentó articular un discurso de adiós, pero las emociones le jugaron una mala pasada y su voz se entrecortó: «Muchachos, me voy porque ya no tengo mucho más para dar, les agradezco todo el esfuerzo y...». Ahí ya no pudo seguir. Varios jugadores, entre ellos Tuzzio, Falcao y Abreu, salieron del comedor para intentar convencerlo, pero no había marcha atrás. Simeone había tomado su decisión.

Días antes se había sentido respaldado por la directiva del club y por el entonces presidente, José María Aguilar, que llegó a proponerle renovar su contrato. Ante la mala situación del equipo, Simeone comentó: «Esto que ocurre con River no es normal, pero es la realidad. Hemos de sacar fuerzas de donde sea. Es difícil jugar en un momento en el que la gente apura, con razón, pero hay que ser fuertes e insistir trabajando», añadió. Tras perder ante Chivas, la paciencia del Cholo se terminó y, sin consultar con nadie del club, decidió echarse a un lado. Comunicó su decisión a los jugadores, después a los directivos y se marchó.

Su último partido fue frente a Huracán. El día de su despedida, River tampoco pudo ganar; empate a tres goles en casa. Ante la prensa, Simeone reconoció que el momento de River era durísimo y que estaba obligado a dimitir. Con extrema sinceridad, compareció delante de los periodistas y expuso los motivos de su adiós: «Llegar a River para mí fue un paso importantísimo. Estoy muy agradecido, y en el partido ante Huracán recordé cosas como la caravana que se hizo en el Obelisco —con motivo de ganar el Torneo Clausura 2008—, pero soy consciente de que la realidad muestra otra cosa. No sería de buen gusto no reconocerlo. Por eso tomo esta decisión».

En aquel último partido en el banquillo de River Plate, Simeone fue recibido por los hinchas con gritos de «Cholo, Cholo, Cholo» y con una fuerte ovación; el entrenador respondió con aplausos a la grada. En su paso por River, consiguió un título, pero quedó eliminado de la Copa Libertadores y sumó la peor racha de la historia del club: doce partidos sin ganar. «Soy responsable de todo y me queda la tranquilidad de que River atacó siempre, como marca su historia», comentó Simeone con tono grave. Aquella fue una lección inolvidable para el futuro. El fútbol es tan grande, tan cambiante, que en unos días se puede pasar de alcanzar la gloria del título a vivir la angustia de renunciar en una situación límite. Aquella fue, sin duda, la experiencia más dura en toda la carrera de Simeone como entrenador. Cuando el Cholo renunció.

45

Saber enseñar y saber aprender

El padre futbolístico de Diego Pablo Simeone es Carlos Salvador Bilardo, el Doctor. Su relación con el Cholo es la resultante de un diario íntimo donde se mezclan células vitales con anécdotas futbolísticas y donde conviven estrategias del juego junto a auténticas lecciones. Bilardo, como jugador, se desempeñó como centrocampista y desarrolló gran parte de su trayectoria en San Lorenzo de Almagro y Estudiantes de La Plata en los sesenta. Más tarde, como entrenador, alcanzó el éxito en varios clubes como el propio Estudiantes, Boca o Sevilla, entre otros; y como seleccionador, el Doctor se convirtió en un referente, llegando a dos finales de la Copa del Mundo con Argentina: fue campeón en México 86 y subcampeón en Italia 90. Bilardo, un tipo con una personalidad arrolladora y obsesionado con las tácticas futbolísticas, era un visionario. Fue un adelantado a su tiempo, un auténtico enfermo del uso de las cintas de vídeo y un entrenador obsesionado con la victoria. Durante su dilatada carrera en los banquillos, el Doctor, que se definía a sí mismo como un curioso que tenía interés en analizar el comportamiento humano, tenía clara la receta para sus «pacientes»: la táctica, la estrategia y cómo encontrar la manera de debilitar a los rivales. Había que mejorar la gestión siempre, manejar las emociones y lograr el compromiso del grupo por encima de cualquier cosa. No había nada más importante que ganar. Y había que estar dispuesto a todo para ello.

Simeone conoció a Bilardo cuando estaba en etapa juvenil, con apenas dieciocho años. Su primera referencia sobre el Cholo sucedió cuando Diego llegó tarde a su primera práctica en el predio de la selección por equivocación y llegó en autobús tras decirle al conductor: «Algún día seré jugador de la selección mayor». Bilardo se enteró de aquello y, al día siguiente, le llamó para entrenar un rato con la selección absoluta. Desde el primer día, lo de Simeone y Bilardo fue pura química. Amor futbolístico a primera vista. Muchos periodistas argentinos recuerdan cómo fueron aquellos primeros días entre ambos. Su relación acabó siendo increíble, realmente cercana, casi familiar. Y fue así de manera instantánea. Pura piel. Al Doctor le llamó mucho la atención que, un día, observando al grupo en la distancia, Simeone, que apenas era un niño, se había metido primero en una escalera mecánica, por delante de varios veteranos. A Bilardo le gustó ese detalle y lo interpretó como un rasgo de carácter, de determinación y jerarquía. Si ese muchacho tenía ese descaro en una situación como esa, seguro que podría trasladar ese temperamento al terreno de juego. Situaciones de la vida que Bilardo relacionaba con el fútbol.

Simeone recuerda, con emoción, cómo trató de aprender todo lo que pudo del Doctor. En todos los ámbitos, no solo en el fútbol. De entrada, algunos códigos. El primero, dar valor a lo tuyo. «Bilardo fue mi primer técnico y me convertí en una esponja. Todo lo que me transmitía intentaba asimilarlo. Él me enseñó que la camiseta no se intercambiaba con el rival. Siempre me decía eso. "No se cambia la camiseta con el rival, porque nuestra camiseta vale más que la del contrario". Entendí eso y lo hice mío. Yo no le puedo dar a un rival mi camiseta por la suya». Años después, en el Atlético de Madrid, Simeone llevó a cabo aquel consejo del Doctor. No se cambiaba la camiseta del Atleti, porque la rojiblanca valía por dos.

Otro nexo de unión entre ambos fue la capacidad para adaptarse a todo tipo de puesto y dificultad sobre el campo. «Bilardo me hizo ver la posibilidad de jugar en diferentes puestos, no encasillarte en una sola posición, más yo, que jugaba de mediocampista y te puede dar opciones de ser mucho más completo, no solo mediocampista de un lugar», rememora el Cholo. Bilardo sostenía que, cuantos más lugares del juego conociera el futbolista, más completo iba a ser. En cuantos más puestos diferentes pudiera jugar, mejor sería. Y cuantos más desafíos tuvieran delante sus jugadores, más competitivos serían. Había que rendir en todos los puestos, con diferentes roles y en cualquier tipo de escenario, por muy adverso que fuera el contexto.

Bilardo no dejaba nada al azar. No le gustaba improvisar. Lo entrenaba todo. Con y sin balón. La mejor prueba sucedió cuando llamó a capítulo a Simeone para entrenarse en vaqueros, sin pelota y sin rivales, delante de él, moviéndose como si fuera una situación real del juego. Como si tuviera que imitar los movimientos que debía hacer en el campo, basculando y presionando, para guardarle la espalda a Batista, que entonces jugaba en la selección. Huelga decir que Simeone le hizo caso al Doctor, se puso manos a la obra, no preguntó nada, se entrenó a tope, sin balón de por medio, imaginando esas situaciones de juego. Simeone tenía dieciocho años. Y sentía tantas ganas de aprender, de comerse el mundo, que estaba dispuesto a lo que fuera para ganar. Esa ansia de conocimiento, esas ganas de ganar por encima de cualquier cosa, forman parte de la mística que, años después, adornó al Cholo como técnico.

Bilardo no quería jugadores talentosos ni trabajadores. Él buscaba futbolistas con personalidad. Y Simeone, desde niño, era justo eso. «Lo tuvimos de muy pibe, tenía quince años, dieciséis. Y cuando me preguntaron desde España qué opinaba de él como entrenador, les dije que lo contrataran con los ojos cerrados. Él, de chiquito, ya sabía todo. Lo ponías en varios puestos y en todos rendía», sostenía Bilardo. La conexión entre los dos fue de tal calado que, incluso cuando el Cholo estaba en edad juvenil, el Doctor le llegó a decir: «"Cholo, cuidate, vas a dirigir vos, vas a dirigir un equipo grande algún día". Simeone era mediocampista, y yo decía que era un "todocampista". Lo vi llorar a los dieciséis o diecisiete porque perdimos un partido; quienes se emocionan sienten mucho más el fútbol y, sin duda, Simeone es uno de los mejores».

Partido a partido, Simeone fue una esponja para absorber el conocimiento que Bilardo ponía a su disposición: la táctica, la charla antes del partido, buscar el punto débil del rival, la motivación del vestuario, la puesta en escena del equipo, el otro fútbol, la capacidad para competir al máximo con menos recursos que otros, el arte de sacar ventaja de situaciones inimaginables. Años después, convertido ya en un entrenador de éxito mundial, Simeone se identificaba a muerte con el Doctor y sus enseñanzas: «Que me comparen con Bilardo es un orgullo, es como mi padre. Tengo muchas cosas de Bilardo. Cuando empecé en el fútbol, a los quince, diecisiete, dieciocho años lo tuve a Bilardo, él me marcó, me generó el estilo de mejorar. Para mí fue un adelantado a su tiempo», explica el Cholo con absoluta admiración.

En febrero de 2022, la plataforma HBO estrenó la serie *Bilardo, el doctor del fútbol*, que acercaba a los aficionados la figura de uno de los entrenadores más polémicos, cuestionados, odiados y amados del fútbol mundial. La docuserie contaba la vida del Narigón, pero también escenificaba y explicaba algunas de las mejores anécdotas del Doctor durante sus mejores años. Para contar la historia lo mejor posible, se llevaron a cabo cientos de entrevistas a diferentes personajes de la industria del fútbol. Y, sin embargo, de todas ellas, según Ariel Rotter, el director de la serie, la más emotiva, a años luz de las demás, fue la de Diego Pablo Simeone: «La más conmovedora fue la del Cholo. Vino a Argentina justo por una situación personal con su padre y habló de Bilardo todo el tiempo al borde de las lágrimas. Hasta tuvimos que interrumpir la entrevista varias veces porque se le quebraba la voz y lloraba, por la emoción que le suponía hablar de Carlos. Se refirió a él como su padre futbolístico, como la persona que lo marca definitivamente con amor. Hoy en día el Cholo transmite como herencia parte del conocimiento heredado por el Doctor. Y en su filosofía de vida, en su Atlético de Madrid, en su partido a partido, repite una frase de Bilardo que decía así: "Lo que es saber enseñar y lo que es saber aprender"».

46

Diez heroicos leones y un estúpido

Verano de 1998. Octavos de final del Mundial de Francia. Estadio Geoffroy-Guichard, de Saint-Étienne. Inglaterra y Argentina salen del túnel de vestuarios tras un primer tiempo volcánico, que ha finalizado con empate (2-2). Alan Shearer y Michael Owen han anotado para los británicos, mientras que Gabriel Batistuta y Javier Zanetti —en una de las jugadas ensayadas más bonitas de la historia— han puesto rúbrica a los tantos sudamericanos. Es la «revancha» del cruce mundialista del partido en el que Diego Armando Maradona anotó el gol de la mano de Dios; los ingleses saben que están ante una oportunidad única para sacarse esa espina clavada. La selección de Argentina vive una atmósfera irrespirable. El equipo no atraviesa el mejor momento y, en vísperas del cruce de octavos, alcanza un momento de alta tensión con la prensa, con rumores de posibles casos de dopaje, disputas entre el plantel y varios cruces de declaraciones. El equipo, dirigido por el mítico Daniel Alberto Passarella, entrena el día antes tapando sus actividades con lonas verdes, para que los periodistas no puedan tomar imágenes del entrenamiento. Glenn Hoddle, seleccionador inglés y uno de los jugadores a los que Maradona regateó en su gol inmortal de 1986, sabe lo que está en juego: «Por culpa de ese gol de Maradona con la mano, estuve tres noches sin dormir. Pero no puedo vivir del pasado; por tal motivo, no les voy a exigir a mis jugadores que ganen por mí y por mis compañeros de 1986. Ellos tienen que triunfar por sí mismos y no por la historia».

Cuando el árbitro danés Kim Milton Nielsen señala el inicio del segundo tiempo, Argentina decide marcar territorio desde el primer momento. Es un partido muy parejo, que se va a decidir por pequeños detalles, y cuando se trata de marcar una diferencia mínima, de sacar ventaja de cualquier cosa, ahí hay que tirar mano de la experiencia. En ese momento, emerge un tipo curtido en mil batallas con la albiceleste: Diego Pablo Simeone. El Cholo intuye que David Beckham, la gran estrella de los ingleses, va a recibir una pelota de espaldas, así que decide cargarle por detrás. Falta clarísima. En ese instante, el Cholo se inclina sobre Beckham y le hace sentir el peso de su cuerpo. Cuando el argentino se pone de pie, el inglés, todavía en el suelo, decide soltar la pierna e impacta en la de Simeone, que se deja caer sobre el césped. El árbitro está a apenas dos metros de la jugada, ve perfectamente la maniobra del inglés: amarilla para Simeone y roja para Beckham. Glenn Hoddle no se lo puede creer. Su equipo se queda con uno menos por una chiquillada. Su homólogo, Passarella, parece satisfecho. Sabe que la veteranía es un grado, que Simeone se las sabe todas y que Beckham se ha «comido la gallina» del Cholo. Aunque el marcador no se mueve en todo el segundo tiempo, ni en la prórroga, Argentina se clasifica por penaltis y vuelve a dejar fuera a los ingleses.

La derrota británica pone en el punto de mira a David Beckham. Su cruce de cables, su irresponsabilidad, su facilidad para caer en la trampa de Simeone y perder los nervios habían arruinado el sueño inglés del Mundial. El entonces centrocampista del Manchester United se convirtió en la diana perfecta de la prensa. En los medios ingleses, los titulares eran durísimos. *The Mirror* tituló: «Beckham nos lo arruinó» y el *Daily Mail*, por ejemplo, comentó, con un titular brutal: «Diez heroicos leones y un estúpido».

Beckham se convirtió en el muñeco del pim-pam-pum de los tabloides ingleses, que se cebaron con él. Más allá fueron algunas hinchadas, como, por ejemplo, la del West Ham: cuando Beckham volvió a jugar con el Manchester United un partido de la Premier League ante el conjunto *hammer*, el Spice Boy tuvo que ver cómo gran parte del estadio rival le recibía con una pancarta donde se podía leer: TRAIDOR A LA PATRIA. Fueron días durísimos para Beckham. Ocho meses después, Diego Pablo Simeone confesaba lo que todos los aficionados al fútbol habían podido ver en aquel cruce mundialista: la expulsión de Beckham había sido fruto de una treta suya. Así lo reconoció el argentino a la prensa italiana: «Demostré picaresca e inteligencia. Me dejé caer y conseguí que el árbitro le sacara la roja inmediatamente. Beckham no me dio un golpe violento, fue un gesto instintivo». El 7 de Inglaterra, en aquellos traumáticos días, incluso tuvo que ver cómo en algunos estadios ingleses se instauraba la fea «costumbre» de quemar sus fotografías y camisetas. Para él, no había perdón.

Cuatro años más tarde, en el Mundial de Corea y Japón de 2002, Inglaterra obtuvo su venganza ante Argentina, y David Beckham, la suya ante Diego Simeone. Los *lions* se impusieron por 2-1 a los sudamericanos en la fase de grupos, con un tanto obra del propio Beckham desde el punto de penalti, cosa que condenó a la eliminación a los argentinos, entonces dirigidos por Marcelo Bielsa. Beckham logró redimirse, lideró a su país. Fue entonces cuando terminó aquella pesadilla. Muchos años después, Diego Pablo Simeone decía: «No me acuerdo de qué le dije. Beckham era un fenómeno en ese momento. Era joven, la facha que tenía..., rubio, el pelo... Era la realidad. Era tan buen jugador que había que buscar cómo irritarlo. Le hago una falta que busco y me quedo un tiempo ahí buscándolo… Y el que se calienta pierde. Quizá pensó "qué hijo de puta", pero nunca lo dijo. Beckham tuvo una fuerza increíble, porque, después de ese episodio, tuvo que soportar una crítica enorme en Inglaterra porque quedaron eliminados. Al año siguiente, la destrozó. En algún punto fue hasta bueno por todo lo que pasó».

David Beckham nunca ocultó aquellos momentos de martirio y sufrimiento. Esa jugada con Simeone cambió su vida para siempre. «Esa patada a Simeone me cambió la vida. Tuve que crecer muy rápido. Lo peor es que el recuerdo no se me borra jamás». Cuando estrenó documental sobre su vida en Netflix, repasó los momentos clave de su vida. El que más le marcó fue aquel «cruce» del destino con el Cholo. Lo que no te mata te hace más fuerte. «¿Me gustaría que esas cosas no hubieran sucedido? Absolutamente. Fue un momento realmente difícil, empecé a creer que sucedió por alguna razón». Su esposa, Victoria Beckham, fue más allá: «Sufrió el odio absoluto, el acoso público a otro nivel. Estaba deprimido. Todavía quiero matar gente». El inglés, en un ejercicio de sinceridad extrema, quiso confesar a sus fans que aquel incidente con Simeone cambió su manera de ver la vida. «Me hizo más fuerte como persona, como jugador, como ser humano y como esposo. Si no hubiera sucedido, tal vez no hubiera tenido la carrera que tuve».

47

Bielsa y un silbido

Marcelo Bielsa y Diego Pablo Simeone están unidos por el cordón umbilical del cariño por el fútbol y el profundo respeto. Ambos vivieron con intensidad una etapa inolvidable en la selección de Argentina, los dos vivieron una final europea desde los banquillos —el Atlético de Simeone pudo con el Athletic de Bielsa en Bucarest— y ambos siguen manteniendo una relación realmente especial. Bielsa siempre confió en el liderazgo de Simeone cuando era jugador; le otorgó su confianza y sus galones en el Mundial de 2002. Y eso que, en aquel entonces, la situación de Simeone no era la mejor. Había sufrido una lesión grave, una rotura parcial del ligamento cruzado anterior y del menisco externo de la rodilla, y su rendimiento podría ser una incógnita. Durante meses, Simeone se entrenó en solitario y duramente para lograr su objetivo. Día sí y día también, entrenaba como un loco, sin descanso. Escogía la banda sonora de *Rocky* para motivarse con todo tipo de entrenamientos, ejercicios y rutinas, y estaba completamente obsesionado con llegar a tiempo a la gran cita. Cuando fue el momento, Bielsa no dudó. Simeone parecía Sylvester Stallone. Estaba a tope. Y a pesar de los seis meses de inactividad, el Loco Bielsa lo tuvo claro: Simeone y diez más.

Marcelo admiraba el temperamento de Diego, su capacidad para influir en el grupo y su espíritu competitivo. Incluso su carácter autoritario, ese que le irritaba cuando Simeone, algunas veces, cortaba sus explicaciones al grupo durante sus interminables sesiones de entrenamiento. El Cholo llegaría a jugar ante Nigeria e Inglaterra, de titular, en su tercera Copa del Mundo. Antes del Mundial, Bielsa fue lapidario: «Si no ganamos el Mundial, será un fracaso». Simeone, en cambio, le corrigió en público: «No estoy de acuerdo con lo que dijo Bielsa. No lo comparto. Fracaso será si no estamos a la altura de la identidad que ha definido a este equipo. Si cambiamos de vereda, si traicionamos un estilo y un sentimiento. Eso sí podrá llamarse fracaso». Aquel torneo, de manera sorprendente, acabó tristemente para la Argentina de Bielsa. Era la favorita número uno para ganar el título, pero ni siquiera fue capaz de pasar de la fase de grupos. Se fue para casa antes de tiempo, de una manera muy dolorosa y sin participar en los cruces decisivos por el título.

Sin embargo, antes de que Argentina se estremeciera por ese inesperado y brutal KO en la Copa del Mundo, se sucedieron una serie de eliminatorias de clasificación para el Mundial de Corea y Japón de 2002. Y ahí, en ese escenario, es donde tuvo lugar una de las anécdotas más divertidas que recuerda Marcelo Bielsa respecto a la familia Simeone. Por aquellas fechas, Argentina jugaba en casa, en el estadio Monumental, propiedad de River Plate. Las gradas estaban llenas a reventar y el ambiente era indescriptible. Marcelo Bielsa era el seleccionador nacional, que había recibido el encargo de volver a hacer campeón al cuadro argentino en la Copa del Mundo. Como titular, en el centro del campo, destacaba el volcánico Diego Pablo Simeone. Sabía que era un partido importante para la selección y que su padre, don Carlos —aunque él siempre se dirigía a él como Simeone—, estaría presente en la grada para seguir atentamente sus evoluciones en la cancha.

Don Carlos acudió a ver el partido de su hijo junto con un buen amigo de la familia. En la previa del choque, le había comentado que tenía un peculiar modo de comunicarse con su hijo durante los partidos, para darle instrucciones y consejos. El amigo no acababa de creerse demasiado las palabras del padre de Simeone, pero no le dio demasiada importancia y decidió acompañarle a la cancha de River Plate. Don Carlos quiso impresionarle desde el primer momento. Bielsa recuerda aquella anécdota así: «En un momento del partido, la pelota se fue afuera y el Cholo se dirigió a hacer el saque de lateral. Entonces se escuchó un silbido muy particular en el campo. Era su papá, que, desde la tribuna, trataba de demostrarle a su amigo que lo que había dicho era verdad, que tenía una manera muy particular de comunicarse con su hijo durante los partidos. ¿Qué pasó entonces? Nada, Diego Simeone no hizo ningún gesto y continuó jugando».

Tras ver cómo don Carlos silbaba y su hijo no atendía, el amigo de la familia pensó que era imposible que Simeone escuchase a su padre, con todo el público y el ruido que había en la cancha de River, en pleno partido. Don Carlos silbaba y su hijo seguía sin inmutarse; todo debía de ser un invento, le habían tomado el pelo. Algunos minutos después, se repitió la misma escena. Pelota fuera, saque de banda para Argentina y Simeone entraba en escena para la albiceleste. Y otra vez, don Carlos silba a su hijo.

Bielsa lo recuerda perfectamente: «Entonces el Cholo volvió a escuchar el silbido, mucho más insistente, mientras se disponía a sacar». ¿Y qué pasó entonces? «Resulta que, de pronto, Simeone escucha el silbido, se da la vuelta, mira a la tribuna, donde estaba su padre y grita: "Dejame de romper las pelotas" [risas]. Imagínense el orgullo de su papá, codeando al amigo y diciéndole: "Viste cómo me escucha". Una cosa de locos», remata Bielsa.

Increíble, pero cierto. Un silbido, un padre y un hijo. Puro fútbol.

48
Saber irse para poder volver

Diciembre de 2004. Diego Pablo Simeone necesita cambiar de aires. Ya no está cómodo en Madrid. Ha visto cómo su segunda etapa como jugador del Atlético de Madrid no ha respondido a las expectativas, siente que ya no es tan competitivo como antes, sabe que tiene complicado jugar y empieza a pensar en decir adiós. Debe tomar la decisión con la cabeza y no con el corazón. Hay que saber irse para, algún día, poder volver. Ha perdido la titularidad, tiene un papel cada vez más residual en la plantilla y no juega con la camiseta del Atleti desde el 7 de noviembre, ante el Real Zaragoza, en un partido que acabó en empate. Simeone, que continúa siendo un ídolo para la afición colchonera, ni siquiera ha sido convocado en las cuatro últimas jornadas. Sabe, desde hace un par de meses, que no entra en los planes del entrenador, César Ferrando. Y no ha hecho falta que el técnico se lo haya dicho con palabras, han bastado los hechos: no juega.

Mientras asume su nueva situación, recibe una oferta de un club de su país, Racing de Avellaneda. El presidente de La Academia, Fernando Marín, mantiene varias conversaciones con Simeone y, semanas después, consigue llegar a un acuerdo para conseguir su fichaje. El 12 de diciembre, la Cadena SER avanza la noticia, que impacta de lleno en la tribu colchonera:

Simeone se marcha del Atleti porque ha llegado a un acuerdo para jugar, en calidad de cedido, en Racing de Avellaneda. Horas más tarde, los protagonistas confirmaban la noticia. El adiós del Cholo estaba pactado. La operación se cerraba tras varias llamadas de teléfono entre Fernando Marín, presidente de Racing y, a la sazón, de la empresa Blanquiceleste, S. A., y Roberto Settembrini, representante de Simeone. Todo estaba visto para sentencia: en cuestión de días, el Cholo regresará a Argentina junto a su entonces esposa, Carolina Baldini, y sus tres hijos, Giovanni, Gianluca y Giuliano.

Tras haber dado su palabra a Racing, Simeone toma la iniciativa y decide trasladar su decisión al entrenador colchonero, César Ferrando. «Es muy fácil preguntar ¿por qué no juego? o ¿por qué no me convoca?, pero uno tiene que demostrar tanto en el entrenamiento como en el campo el deseo de jugar. Nunca esperé nada de nadie. El jueves hablamos y le expuse todo lo que pensaba, me dijo lo que creía, y todo muy bien. No hay ninguna rotura de nada, solo decisiones técnicas, porque llevo veinte años y las entiendo. Las cosas naturales siempre son muy buenas, las que no, son forzadas y malísimas», confesaría días después Simeone. También tuvo que contarles su decisión a los compañeros en el vestuario. Se lo comunicó de una manera sencilla y frontal: «Tengo treinta y cuatro años, no me queda mucho. He dado todo a nivel humano y como jugador». La suerte estaba echada. No había marcha atrás. El míster y el vestuario ya lo sabían. Ahora había que explicarle todo a la afición. Era lo más difícil, sin duda.

El martes 14 de diciembre, a diez días para Nochebuena, Simeone daba el paso definitivo para su adiós. El club convocaba a los medios a una multitudinaria rueda de prensa en el estadio Vicente Calderón para que el argentino explique el porqué de su decisión. El Cholo había decidido volver a su país natal, Argentina, para fichar por Racing de Avellaneda, el

SABER IRSE PARA PODER VOLVER

equipo del que era hincha y a cuyo campo su padre le llevaba cuando era un niño. Diego no dudó. Explicó el motivo de su adiós y no se anduvo por las ramas: «En esta segunda etapa en el club, me hubiera gustado aportar más al equipo, pero me voy contento por haber participado. Me voy porque el jugador que tengo dentro me pide jugar y competir. El míster, justamente y en todo su derecho, ha contado poco conmigo. A mis treinta y cuatro años, tengo poco tiempo por delante para poder luchar y demostrar que sigo teniendo un espacio dentro del equipo. Tengo que ceder en aspectos sentimentales y de orgullo para poder hacer lo que más me gusta: jugar». Fue un discurso tan noble como directo, tan descarnado como realista. Quería seguir jugando y el Atleti ya no era su lugar en el mundo.

Simeone, visiblemente emocionado, dejó caer una y otra vez que no quería ponerse demasiado sentimental, pero las emociones estaban a flor de piel: «Vine sin querer molestar ni fastidiar a nadie». El Cholo fue muy directo. No quería estorbar, no quería engañar a nadie, no quería ser un lastre. ¿Cómo se lo comunicó al club? Siempre de frente, nunca de perfil. «Mi adiós llega con fuerza, sabiendo que todavía el calor que tengo dentro lo escucho», explicó. Quiso irse con la máxima honestidad posible, de la manera más íntegra, aceptando su realidad y rechazando una oferta de Miguel Ángel Gil para renovar por una temporada más. «Los recuerdos siempre quedarán. Tengo que agradecer a Miguel Ángel Gil, que me quería renovar un año más cuando le propuse esto. Nunca fui ventajista. Si tengo que volver, será por merecimiento propio y no por lo que fui», sentenció.

Simeone, envuelto en una pelea interna entre el futbolista y la persona, asumió el final de su etapa como colchonero. La decisión era tan dura de tomar como sencilla de explicar. Quedarse a entrenar contando poco para el entrenador o salir para competir y exprimir las últimas gotas de fútbol que le quedaran en las botas. Era una decisión entre la cabeza y el corazón, y ganó el corazón. Quería jugar. «Dejo mucho en Madrid, sobre todo el hecho de haber vuelto al lugar donde siempre quise estar, de donde nunca me fui y de donde nunca me iré. Me llevo todo: la gente y el ambiente». Cuando las palabras de Simeone acabaron de retumbar entre las paredes de la sala de prensa del Calderón, tomó la palabra el presidente del club, Enrique Cerezo, para reiterar, delante de los periodistas, que Simeone tendría un cargo en el club cuando quisiera: «Le haré un cuadro. Dentro de unos años, le llamaré para decirle si se acuerda», bromeó. El argentino abandona el Atlético de Madrid, se despide de sus amigos y toma un vuelo a Argentina. Hay que saber irse para, algún día, poder volver.

El 19 de diciembre de 2004, Simeone se despidió, de manera emocionante, del público del estadio Vicente Calderón. El Cholo saltó al césped acompañado por sus hijos, para dar la vuelta olímpica completa al Manzanares. En sus brazos llevaba a su pequeño Giuliano, con apenas dos años recién cumplidos, mientras se golpeaba el corazón con su puño derecho e intentaba reprimir las lágrimas que le caían por las mejillas. En el fondo sur se desplegó una lona con una imagen de Diego y un lema inconfundible: CHOLO, ÚNICO. Con el público entregado, puesto de pie y la afición coreando el «Ole, ole, ole, Cholo Simeone», el argentino logró dar la vuelta al terreno de juego y, emocionado, agradeció a la gente todo el cariño que le había dado desde el primer día. En la tribuna del Calderón, de fondo, se podía leer el contenido de una pancarta gigante, completamente estirada y extendida, que decía así: QUE DIOS TE DEVUELVA TODO LO QUE NOS DISTE. Años después, así sería.

Simeone hizo las maletas, cruzó el charco, llegó al barrio de Avellaneda y se presentó con la ilusión de un juvenil. «Soy hincha, pero no he jugado nunca en Racing. Cuando era chico, mi padre me llevaba al estadio, desde los ocho años. Todo eso me creó un sentimiento de hincha, que mantuve vivo, y siempre soñé con volver».

Meses después, con treinta y cinco años recién cumplidos, colgó las botas. Simeone, tras diecinueve años de profesional, con setecientos treinta y ocho partidos jugados y ciento once goles marcados, ponía punto final a su carrera. Y, a petición del presidente Marín, emulaba a su admirado Luis Aragonés: un día se acostaba jugador; al día siguiente, se levantaba entrenador.

49

La gran fiesta

25 de mayo de 1996. Tras unos días concentrado en Los Ángeles de San Rafael, el Atlético de Madrid enfila su día D en la hora H. Aspira a ser el cuarto equipo español de la historia en lograr el doblete: ganar liga y Copa en la misma temporada. Para conseguirlo, tiene que vencer al Albacete Balompié en el Vicente Calderón. En el equipo colchonero, con la Copa del Rey a buen recaudo —gol de Pantić al Barcelona en La Romareda— y la liga a punto, la responsabilidad del grupo es máxima. El cuadro dirigido por Radomir Antić ha ido primero durante todo el campeonato y depende de sí mismo. Con tres puntos ante el Albacete, la liga será rojiblanca. A la hora del partido, el autobús con la expedición colchonera baja por la carrera de La Coruña con dirección al Calderón. Unas horas antes, en el club Náyade, Diego Pablo Simeone se subía por las paredes y se encargaba de motivar a la tropa para el partido, mientras daba golpes en las puertas de las habitaciones de sus compañeros para alertarlos de que estaban a punto de hacer historia: «Acá no duerme nadie, vamos a salir campeón», era el grito repetido una y otra vez por el Cholo. Nadie durmió. Los golpes en las puertas recordaban que solo se podía soñar despierto. Antes de llegar al estadio, Kiko Narváez, micrófono en mano, trataba de destensar al equipo con sus habituales

LA GRAN FIESTA

chascarrillos y su sentido del humor, imitando a un popular personaje de televisión. Como si fuera Rambo, el andaluz le gritaba a Vizcaíno: «No sientes las piernas, Juan, no sientes las piernas». La gente no paraba de reír con las genialidades de Kiko. Sin embargo, cuando el autocar enfiló el estadio y el jerezano pudo ver la marabunta que rodeaba el Calderón, se quedó sin palabras. «Ahora el que no siente las piernas soy yo», balbuceó Kiko, que soltó el micro. Una marea rojiblanca, compuesta por miles de almas, esperaba a su equipo. Llevaban diecinueve años esperando salir campeones. No se podía fallar. Simeone, con voz grave, alertó al equipo: «No podemos fallar, muchachos. O ganamos, o no salimos vivos de acá. Tenemos que ganar».

Aquella calurosa tarde, con un Vicente Calderón lleno hasta la bandera, Antić alineó a su once de gala, a excepción de Roberto Solozábal, que estaba sancionado. El Atleti formó con Molina; Geli, Santi, López, Toni; Caminero, Vizcaíno, Pantić, Simeone; Kiko y Penev. Si los colchoneros ganaban, campeones. En Vigo, el Valencia necesitaba ganar y esperar la derrota atlética.

Durante los primeros minutos, la tensión se podía cortar con un cuchillo. El Atlético trató de sacarse los nervios de encima y acercarse al área rival, pero sin mucha puntería. El mundo se detuvo en el minuto 14. El árbitro pita falta tras un derribo sobre José Luis Pérez Caminero. Milinko Pantić pide la pelota, levanta la vista y ve cómo sus compañeros ocupan el área. Sabe cómo debe golpear la pelota, tal y como suele hacerlo en los entrenamientos, cuando ensaya con Kiko, Penev y Simeone. Debe ser un envío tocado, preciso y que ponga en ventaja al rematador. El serbio toma carrerilla, arma la pierna y pone la pelota en el área.

Justo ahí, en el minuto 14, apareció, de la nada, el número 14, un tal Diego Pablo Simeone. «Con Milinko solíamos quedarnos entrenando la pelota parada después de los entrenamientos. Él lo hacía muy bien, y nosotros teníamos que poder aprovechar su habilidad. Ese día, cuando vi pasar la pelota y cómo venía, dije: esta es mía. Le pegué de lleno, con fuerza, con el parietal y fue para dentro», recuerda Diego. El Atleti abría la lata. El Calderón rugía. Y el Cholo marcaba el gol de su vida. Poseído por una furia, gritando al viento un tanto que daba un campeonato, quería abrazar al mundo y corría como un ciclón hasta estrellarse contra el vidrio. Su gol abría el camino del doblete, desataba la locura colectiva de los aficionados y daba tranquilidad al equipo. Después llegaría el 2-0 en un balón largo que Kiko mandó a guardar con calidad suprema. El Atleti, diecinueve años después, era campeón.

Jugadores y público festejaron el título en el Calderón. Se vivieron imágenes para la historia colchonera. Las emociones estuvieron a flor de piel. Diego Pablo Simeone recorrió el campo, de punta a punta, con una enorme bandera rojiblanca, mientras alzaba los brazos y jaleaba a los aficionados. Penev, eufórico, no soltaba el trofeo, como Pantić, completamente emocionado. Santi y Kiko, desatados, se subían al travesaño de la portería y Caminero daba la vuelta olímpica tras una pancarta profética que decía así: «Este año, sí». Minutos más tarde, en los vestuarios, la fiesta seguía. Penev bebía a morro un botellón de champán, Pirri Mori le rapaba la cabeza al cero al portero José Francisco Molina y Tomás Reñones, el capitán del equipo, lloraba a moco tendido, completamente emocionado. La euforia era tal que, cuando apareció Miguel Ángel Gil por el vestuario, los jugadores le tiraron al jacuzzi. Mientras Gil quería huir de la escena y varios jugadores insistían en remojarle a base de bien, los periodistas intentaban entrevistar para las radios, en directo, a los héroes del doblete. Entre aquellos periodistas se encontraba José Manuel Estrada, alias Pipi, que estaba en riguroso directo, en el vestuario, contándole los detalles de la fiesta a José María García. Cuando Simeone, que estaba en todo, se dio cuenta, se puso detrás del reportero y le tiró de cabeza al jacuzzi. «Al agua, patos», dijo el Cholo. El periodista lo recuerda como si fuera ayer: «Me tiró al jacuzzi, y el resto se me lanzó encima. El micrófono inalámbrico falleció y, con todos esos animales encima de mí, pensé que me moría ahogado. Me sacó de allí Simeone, que no paraba de repetir "que se nos muere, que se nos muere", y salí de allí con la respiración justita».

Horas más tarde, la plantilla se iba de fiesta a la discoteca Joy Eslava, con Simeone y Kiko ocupando el centro de la pista, mezclados con la chavalería del garito y bailando sin parar. La fiesta duró hasta bien entrada la madrugada y acabó con Simeone leyendo uno de los primeros ejemplares de los diarios deportivos, que ya recogían el título colchonero. Mientras, en las calles de Madrid, miles de atléticos se concentraron en la plaza de Neptuno para festejar por todo lo alto el todavía único doblete en la historia del Atlético de Madrid. Fue un título celebrado hasta altas horas de la madrugada..., pero la gran fiesta, sin duda, se vivió justo al día siguiente.

El extravagante Jesús Gil y Gil organizó una cabalgata que recorrió el corazón de Madrid durante cinco largas horas. «No sé si estoy en Oceanía, Sebastopol... Estoy en las nubes. Esto pasa a los anales de la historia. Es para que lo estudien los psicólogos», decía Gil, completamente eufórico. El sentimiento rojiblanco inundó las principales vías del centro de la capital para festejar el doblete como si no hubiera un mañana. Hasta cincuenta mil aficionados vibraron con la cabalgata festivalera organizada para ofrecer los trofeos de Copa y liga. Primero, a la Comunidad de Madrid; después, al Ayuntamiento; y por último, a la patrona, la Virgen de la Almudena.

La fiesta comenzó en Atocha, siguió por el paseo del Prado y tuvo como colofón un concierto improvisado en el Vicente

Calderón. Allí se dieron cita artistas del calibre de Joaquín Sabina, Azúcar Moreno, Ketama o Navajita Plateá, un grupo jerezano que hacía las delicias del «arquero» Kiko Narváez. «Esto es la felicidad plena. No se puede ser más feliz en la vida. Esto es el Atlético de Madrid», repetía una y otra vez Gil y Gil, que se abría una y otra vez la sahariana sin parar de abanicarse.

Fue una gran fiesta. La más inolvidable de la historia del Atleti. Y una fiesta cuyo origen fue bien concreto: ese minuto 14 y ese gol del 14, de ese tipo llamado Diego Pablo Simeone.

50

Simeone

Mayo de 2021. Sufría bastantes achaques y no se encontraba demasiado bien de salud, pero quería estar con la familia y viajó desde Buenos Aires. Le consiguieron una entrada para poder estar en directo en el estadio José Zorrilla y ver el último partido del torneo, para alentar al Atlético de Madrid, pero él no quiso ser un estorbo. «¿Querés venir, Simeone?», preguntó su hijo. Y él respondió: «La verdad, no puedo ir, no quiero ser un peso para nadie», comentó aludiendo a su delicado estado de salud y sus cuidados médicos. Don Carlos Simeone, el padre de Diego Pablo, decidió no viajar. Pero, al día siguiente, después de que el Atleti remontara en Pucela para conquistar el título de liga, se quedó toda la noche despierto, esperando a su hijo, para poder darle un caluroso abrazo. Su hijo se presentó en casa, exhausto por las emociones vividas esa tarde en Valladolid, pasada la medianoche. Y ahí, justo en ese momento, se vivió una escena tan inolvidable como maravillosa.

«Dale, campeón. Dale, campeón. Dale, campeón», gritó emocionado don Carlos, para recibir a su hijo, Diego Pablo, que acaba de salir campeón con el Atlético de Madrid. Cuando el Cholo lo vio y corrió para abrazarlo, don Carlos insistió en recordar juntos los pasajes del partido comentando una y otra vez «pegale de puntín, de puntín», en referencia al golazo de Angelito Correa en Valladolid, que abrió las puertas del título colchonero. Simeone vio a su padre y se dirigió a él como hizo durante toda su vida. Ni papá ni Carlos. Diego a su padre le decía siempre «Simeone». A su mamá, Nélida, también le aplica el apellido y se refiere a ella como «González». Cosas de familia. Cuando padre e hijo se abrazaron, los ojos de Diego Pablo se humedecieron y de su garganta nacieron dos palabras desde el corazón. «Grande, Simeone». El hijo se fundió en un abrazo eterno de vida con el padre. «Grande, Simeone». Dos palabras, puro amor. Era el segundo abrazo eterno, de título y de vida, entre ambos.

El primero ya se había dado en 2014, en el estadio Camp Nou, cuando el Atlético de Madrid lograba ser campeón liguero tras empatar ante el Barcelona en un agónico final con un cabezazo inmortal del uruguayo Diego Godín. Nada más concluir el encuentro, en plena fiesta de los jugadores y del cuerpo técnico en el césped, con el aplauso unánime del público azulgrana y de los atléticos allí desplazados, el entrenador busca desesperadamente a alguien entre las primeras filas de la tribuna. El Cholo está eufórico, sonríe, grita, festeja, se desfoga y reparte decenas de abrazos y besos. Sin embargo, le falta el aire. Su fuerza. Su padre. Y como al aire, lo quiere, para respirar, porque, sin su abrazo, el cielo del Cholo no brilla. Y ahí, en ese instante, con la inestimable colaboración de Juan Vizcaíno, entonces miembro del cuerpo técnico, Diego Pablo encuentra a Simeone, camuflado entre la gente del público. Don Carlos había viajado desde Buenos Aires hasta Barcelona para presenciar en directo la gesta rojiblanca y el Cholo se fundía con su papá en un abrazo interminable, maravilloso, puro. Un abrazo de reivindicación, un abrazo familiar, un abrazo de vida. En primera fila, con lágrimas en los ojos, Simeone padre abrazaba a Simeone hijo. En ese instante mágico, ambos se dedican a detener el tiempo y a batir el récord del mundo de cariño. Simeone padre y Simeone hijo. Simeone al cuadrado.

Simeone siempre fue el referente de Diego. Su ángel de la guardia, su cómplice, su mentor, su entrenador y su hincha: «Cuando comenzó a hablar, su primera palabra fue gol. Antes que mamá dijo gol. Y, con el correr de los años, todo aquel juguete que aparecía, lo usaba para el fútbol, porque Diego siempre prefería la pelota. Una vez le regalamos un fuerte de indios y vaqueros, lo transformó en dos equipos de fútbol», solía recordar don Carlos, que era futbolero al ciento por ciento. De hecho, era fanático de Racing de Avellaneda por un vecino del barrio de Palermo. Por eso llevó a su hijo al fútbol, con apenas siete años, para que el Cholo pudiera ver el estadio del Cilindro. Esa pasión por la pelota era una tradición de padres a hijos. Y, en el hogar de los Simeone, así fue. «Mi hijo admiraba al brasileño Falcao, era su referente infantil. También lo atrapaba la personalidad de Passarella, le gustaba Kempes... En el Mundial 78 ya tenía ocho años y lo vivió de punta a punta». Sin hermanos varones, Natalia y Carla, las dos hijas de don Carlos, sufrieron al Cholo en el patio de la casa en la calle Costa Rica. Las colocaba en la cancha, les decía cómo debían moverse, cómo debían chutar penaltis o las convencía para jugar a Titanes en el Ring. Sin embargo, don Carlos, mejor dicho, Simeone, era siempre el faro que guiaba y alumbraba la vida de Diego. «Siempre escucha, escucha. No me expreso demasiado, pero se lo tiro por elevación. Y llega. Así me manejo con él y con mis hijas. Con los tres igual, y me pescan en el aire».

Don Carlos, que trabajó durante toda su vida para una empresa alemana llamada Orbis, siempre explicó que aprendió muchos valores de los dueños. «Conducta, seriedad, honradez, los tipos eran alemanes». Tenían una planta en Villa Adelina, y don Carlos pasó allí toda su vida. Hasta que se jubiló. Allí presumió de todos los éxitos futbolísticos de su hijo, con el que, por cierto, llegó a jugar en un torneo de empresa. «En un campeonato interno de Orbis, en el equipo nos faltaba uno. Diego tenía trece años y ya estaba en la novena de Vélez Sarsfield, pero nadie sabía nada y nos permitieron ponerlo porque era un nene. ¡Hicimos una pared inolvidable para los dos…! Fue solo esa vez, nunca más jugamos juntos», recordaba con pasión cuando los periodistas le preguntaban por la infancia del Cholo. Si Diego sufría, allí estaba su padre. Y si Diego triunfaba, allí estaba su padre. Para lo que hiciera falta. En cualquier escenario y contexto. En Buenos Aires. En Madrid. En Pisa. En Milán. En Roma. Donde tuviera que ir, pero siempre al frente. De Simeone a Simeone.

Don Carlos dejó este mundo el 25 de marzo de 2022. Sus hijos y nietos lloraron esa irreparable pérdida. El banderón del estadio Metropolitano ondeó a media asta para honrar su memoria; en el siguiente partido del equipo, se llevó a cabo un emotivo minuto de silencio que conmovió el corazón de su hijo. Hoy su recuerdo sigue vivo en la familia y en el universo Simeone. Su abrazo eterno de vida y su «dale, campeón» son eternos. Descanse en paz. Grande, Simeone.

Las 25 mejores frases de Diego Pablo Simeone

1. «Partido a partido».
2. «El corazón iguala al presupuesto».
3. «Prefiero jugar bien a jugar lindo».
4. «Si miras lejos, no ves el paso inmediato y tropiezas. Hay que ir despacio, que no lento».
5. «Quiero contarles por qué ganaron estos chicos el partido de ayer: porque jugaron con el corazón de todos ustedes».
6. «El esfuerzo no se negocia».
7. «No consuman ni escuchen lo que les dicen. Nosotros, partido a partido, que ahí es donde somos jodidos».
8. «Aspiro a que el Atlético de Madrid sea un equipo molesto».
9. «¿La diferencia con el Madrid y Barça? Cuatrocientos millones de presupuesto».
10. «De jugador no cambiaba la camiseta del Atleti, me tenían que dar dos, porque la mía valía más».
11. «Soy lo que ves, mi cara habla, mis ojos hablan y no tengo miedo».
12. «El túnel de vestuarios es como un viaje al futuro. Siempre digo que puede explotar una bomba a cien metros

que yo no la escucho. Algunos suelen contar chistes. Yo no, estoy concentrado».
13. «Creo en el orden antes que nada y por encima de todo. El orden es una manera de vivir en la cancha».
14. «No tolero el conformismo, la pasividad está alejada de mí».
15. «Si un día no existiera más el fútbol, aunque sea para mí el fin del mundo, estoy convencido de que me reinventaría. Seguiría cualquier luz que viera a lo lejos para hacerlo, porque, si algo tengo, es iniciativa. No me quedaría quieto. Seguramente, buscaría algo para competir, para disputar con mis mejores armas algo que esté en juego».
16. «Cuando me fui del Atleti por segunda vez, tomé la decisión de irme pensando en que quería volver algún día. Y, para volver al lugar que uno quiere, hay que partir de la mejor manera. Cuesta saber irse. Pero es una determinación que hay que tomar en el momento justo».
17. «El liderazgo no se puede explicar. O me sigues, o no me sigues».
18. «Los partidos se juegan con el cuchillo entre los dientes».
19. «A los diez años, el profesor de música de mi colegio me eligió como director de orquesta. Algo de líder me habrá visto, porque casi todos eran más grandes que yo».
20. «Si uno va al diccionario y ve lo que quiere decir la palabra *fracaso*, fracaso es no llegar al objetivo que uno tiene. Yo quería ganar esa Champions y no la gané, entonces para mí fue un fracaso».
21. «En esta vida, lo único que no puedes cambiar es de madre y de equipo».
22. «Nadie vive del pasado. El fútbol siempre es el mañana».
23. «Somos el equipo del pueblo».
24. «Yo los invito a todo aquellos hermosos creativos, que les

LAS 25 MEJORES FRASES DE DIEGO PABLO SIMEONE

gusta la creatividad espectacular, extraordinaria. Final del Mundo. Ganas 1-0 jugando mal, ¿la quieres o no?».
25. «Solo en el diccionario "éxito" está antes que "trabajo"».

Las 25 mejores frases sobre Diego Pablo Simeone

1. «Antes de decir "papá", gritó "gol"». Don Carlos Simeone, q. e. p. d.
2. «Cuando piensas en jugar contra el Atlético de Madrid, no piensas en jugar contra otro equipo, piensas en Simeone. Tiene muchos cojones y me gustan las personas así». Cristiano Ronaldo
3. «Simeone es sinónimo de resultados y estabilidad». Miguel Ángel Gil Marín, CEO del Atlético de Madrid
4. «Simeone ha sido mi padre futbolístico. Él me ha ayudado, me ha respaldado, me ha dado un liderazgo. Siempre voy a estar en deuda con él. Es único». Gabriel Fernández Arenas, Gabi, excapitán del Atleti
5. «Es un animal competitivo». José Mourinho
6. «Moría dentro de la cancha, contagiaba». Lionel Andrés Messi
7. «Simeone es lo que es. Su equipo es una extensión de su manera de sentir el fútbol. Ellos son lo que son, pero logran impedir que seas lo que quieres ser. Esa es la principal cualidad del Atlético de Madrid. Lo que Cruyff hizo con el Barcelona lo ha hecho Simeone con el Atlético de Madrid». Pep Guardiola

LAS 25 MEJORES FRASES SOBRE DIEGO PABLO SIMEONE

8. «Contagia las ganas de trabajar, crees todo lo que te dice, te convence, te lleva a su terreno. Habría sido el mejor comercial del mundo. Es un segundo padre para mí». JUANFRAN TORRES, exjugador del Atleti
9. «Siempre tienes su voz detrás. Fue el único que me acercó a lo que siempre había soñado ser». ANTOINE GRIEZMANN, jugador del Atleti
10. «Me ha enseñado cómo se pelea, cómo se lucha cada partido». DIEGO COSTA, exjugador del Atleti
11. «El Cholo sabe si uno está bien o no. Si te pasa algo, es el primero que se da cuenta y siempre está para ver cómo solucionarlo. A mí me ha cambiado. Me ha mejorado en todo». ÁNGEL CORREA, jugador del Atleti
12. «Él tiene su parte de culpa, y yo, la mía. Él me descubrió, y yo me reinventé». MARCOS LLORENTE, jugador del Atleti
13. «Diego Simeone está haciendo todo bien. Es el actual campeón de España. Está en el Atlético desde hace no sé cuánto tiempo y tiene mucho éxito allí. ¿Me gusta su estilo? No demasiado, pero eso es normal, porque prefiero un tipo de fútbol diferente». JÜRGEN KLOPP
14. «Simeone es uno de los entrenadores más difíciles a los que me he enfrentado por su gran capacidad para leer y cambiar el rumbo de los partidos». CARLO ANCELOTTI
15. «No entiendo las críticas a Simeone. Yo sé lo que es Simeone como entrenador y es uno de los mejores». ZINEDINE ZIDANE
16. «Simeone no te da alegrías ni cuando gana. Logró grandes cosas, y creo que en él ha influido su experiencia en Italia. Lo primero es no perder y luego a ver qué pasa». ARRIGO SACCHI
17. «Amó, ama y amará siempre a la selección. Por Argentina daría todo». DON CARLOS SIMEONE, q. e. p. d.

18. «Es superequilibrado, es una persona muy fácil para convivir, muy muy, o sea, nada, lo puede decir toda la gente que lo conoce, es como buen tío, es buen tío. El amor del bueno, del que te ayuda a ser mejor persona, del que te ayuda a cuidarte, a respetarte, y creo que, en eso, bueno, somos muy compañeros». CARLA PEREYRA, su compañera sentimental y madre de sus dos hijas
19. «Corazón, franqueza, compromiso y pasión son más auténticos cuando se refieren a alguien como el Cholo Simeone». LUIS ARAGONÉS, q. e. p. d.
20. «Que me dirigiera Simeone fue una de las cosas más importantes de toda mi carrera deportiva». DAVID VILLA
21. «Hay veces que está dando la charla y tiene que parar, porque la voz se le quiebra, se emociona y no puede seguir. Se emociona. Eso es así, no es impostado. Y cuando tú ves eso, tú le sigues». FERNANDO TORRES
22. «Simeone ha sido posiblemente el mejor pagado del mundo porque se lo merecía». ENRIQUE CEREZO, presidente del Atlético de Madrid
23. «A veces me preguntan con quién me iría a una isla desierta, yo elegiría al Cholo Simeone. Nunca me moriría de hambre». KIKO NARVÁEZ
24. «Simeone representa el profesionalismo, sabes que no te engaña porque da todo lo que tiene, es un ejemplo para muchos falsos profesionales». JESÚS GIL Y GIL, q. e. p. d.
25. «Conocía a la persona y al entrenador. Conocí a Diego Pablo, sincero, buen tipo, alegre, bromista y con sentimientos. Y de la otra línea, conocí al Cholo: exigente, duro, cruel, sin corazón y ganador». SEBASTIÁN ABREU

«Para viajar lejos no hay mejor nave que un libro».
EMILY DICKINSON

Gracias por tu lectura de este libro.

En **penguinlibros.club** encontrarás las mejores recomendaciones de lectura.

Únete a nuestra comunidad y viaja con nosotros.

penguinlibros.club

Penguin Random House Grupo Editorial

penguinlibros